박근혜와 노무현의 실패한 리더십 비교

공주에서 여왕으로, 건달에서 협객으로

공주와 건달

박근혜와 노무현의 실패한 리더십 비교

공주에서 여왕으로,
건달에서 협객으로

공주와
건달

강병환 지음

學古房

고故 김영화 교수께

이 책을 쓴 계기를 밝히자면 한 사람을 말하지 않을 수 없다. 김영화 박사다. 그는 필자의 스승이었고, 동문 선배이셨다. 그가 미국 유학을 마치고 90년대 중반 모교 강단에 섰을 때, 필자는 세상의 모든 불만을 품은 늦깎이 복학생이었다. 사람이 사람을 알아보는 데는 그렇게 긴 시간이 필요하지 않을 수도 있다. 어쩌면 단 몇 초 면 가능할지도 모른다. 그와 나는 정릉 골짜기 막걸릿집에서 때로는 선배로, 때로는 스승으로 많은 이야기를 나누었다. 일상적으로 말과 글에서 동시에 뛰어난 인물은 드물다. 하지만 고인은 드문 사람에 속했다. 타고난 면도 있었지만, 그는 30여 년 동안 매일 CNN을 보며 영어 감각을 잃지 않기 위해 연습했다. 특히 그의 유머 감각은 탁월하여 사람 뼛속까지 웃게 만들거나, 웃음 속에도 눈물이 나거나, 당시는 몰랐더라도 집에 와서 곰곰 생각하면 무릎을 치게 하는 고차원 유머 구사의 소유자였다.

그는 자신만의 스토리를 가진 인물이었다. 가정형편으로 철도고등학교 기계과를 졸업하고, 스무 살 나이에 그의 고향 소백산 밑 희방사역에 근무하다가 송홧가루 날리는 늦은 봄에 무작정 상경하여 대학입시를 치른다. 그런 탓인지 그의 학문 폭은 동과 서를 넘나들었고, 세속의 학문으로 분류되지 않는 르네상스적 지식의 소유자였으며, 신언서판이 분명했고, 교회 청년회에서 단련된 유려한 웅변술은 어디를 가든지 돋보였다. 그는 지행합일을 추구했고, 한국 정치에 남다른 애착이 있어서 정치권에도 끊임없이 문을 두드렸다. 결국 2004년 그의 고향 영주에서 국회의원 선거에 출마했고, 필자는 그의 선거 사무실을 책임졌다. 모든 일은 음양이 있게 마련이지만, 선거전은 더럽고, 치사하고, 간사한 인간성을 살피기에는 충분한 현장이다. '인간은 인간에게 늑대 Homo homini lupus est'라는 말도 이때 실감했다. 공천 과정에서 발생한 비방과 흑색선전은 별도의 일이다. 필자는 한국 정치의 암담함과 만 년 후 인류의 인간성을 생각했다. 과연 만 년 후에도 우리 인간성에 내재한 이기성은 그대로일까.

투표를 일주일 남겨두고 김영화 박사는 후보직을 사퇴했다. 선거운동원의 사소한 일탈이 선관위 감시 비디오에 찍혔던 탓이다. 마키아벨리는 말한다. "총을 들지 않는 예언자는 실패한다." 총은 무엇이겠는가. 정치판 뒷무대 사장은 언제나 돈과 조직이다. 후보의 인물됨은 그다음이다. 후보 사퇴를 선언하였음에도 선거법 위반으로 경찰서에 불러 다녔다. 나는 김영화 박사의 제자라는 구실로 기소유예 처분을 받았다. 이후 그와 나는 몇 주 동안 전국을 쏘아 다녔고, 문·사·철을 논하고 한국의 자연과 문화를 감상했다. 하지만 필자는 영락없는 백수로 전락해 있었다. 그러던 중 어느 날 김영화 박사는 나에게 유학을 건의했다. 추천서도 직접 써 주셨다. 나는 대만으로 유학을 갔고, 10년 만에 한국에 돌아와 한때의 그처럼 모교 강단에서 학생들을 가르쳤다. 이때 김영화 박사는 이미 정년을 지났고, 가족들은 모두 외국에 있었다. 나는 매주 금요일 오후 강의가 끝나면 무엇에 마음이 끌리어 습관처럼 그의 집으로 갔다. 연신내역 6번 출구에서 3번 마을버스를 타고

갈 수 있는 가장 높은 곳에 있었다. 종점에서 내려 근처 작은 슈퍼에서 막걸리 5통을 사 들고 5분 정도 걸으면 되었다. 건너편 북한산 바위가 병풍처럼 걸린 절경을 지나 그의 집에 도착했을 때, 그 역시 제자의 방문을 기다린 흔적이 역력했다. 우리는 밤새워 술을 마시고 때로는 막걸리가 모자라 다시 한참을 내려와서 술을 사서 다시 올라간 적도 있다. 가끔 타이완에 사는 지인이 보내 준 시가도 함께 피웠다. 우리는 한국 정치에 대해서 많은 이야기를 나누었다. 2019년 말부터 코로나가 유행했다. 비대면 교육도 가능했기에 나는 서울을 떠나 고향 진주로 내려왔다. 역병이 지난 후에 4대강을 같이 걷자고 우리는 약속했다. 코로나는 인간의 만남을 멀게 했다. 종종 안부 전화가 전부였다. 그러던 중 믿기 어려운 소식을 받았다. 그가 69세의 일기로 세상과 이별했다는 비보였다. 심근경색이 원인이었다.

이 글은 갈현동 가장 높은 곳 그의 집에서 그와 내가 정치 리더십에 관해서 토론한 내용이다. 주로 2016년 말부터 2017년 중반 즉 박근혜 대통령의 탄핵 과정을 지켜보면서 그와 내가 한국 정치에 대해서 나눈 내용을 글로 정리한 것이다. 플라톤의 책이 그렇듯, 어디가 그의 스승 소크라테스의 생각이고 어디가 플라톤의 생각인지 모른다. 소크라테스의 이야기를 플라톤이 기록한 것이기 때문이다. 플라톤이 저술한 책만 그런 것이 아니다. 논어도 그렇고 불경도 그러하며, 신약성경도 다 제자들이 기록한 것이다. 이 책 역시 그렇다. 다만 김영화 박사와 내가 다른 점은 그는 박근혜를 가능한 긍정적으로 보려 했고, 필자는 그 반대로 보았던 것 같다.

문제는 오늘날 한국이 지금처럼 계속 발전할 것인가 아니면 퇴보하게 될 것인가다. 필자가 보기에 현재 한국은 위기상황이다. 과거 지역 감정이었던 동서분열과 남북분단으로 인한 민족분단사의 비극은 차라리 옛일이다. 왜냐하면 남북한 정통성 경쟁에서 한국의 승리로 귀결된 듯하기 때문이다. 현재 한국은 북한보다 60배나 더 큰 경제 규모다. 이에 반하여 북한 체제는 핵무기로 승부를 걸었다. 우리는 당사자이면서도 구체적으로 관여할 수 없게 된 북·미 간의 첨예한 대립을 방관자로 지켜보면서, 우리 생존의 문제인 안보와 안전을 다른 쪽과 끊임없이 상의해야 한다. 또 다른 하나는 신식민지 체제를 부정하면서도 실질적으로 가장 강대한 힘을 구가하고 있는 미국을 상대해야 한다.

역사의 경과도 그렇다. 진보와 보수 그리고 남과 북이라는 근본적인 구조의 틀이 박정희와 김대중의 정치적 대립 속에서 형성되었다. 독재 체제에 항거한 진보세력은 독재 기득권 세력이 아무 때나 이용한 반공이 독재 체제를 유지하기 위한 수단에 불과함을 알아차렸고, 친일 세력을 청산하지 못한 보수세력에 대한 반감을 반독재 민주주의 저항으로 승화시켰다. 이에 보수 정권의 패착은 여순 사건, 제주 4.3 항쟁, 80년 광주 민주화운동 등에서 보듯, 모든 보수 정권에 대한 민주화 운동을 친북 좌파 운동으로 몰아붙임으로써 마치 경제와 반공의 바닷물을 계속 들이키면서 생명을 유지하려던 표류자처럼 되고 말았다. 자신들의 권력 유지와 공고화를 위하여 모든 수단을 동원하였던 보수세력, 즉 경제성장의 탁월한 업적과 반공을 주무기로 삼았던 보수세력에 대한 진보 세력의 격렬한 반대가 한편으로는 이념적 투쟁으로 나아갔고, 또 다른 한편으로는 권력투쟁을 위한 정치세력 간의 갈등이 결과한 지역감정으로 구체화되었다.

이러한 이념적·지역적 갈등은 한국 정치의 이념과 지역을 동시에 연계한 3김이라는 정치 지도자들의 후퇴와 함께 수면 위로 떠올랐다. 박정희에 대한 테제와 안티테제였던 이들 간의 정치 역학이 두 사람(김영삼·김대중)은 대통령으로서 그리고 한 사람(김종필)은 파트너로서 정치적 성공에 이르렀음에도 불구하고 이념과 지역감정은 결코 청산된 것이 아니라 오히려 더 분명해졌다. 그 최초의 시작은 노무현 대통령의 당선을 못마땅하게 여긴 보수세력에 의해 탄핵정국으로 나타났다. 그러나 노무현 정권의 실패로 인하여 이러한 보수세력의 반격은 성공한 듯했지만, 뒤이어 등장한 이명박 정권 기간에 반전이 일어났다. 즉 '광우병', '고소영' 파동이 그것이다. 김대중·노무현 정권의 지지자들, 민주화 세력, 북한에 친화적인 세력, 친노동 세력, 호남지역의 정치적 지지자들에 의해 이명박 정권은 위기에 처했으나, 불행인지 행운인지 그럭저럭 임기를 마쳤다. 이명박 이후 그 바톤을 이어받은 박근혜 정부는 최순실 사건이 드러나자, 김대중과 노무현을 계승한 민주당 지지 세력이 중도·진보세력과 힘을 합쳐 촛불 운동을 발발하여 결국 그를 탄핵에 이르게 하였다. '촛불'로 권력을 잡은 문재인 정권은 촛불 정신 운운하던 초심을 망각한 채 김대중·노무현의 정치적 후계자임을 편 가르기에 이용했고, 이에 과거 이승만·박정희·전두환·노태우·김영삼·이명박·박근혜 계열의 보수세력이 잃어버린 보수의 전통을 되찾고 문재인 정권의 실책을 극대화해 공격에 나섬으로써 한국 정치와 사회는 양분되었다. 이것이 가장 구체화하여 나타난 것이 '조국 사태'다. 조국 문제가 이념과 진영의 문제가 된 것이다. 과거에는 선거에서 투표로만 나타낼 수 있었던 진영 간의 대립은 오늘날 사사건건 대립하고 갈등하면서 조금도 상대를 이해하거나 대화하려 하지 않는다. 선거를 통한 권력의 교체와 순환을 통해서 시대적 변화와 발전에 맞는 책임 세력을 선택하는 것이 아니라 그것과는 상관없이 자기 진영의 패권을 추구하려는 반민족적, 반시민적 행태들이 제로섬적 갈등과 반목 및 치열한 전투로 한국 사회에 만연하고 있는 것이 현실이다.

더구나 과거의 지역감정이나 정치적 이념과는 별도로 종교적 성향이 이에 가세하여 가까운 이웃들마저 정치적 성향과 사회적 가치를 논하는 순간 서로가 적대적으로 되고 마는 아찔한 상황에 놓여 있다. 자본과 소상공인, 지역과 이념, 종교적 편향에 따른 정치적 성향 등이 마치 자석 양쪽에 쇳가루들이 달라붙듯이, 이제는 모두가 한 진영의 선택에 따라 친구와 이웃, 혈연관계가 적과 동지로 나누어지고 있으며 이들 간의 적대의식은 점차 도를 넘어가고 있다. 상대를 욕하거나 경제적 손해를 가한 적도, 인격적인 모독도 없음에도 불구하고 서로가 원수가 되어가고 있는 것이 오늘의 현실이다. 이러한 근본 원인을 거슬러 올라가 보면, 대통령의 잘못된 정치 리더십의 영향이 크다.

필자는 한국 사회의 이러한 지독한 분열과 갈등 상황을 우려하지 않을 수 없다. 팬데믹과 우크라이나 전쟁 이후 국제환경의 변화, 특히 중·미 간 전략경쟁 심화, 북핵 도발의 점증, 새로운 국제통상의 대두, 기후변화 등 우리의 앞에는 글로벌 도전과제를 비롯하여 우리 이웃인 일본 군국주의 부활의 우려와 한·중 간의 비대칭적 상호의존 관계와 중국에 대한 불만과 저항 심리는 예전의 '조공 체제' 또는 '중화 제국 질서'에 대한 불편한 기억을 소환하고 있다. 이를 극복하기 위해서는 진영싸움의 한 축에서 분열과 갈등을 조장하기보다는 갈등을 통합하기 위해서 노력하는 새로운 정치 리더십이 필요하다.

우리는 어떠한 구심점이 마련되기만 한다면, 가령 IMF 당시 금 모으기 운동, 월드컵, 태안 기름 유출 등에서 보듯이 국민통합의 에너지를 응집하여 위기를 기회로 만들 수 있었고, 이를 발전의 계기로 삼을 수 있었다. 나아가 이러한 구심력과 응집력은 남북통일의 발판을 마련할 수 있을 것이 분명하다. 따라서 현재 우리 정치에서 필요한 것은 진영 간의 갈등이 아니라 통합이며, 극단이 아니라 중용이며, 상극이 아니라 상생이라고 하는 어떤 현실적 운동이 절실한 시기다.

역사발전의 법칙처럼 정·반·합 변증법이 유용하다면 지금까지의 양분된 진영의 갈등을 합으로 만들어 낼 수 있는 시기가 도래했다. 달도 차면 기울듯이 양 진영의 싸움은 이제 임계점에 도달하여 양식이 있는 사람들로서는 이미 피로감을 느끼며, 제3의 대안을 모색하려는 움직임 또한 있다. 내년 총선이 끝나고 차기 대선 기간 사이에 이러한 분열과 갈등에 대한 우려가 더 명확하게 드러나게 될 것이다.

필자는 이 책을 쓰면서 두 가지 목표를 염두에 두었다. 이는 내가 진주교대에서 『한국 사회와 통일』을 강의하면서 줄곧 화두로 집착한 것이기도 하다. 첫째, 박근혜와 노무현은 먼 역사의 인물이 아니라 당대의 인물이다. 이들의 정치 리더십 분석을 통해서 한국 정치에 대한 이해의 폭을 높이고, 바람직한 리더십을 조명함으로써 한국 정치를 더 긍정적으로 바꿀 수 있는 리더십을 규명하고자 하였다. 둘째, 인간이 인간을 이해하기 위한 연구는 숭고한 일이 아닐 수 없다. 인간에 대한 탐구는 주로 인문학이 담당하지만, 필자는 인문학과 사회과학의 통합을 통해 한국 사회에 대한 이해를 제고하고자 했다.

김영화의 말대로 박근혜는 평범하지 않은 가정에서 태어났고, 여성이어서 그녀에겐 "검과의 대결"이 숙명적일 수밖에 없었다. 노무현 역시 그의 말대로 자신은 '봉화산' 같은 존재였다. 연결된 산맥이 아무것도 없고 딱 홀로 서 있는, 돌출된 산이라고 자신을 보았다. '검과의 대결'과 '봉화산'은 한국 정치를 위한 도전과 투쟁 과정, 그리고 인간에 대한 향기가 서려 있다.

오늘날 20·30세대에게 노무현과 박근혜는 역사가 되었지만, 이들을 소환하여 이들의 정치 리더십을 분석하는 것은 한국 사회의 미래를 위해서다. 하지만 걱정이 없는 것도 아니다. 무엇보다도 정치 리더십은 필자의 주전공 분야가 아니다. 리더십 연구 전문가들이 이 책을 무어라고 평가할까 하는 두려움이 든다. 향후 질정叱正이 있어 이 책을 수정할 기회가 있기를 바란다.

이 책이 나오기까지 여러 사람의 고마움이 있었다. 먼저 필자를 학문의 길로 들어서게 해주신 문태운·이종은 교수께 감사의 뜻을 표한다. 두 분은 필자의 학부와 대학원 시절 인간적인 배려를 아끼지 않으셨다. 두 분 교수님께서는 경북 풍기 금강사에서 열린 고故 김영화 박사의 49재에 친히 참석해 주셨다. 학문적 깊이만큼이나 두 스승의 인의人義와 인품에 절로 고개가 숙어진다. 진주교육대학교 최문성 전 총장님, 동서대 중국연구센터 이홍규 소장님께도 감사를 전한다. 이들은 필자의 강의와 연구에 크고 작은 지원을 해주셨다. 특히 아진복사 정효진 사장은 필자와 동년배로 이 책의 교정을 맡아주었다. 고마울 따름이다. 아울러 이 책이 출간될 수 있도록 허락해 주신 도서출판 학고방 하운근 사장과 편집을 맡아준 명지현 팀장께 고마운 마음을 전한다. 끝으로 본서의 지면을 빌려 병중에 계신 어머니의 빠른 쾌유를 간절히 기도한다.

2023년 09월 11일
동서대 연구실에서

　마야인의 달력에 따르면 2012년 12월은 세계가 새롭게 시작한다. 그 이듬해의 동아시아에서는 박근혜, 시진핑, 아베가 최고 지도자로 취임하였다. 그로부터 10년이 지난 오늘 시진핑은 중국공산당의 집단지도체제 전통을 깨고 핵심核心 지도자의 자리에 올라 집권 3기를 시작하고 있다. 아베는 2차 대전 이후 최장수 일본 총리로 우경화 정책을 추진하였다. 그는 건강 문제로 사임했다가 2022년 7월 8일 한 일본인 청년에 의해 피살당했다. 한국의 박근혜 대통령은 탄핵당해 대통령직에서 물러났다.

　김영화는 『꽃으로 검을 베다』에서 박근혜가 박정희 대통령의 업적을 완성하고 한국을 민주화와 산업화 이후의 시대를 완성할 인물로 평가하였다. 심지어 이학근은 『선덕여왕과 박근혜』에서 그를 삼국통일의 기초를 이룩한 선덕여왕과 비교함으로써 민족통일의 기초를 닦을 인물로 상정하였다. 이 외에도 적지 않은 식자들이 박근혜의 정치 리더십에 대한 희망과 기대를 지녔으나 실패하였음이 만천하에 드러났다.

　부친의 후광과 개인적 정치역정이 비운의 공주라는 이미지와 더불어 성공한 대통령에 대한 열망을 한 몸에 받고 출범한 박근혜 정부는 그야말로 불통과 독선, 오만과 고집으로 일관한 정치였다. 세월호 사건, 메르스 사태, 북한 핵실험, 경주 지진 등의 국가적 재난에서 드러난 부실한 위기관리 능력은 더욱 국민을 절망에 빠트렸다. 소위 배신의 정치가 난무하고, 비서진에 과도한 의존, 자격과 능력도 없는 이에게 자문하고 국정을 농단토록 방치한 무책임한 국정 수행은 민심과 동떨어진 나 홀로 리더십의 결정판이었다. 그의 임기 중에 북한 김정은 정권은 가장 많은 핵실험과 미사일 발사를 감행함으로써 "통일은 대박"이라고 강조했던 그의 대국민 담화는 더욱 머쓱해졌다.

　부친과 함께한 정치적 훈련과 어머니로부터 받은 모성적 리더십(전여옥은 이를 어머니의 얼굴에 아버지의 마음이라고 했다) 그리고 국회의원을 내리 5선 역임한 의회주의 정치가로서 국민적 신망과 기대를 안고 출범한 박근혜 정부는 최악의 리더십을 보이면서 역사에 오점을 남기고 물러났다. 대통령이 되기 전과 된 후의 표변한 그의 통치 스타일과 리더십 능력에 궁금증이 일어날 수밖에 없다. 무엇이 그리고 왜 그녀의 리더십이 이처럼 나락에 빠져들게 되었을까? 더구나 박정희의 업적을 계승 발전은커녕 무엇이 부친의 업적과 명예마저 위태롭게 만들게 되었을까?

　이에 비해 노무현 전 대통령은 박근혜 대통령과는 극적으로 대비되는 출신 배경과 정치적 이념 그리고 정치역정을 살았으나 자살이라는 극단적인 방법으로 생을 마감하였다. 가난한 농촌에서 출생하여, 상고 출신으로 판사를 거쳐 노동운동가와 민주투사를 거쳐 국회의원이 된 그의 정치적 역정은 그야말로 신화적인 삶이었다. 기득권을 포기하고 그를 인정하지 않는 고향 부산에서 출마를 고집하면서 정치적 양심과 서민 약자를 대상으로 한 이데올로기에 가까운 그의 정치적 집착은 마침내 그를 대통령으로 만들었다.

임기 내내 수많은 구설에 오르고, 보수 언론과 끊임없는 갈등을 겪으면서 대통령 탄핵이라는 전무후무한 역사적 사건을 기록하고 이를 극복하였으나 그의 정치 리더십 역시 박근혜와 커다란 차이가 없는 실패한 리더십을 보여주었다. 임기 말 그의 가신들이 스스로를 '폐족'이라고 말한 데에 잘 드러나 있다. 자신을 대통령으로 만들어 준 정당을 버리고, 새롭게 당을 만들었으나 그마저 다시 분열해서 쪼개지는 뺄셈의 정치를 계속하다가 임기 내내 국가적 분열과 혼란 속에서 임기를 마치고 마침내는 자살로 비극적인 삶을 마감했다.

박근혜와 노무현은 북한을 방문하여 김정일을 만나 한반도의 운명에 관해 모색할 기회를 가졌으며, 탄핵 당했으며, 실패한 대통령으로 국민의 기억에 남을 것이라는 점에서 공통점이 있다. 특히 실패한 대통령은 리더십 역설을 상기시켜 주는 대목이다. 즉 지도자가 되는 과정에서 권력 추구자Power Seeker가 리더십을 통하여 권력 행사자Power Exciser가 되지만, 성공적인 리더십을 발휘하는 것과는 반드시 일치하지 않는다는 이론을 다시 확인시켜 주었을 뿐이다. 즉 비록 권력 추구자일 때는 훌륭한 리더십을 발휘하더라도, 권력 행사자가 된 이후에도 성공한 리더십을 발휘한다는 보장은 없다.

본서는 박근혜 대통령의 리더십을 공주 리더십으로 규정하고 그의 태생적이면서도 뼛속과 정신까지 배어있는 공주 같은 마인드와 철학이 결과한 리더십을 분석하고자 시도하였다. 또한 공주에서 출발한 그의 예비 리더십은 대통령이 됨으로써 어떻게 여왕적 권력 안에 공주적 리더십이 작용할 수 있었는가 즉 공주 - 여왕 리더십을 분석하고자 하였다. 아울러 이와 대조적인 노무현의 리더십은 건달 - 협객 리더십으로 규정하여 약자를 대변하고 그것을 사회적 정의로 전환한 협객 리더십을 비교·대조함으로써 어느 리더십이 더 효율적이었는가를 분석하였다.

보수정권에서 최고의 금수저 출신이자 공주 리더십으로 여왕적 권력을 행사한 박근혜와 최저의 흙수저로서 민중적 권력을 등에 업고 보수권의 폐해를 시정하려다 좌절한 노무현이라는 극도로 대비되는 두 대통령의 리더십을 비교 분석하는 것은 한국 정치에 많은 시사점을 줄 것이다. 동시에 어떠한 인물이 차기 대통령으로 적합하고, 따라서 그는 어떠한 리더십을 발휘해야 한국을 지속적인 성장과 서구 수준의 정치적 민주주의 체제 및 그러한 문화적 발전 및 안보를 바탕으로 한 평화통일의 기초를 쌓을 수 있는 인물일 것인가를 가늠할 수 있는 중대한 참고 자료가 될 것이다. 왜냐하면 역사는 거대한 사회과학의 실험 도구이며 미래를 진단하는 과거이기 때문이다.

기본적으로 보수정치 일색이었던 한국 정치사에서 김대중·노무현의 진보정권 10년을 경험하였고 그 뒤를 이어 이명박·박근혜의 보수정권의 10년을 지났다. 직선제 대통령제를 시행한 이래 정치의 좌우 진자운동처럼 과거 보수정권 노태우·김영삼의 보수 우파 정권에 뒤이어 김대중·노무현 진보 좌파 정권이 등장하였다. 그 뒤를 이어 이명박·박근혜의 보수우파 정권이 교대로 집권하였다. 박근혜 탄핵이라는 어부지리로 대통령에 당선된 문재인 정권 그리고 문재인 정부의 실패로 등장한 윤석열 정부 등 정치의 진자운동의 법칙처럼 왔다 갔다 했지만, 1987년 이후 성공한 대통령은 없다.

본서는 이러한 질문에 답하기 위하여 극적으로 대비되는 좌파 진보정치를 대표하는 노무현 대통령의 리더십과 우파 보수정치를 대표하는 박근혜 대통령의 리더십을 비교함으로써 냉철한 이성과 과학적 근거와 뜨거운 가슴으로 차기 대통령 리더십을 위한 어떠한 참고를 제시하고자 시도하였다.

제1장

박근혜와 노무현의 정치적 자아 형성

　박근혜와 노무현은 출생 배경과 성장 과정에서 극적으로 대비되는 환경에서 출발했다. 그들의 삶이 그들이 대통령이 되는 과정에서 어떠한 영향을 주었으며 대통령이 된 후에 대통령 리더십을 행사하는 데 어떠한 연관이 있는가를 분석하는 것은 리더십 이론 가운데서 전기적 심리분석psychobiography에 해당한다. 인간의 DNA가 과거와 현재를 이어주는 어떤 생물학적 연결점을 밝혀준 바처럼 한 인간은 과거와 현재의 연속성에서 미래의 발전을 위하여 꾸준하게 진화할 뿐이다. 두 사람은 살아온 삶의 극명한 대비만큼이나 그들의 정치적 이념 및 리더십 행태 역시 뚜렷한 대비를 보여주었다. 이러한 차별성과 극명한 대비를 가능케 한 두 사람의 정신을 지배하게 만든 그들의 인간적 자아와 정치적 자아는 다음에 설명할 그들의 생물적 삶과 가정적 환경 그리고 그들이 더불어 살아온 시대적 환경이 동시에 작용하여 그들 나름의 독특한 정치적 개성Political Personality을 형성하는데 결정적인 요소가 되었다.

　박근혜의 정치적 개성은 공주-여왕적 정체성을 기본으로 하고 노무현의 정치적 개성은 건달과 협객이 혼합된 정체성을 기본으로 하면서 그들만의 예비적 리더십과 대통령 리더십을 전개하였다. 그러한 정체성은 모델로 삼을 만한 외국의 위대한 정치가로부터 스스로 영감을 받거나 아니면 그들과 타율적인 비교의 대상이 되기도 한다. 공주적 정체성은 그 자신도 인정한 바 있는 영국의 엘리자베스 여왕 1세를 떠올리게 한다. 그러나 박근혜가 예비적 리더십과 대통령 리더십을 발휘하는 가운데 보여준 정치 리더십은 엘리자베스 여왕 1세보다는 마거릿 대처 영국 총리를 연상케 한다.

이에 비하여 건달에서 협객으로 전환한 노무현의 정체성은 뚜렷이 알려진 바 없다. 다만 그가 대통령을 염두에 두었을 때 실패한 민족주의자 김구에서 성공한 미국의 대통령 링컨을 모델로 삼고자 결심한 것 정도로 파악할 수 있다. 그러나 그의 실제적 정체성은 미국의 오바마를 연상케 한다. 오바마는 흑인으로서 살아오면서, 가난한 집안에서 태어난 노무현에게 대비되듯 둘 다 법률을 전공하였고, 진보적 사회운동을 통해 정치에 입문하였고, 자금과 경력의 열세를 무릅쓰고 기층 민중의 폭발적인 지지를 통해 극적으로 대통령이 되었다는 유사점을 지니고 있다.

한국의 두 대통령은 서구의 성공한 정치 지도자들(대처와 오바마)과 유사한 정치적 개성과 정치적 자아를 지녔음에도 불구하고 결과에서는 실패한 대통령으로서 귀결되었다. 이는 삶의 역정을 내면화시키는 과정에서 형성된 정치적 자아와 개성의 문제를 차원 높은 리더십으로 승화시켜 내지 못한 한계에서 그 원인을 찾을 수 있다. 즉 그들의 리더십 능력은 대통령이 되는 예비적 리더십에만 국한되었을 뿐 이를 창조적으로 대통령 리더십으로 연결하는 능력이 결여됨으로써 직선제 대통령 가운데 성공한 대통령이 없다는 통념을 깨지 못하고 실패한 대통령으로 역사에 남게 되었다.

박근혜와 노무현의 성장배경

> 천하의 근본은 나라에 있고, 나라의 근본은 가정에 있고,
> 가정의 근본은 자기 자신에게 있다   - 맹자

하워드 가드너Howard Gardner는 20세기의 지도자들은 모두 자신과
다른 사람들에게 유용한 이야기를 찾아냈다고 전제하면서 그러한 이
야기의 기원을 어린 시절의 경험에서 찾았다. 즉 "그 시기에 발생했던
문제들에 초점을 맞추고, 주인공의 존재의식 속에서 생명력을 유지한
다. 그 문제들이란 정체성, 자아, 집단 소속감, 과거와 미래, 선과 악을
말한다"가 그것이다. 박근혜와 노무현의 유소년기와 청년기를 거쳐 형
성된 개인적 자아야말로 훗날 그들이 대통령이 된 후의 정치 리더십을
설명하는 데 매우 유용한 정보를 제공해 준다. 그 핵심은 '정체성'이다.

유소년기

리더십 이론에 따르면 유소년기의 성장환경과 과정은 미래에 정치
지도자의 정치적 개성과 철학적 특성을 형성시키는 데 중요하다. 박근
혜 대통령은 모두가 알다시피 금수저 중의 금수저 출신이다. 청와대라
는 궁중에서 18년간 철권통치를 행사한 군주의 공주로서 살아왔다. 비
록 그는 "나는 왕족이 아니라, 임기가 정해진 대통령의 딸일 뿐이다"
라는 의식을 지니고 있었지만, 현실에서의 삶은 그를 공주의 영혼으로
키워놓았다. 개인의 안위와 행복보다는 백성의 아픔과 나라의 발전이
식탁의 주요 화제가 되는 남다른 가정환경에서 자랐다. 학교에서는 다

알려진 대통령의 딸이었지만 외부적으로는 그가 공주의 신분인 줄 모르도록 숨기며 겸손하게 살아온 평범한 학생이었다. 그가 정신여고를 다니던 시절 당시 전차 기사가 그에게 대통령의 딸이 같은 학교에 다닌다는데 그게 사실인가를 묻자, 그렇다고 대답했다. 그리고 그가 공부를 잘하느냐는 물음에 아마 그럴 거라고 하며 본인의 신분을 숨겼던 일화가 이런 것을 단적으로 말해 준다.

맥그리거 번은 "청소년기의 자아 존중에 대한 욕구는 그들이 가치 있게 여기는 사람들로부터 존중받고자 하는 욕구에 의해 영향을 받는다"라고 했다. 박근혜는 영웅적 부모를 실망시키지 않고 그들을 만족시키려는 장녀의 도리를 다함으로써 이러한 자아 존중의 욕구가 충족될 수 있었다. 노무현은 착하지만, 경제적으로 무능한 아버지와 고향에서 유일한 대졸 출신으로서 고시에 실패하고 무직으로 교사인 형수한테 얹혀사는 형님을 통해 한편으로는 동경했던 부친과 형님에 대한 실망과 또 다른 한편으로는 좌절한 그들의 눈을 통해서 비참한 숙명을 인정할 수밖에 없는 유소년 시절이었다. 따라서 자력으로 모든 것을 해결해야 하고 운명이 그를 험하게 다루는 현실에서 벗어나기 위하여 몸부림치며 반항으로 이를 거부하려던 삶이었다.

가난한 가정에서 태어난 노무현은 '야생콩'이라는 의미의 키케로(BC106-BC43)라는 이름을 지닌 로마의 정치가와 비슷한 정치적 삶을 보여준다. 노무현도 초등학교 때의 별명이 '돌콩'이었다. 3남 2녀 중 막내로 태어난 그의 운명은 당시 장남의 성공을 위하여 막내의 삶을 희생시키려는 부모님들의 전통 관념에 희생된 유년 시절이었다. 학업 성적은 우수했으나 가난으로 결석이 잦았다. 방학 중 집에 내려가면 저녁은 메밀 죽으로 때워야 했던 어린 시절을 보냈다. 도스토옙스키는

『가난한 사람들』에서 주인공 제부시킨의 입을 통해 외친다 "먹을 것이라고는 아무것도 없는데 명예고 뭐고 무슨 소용이란 말이요? 돈이에요! 그저 소중한 건 돈이란 말입니다."라는 말에 딱 어울리는 소년 시절을 보냈다.

10리 길을 걸어 다니며 통학하였다. 통학 길에 가지고 다니던 유일한 장난감인 주머니칼과 물총을 사기 위해 책값 통지서를 위조하였다. 누나한테 물려받은 깨진 필통이 부끄러워 반장으로서 어수룩한 친구를 꼬드겨 새 필통을 가로채기도 하였다. 이마저도 그것을 부당하게 여긴 친구들에게 왕따 당하자, 항복하고 필통을 돌려주기도 하였다. 가난하였음에도 불구하고 그의 학업성적이 우수하여 비록 시골 초등학교였으나 반장을 도맡아 했다. 6학년 때 담임교사의 권유로 전교 학생회장이 되었다. 그의 학생회장 시절에 관해서 노무현은 딱히 언급한 것이 없어 자세히 알 수는 없으나 반장을 도맡아 하고 전교 학생회장으로서 활동한 것은 적어도 두 가지 측면에서 중요성을 지닌다고 하겠다. 즉 리더십에 관한 어떤 내재적 자극과 훗날 그의 자아 존중의 두 가지 면에서 영향을 끼쳤겠다고 짐작할 수 있다.

중학교 입학 당시 돈이 없어서 책값만 먼저 내고 입학금은 농사지어서 낼 수 있다는 소식을 듣고 어머니와 중학교 교감을 찾아갔을 때 입학을 거절당했다. 교감이 입학을 거절하면서 대학 나온 형이 놀고 있다는 모멸감을 주자 그 자리에서 교감에게 입에 담지 못할 욕설을 퍼붓고 교감실을 뛰쳐나왔다. 1년간 휴학을 하고 나서 아이러니하게 그가 훗날 정치적으로 사사건건 대립하게 되는 박근혜의 부친 박정희 대통령과 연관이 있는 부일장학회의 장학금을 받고 중학교에 다니게 된다.

중학생 노무현은 붓글씨 대회에서 2등을 하였는데 붓글씨반을 담당하던 교사의 아들이 부정한 방법으로 1등을 한 것을 알고 상장 수령을 거부하여 선생님으로부터 뺨을 맞기도 하였다. 이런 개인적 정의감과 억울함은 3.15 부정선거를 보고 "우리 대통령 이승만"이라는 기념 작문대회를 거부하는 백지동맹을 주도하는데도 나타난다. 그는 반성문을 쓰면서도 백지동맹의 주도적인 과정과 진행만을 나열했지, 백지동맹 자체가 잘못되었다고는 하지 않았다. 여기서 훗날 그의 협객 기질을 볼 수 있다. 『플루타르크 영웅전』을 쓴 플루타르크는 키케로를 가리켜 "역경에는 아주 약한 위인"이라고 평하였다. 앞서 예를 든 키케로와 비슷한 별명과 정체성을 지닌 노무현은 이런 면에서 키케로와 판이하다. 즉 올바른 것을 위하여 과감하게 나서고 주위의 악당들에게 잡혀도 굴하지 않고 자신만의 정의를 계속 추구하는 소년 협객의 모습을 볼 수 있다. 훗날 그의 삶의 전환점이 된 '부림 사건'에서 이러한 협객 기질이 부활하기 시작한다.

이 시기의 삶은 노무현 자신이 말한 대로 "가난과 열등감, 그로 인한 반항적 태도, 이런 것이었다. 그러나 자존심과 우월감도 그에 못지 않게 강했다."였다. 그가 유년 시절 일으킨 여러 가지 해프닝은 그의 미래를 읽기 위한 약간의 단서로 작용하는데 그 스스로 언급했듯이 "우월감과 반항심이 뒤섞여" 일으킨 사건들이었다. 이는 아테네의 명정치가이자 군인 알키비아데스(BC450?-BC 404)를 연상시킨다. 그는 어릴 때 또래 친구와 씨름하다가 안 넘어가려고 상대방의 팔을 물었다. 이에 친구가 계집애처럼 문다고 하자 그는 "아니야 사자처럼 문 거야"라고 대응했다. 노무현의 일생은 어쩌면 사회적 변방의 약자로서 열등감에 시달리면서도 그 특유의 우월감으로 강한 대상을 계속 사자처럼 물어보려는 노력의 일환이었다고 할 수 있다.

정치 리더십 원론에서 언급하고 있는 바는 사회적 지위가 낮은 학생은 높은 학생들에 비해 정치화되는 일이 덜하다고 했다. 즉 사회적 지위가 낮은 학생들은 "지위가 높은 동료보다 정치적 리더에 더 공손하다. 그래서 그들은 권위적인 인물을 인정하고 신뢰하며 정치제도를 묵인하는 경향이 높다"라고 했다. 그러나 이런 이론적 일반화는 노무현에게는 통하지 않았다. 위에서 보듯 그는 열등감과 우월감 사이에서 부조리와 정의에 대해서 그리고 열등감을 더욱 압박함으로써 우월감이 드러나도록 하는 모순적 상황에서 반항하고 거부한 것이었다. 훗날 그의 삶을 조명해 보면 그는 계집애처럼 문 것이 아니라 사자처럼 문 것이다.

맥그리거 번은 청소년들에게 다른 사람들로부터 받는 존중과 밀접한 관련이 있는 자아 존중에 대한 지속적인 욕구가 훗날 리더십의 원천이 되는 잠재적 리더십과 연관이 있다고 하였다. 바로 사회적 지위가 낮은 노무현은 열등감을 상쇄하거나 이를 뛰어넘는 자아 존중에 대한 특별한 욕구가 남달리 강했다. 이것이 남들은 꿈도 꾸지 못할 그리고 모두가 불가능하다고 여긴 고시에 도전한 이유기도 하다. 그리고 결국 목표를 이룰 수 있었던 이유라고 할 수 있다. 노무현의 신화적 삶을 설명할 수 있는 키워드를 꼽는다면 바로 이 '우월감'과 '자존심'으로 요약될 수 있다. 생래적으로 타고난 그의 이러한 자아는 유소년기에 충분히 발휘되어 나타났기 때문에 이 시기가 중대한 의미를 지닌다고 하겠다. 이후의 삶은 이 두 축이 그의 정치 사회적 자아와 맞물려 보다 발전되고 승화된 형태로 다양한 모습으로 나타나 결국 대통령(우월감)이 되기도 하고 자살(자존감)을 택하게도 만든다.

중학교 졸업 후 노무현은 3년 장학생으로 부산상고 진학을 선택한다. 고등학교 시절 경제적인 사유로 대학 진학을 포기하자 그는 잠시 방황의 세월을 보냈다. 고등학생으로서 자아에 눈뜨기 시작하던 그에게 상고를 나와 취직해야 한다는 경제적 현실로 인해 사회적 미래가 제한되자 방황하던 시기였다. 일본속담에 이르길 곧게 뻗어나가는 것이 근본적으로 차단된 "마루 밑의 죽순"과 같은 절망감이 그를 괴롭혔다. 훗날 정신의 한 축을 형성하게 되는 건달적 일탈은 주로 이 시기에 형성되었다. 오바마 역시 노무현과 비슷한 소년 시절에 방황과 일탈의 시기가 있었다. 그의 자서전 『내 아버지로부터의 꿈』에서 "마약 상용자, 마리화나 중독자, 그것이 내가 가고 있는 곳이고 이 젊은 놈이 선택해야 하는 운명은 흑인 어른이 되는 것이다."라고 썼다.

노무현은 가난의 숙명에 굴복하지 않고 그만의 건달적 의리로 이를 담담하게 받아넘긴다. 즉 가난의 노예가 된 것이 아니라 가난을 숙명으로 받아들이고 이를 타인과 나누려는 행태를 보이기도 한다. 밥을 굶는 친구에게 가진 돈을 모두 털어 빵을 사주고 자신은 굶기도 하고, 형이 보내준 하숙비를 친구 여동생의 입학금으로 내주어 자신은 친구 집을 전전하거나 그도 여의찮으면 학교 교실에서 잠을 자며 고등학교 시절을 보냈다. 가난에 이골이 났으면서도 가난을 저주하지 않고 같은 동류의 사람들에게 그가 가진 모든 것을 내어 주면서 어쩌면 가난의 평등을 또는 가난한 평등에 대한 어떤 느낌을 들게 되었을 것이다. 훗날 노동자들의 인권에 눈을 뜨고, 사회적 약자들에 대한 불평등과 그러한 불평등이 정의롭지 못한 권력에 의해 굳어짐을 직시하면서 그의 노동, 인권, 반정부 투쟁이 여기서 싹텄다고 할 수 있다.

지독한 가난(노무현)과 흑인(오바마)이라는 소년기의 자아에 치명적 상처를 줄 수 있는 부정적 환경에도 불구하고 그것이 훗날 두 사람의 상반된 리더십을 결과하는데 일정 부분 중대한 작용을 한다. 즉 오바마가 노무현과는 달리 흑인이면서도 그의 자존심과 우월감에 상처를 덜 받아 통합과 화합을 주장한 것에 어떤 영감을 준다. 미국의 본토에서 멀리 떨어져 있는 다인종 사회인 하와이와 미국과 떨어진 인도네시아에서 생활하였고 흑인 아버지에 대한 존경과 신화를 심어주려는 어머니의 교육으로 인하여 유소년기 동안 흑인이라는 낙인으로 인하여 절망과 좌절감을 겪지는 않았다. 노무현도 가난이 그의 영혼에 상처를 입히지는 않았다. 단지 가난은 그에게 더 강하게 튀어 오르는 반동력을 부여했을 뿐이다.

청년기

공주 정신의 정착기

박근혜의 공주리더십의 원형은 이 시기에 형성된다. 즉 '얼음 공주' '수첩 공주' 등이 그것이다. 원래 공주는 귀족, 외로움, 우아함, 비밀스러움 등 다양한 이미지로 묘사되는데 박근혜의 공주 이미지는 반대 정치 세력들에 의하여 부정적인 것으로 묘사되었다. 그들은 다만 박근혜의 출생과 권력적인 삶에만 초점을 맞추었다. 그가 여성성에 갇혀 자신의 고귀한 신분에 걸맞은 정신세계와 그에 따른 금수저의 삶이었다는 점은 유사하지만, 누구보다도 불타는 애국심과 부모를 흉탄에 모두 잃어 죽음을 연상시키는 고통을 겪은 비극적 삶은 간과하고 있다.

박근혜는 부모님들과의 대화를 통해서 한국의 미래를 위하여 전자산업의 중요성을 인식하고 역사를 전공하기를 권하는 육영수 여사의 권유를 뿌리치고 서강대에서 전자공학을 전공하기로 결심한다. 대학생활에서 부친의 독재체제에 반대하는 시위를 무시하고 공부에만 전념하면서 경호원의 극도의 경호 속에서 일탈을 꿈꾸거나 진정한 친구 관계는 물론 청년 시절의 흔한 연애의 경험조차 없는 외롭고 고립된 공주의 삶을 보내게 된다. 당시 공주의 정신을 사로잡은 두 가지 테마는 산업 국가로 도약하는 국가를 위하여 그가 선택한 길, 즉 전자공학도로서 열심히 공부하는 것이다. 또 다른 하나는 매사에 단정하며 공주로서의 교육에 충실하며, 백성의 아픔에 동참하고, 훌륭한 귀족으로 성장하는 것을 가장 중요한 미덕으로 알고 또 그렇게 행동하였다.

부모님의 배려로 다양한 외국어를 습득할 수 있었고, 해외에서 거행되는 국가적 행사에 어머니를 대신하여 참석함으로써 배운 외국어를 더욱 활용할 수 있었다. 이를 통하여 국제적 감각과 더 넓은 세계에 대하여 남다른 식견과 경험을 쌓기도 하였다. 부모님과의 밥상 자리에서 국가적 사안을 들으면서 나라를 걱정하고, 나라의 경사에는 같이 기뻐함으로써 그와 국가가 점차로 동일시되어 갔다. 그의 관심사는 나라와 백성이며 개인적 삶은 이미 없어졌고 생각과 대화가 국가적인 주제와 분야로 점차 확장되어 가면서 공주의 영역이 넓어지기 시작했다. 육영수 여사가 총탄에 서거한 이후 어머니를 대신하여 퍼스트레이디 역할을 하면서부터 신분이 공주이면서 왕후의 역할을 수행하게 되었다. 대외적으로는 외국의 사절을 맞이하면서 대리 영부인의 역할을 수행하였고, 대내적으로는 어머니의 유업 즉 여성, 노인, 장애인 등 사회적 약자들을 대상으로 하는 정책과 사업을 전개하여 공주가 속한 나라의 백성들에 대한 동정과 연민과 사랑이 더욱 깊어져 갔다.

박근혜가 나라의 미래를 걱정해서 전자학과를 선택한 것과 달리 노무현은 대학을 진학할 가정형편이 되지 않아 부산상고를 선택하였다. 고등학교 졸업 후 농업협동조합 입사 시험에 낙방하고 한 어망제조업체에 취직했다. 첫 출근에 입을 옷이 없어 친구 옷을 빌려서 출근하였다. 첫 직장은 최저 생계비에도 미치지 못하는 임금과 작업 중 다쳐도 치료비조차 주지 않는 업주의 비정함과 횡포에 실망하여 직장을 그만 두고 고시로 눈을 돌린다. 그의 형이 중도에서 좌절할 수밖에 없었던 꿈을 그가 대신 하기 위하여 스스로 짐을 지우고 또 그러한 짐을 목표로 삼았던 것이 바로 고시에의 도전이다.

비전적 건달의 방황기

박근혜가 태생적 공주였다고 하면 노무현은 태생적 건달로서의 기질을 이때부터 보여주기 시작했다. 중학생 시절에 대한 회고에서 "우월감과 반항심"으로 요약한 이 시절 우월감에서 비롯된 반항심이 그의 영혼을 사로잡은 주된 심리적 자아였다. 항상 우등생이었고 반장과 회장을 지냈던 그의 우월감이 가난이라는 현실의 벽과 마주치자, 대학 진학을 포기하고 좌절할 수밖에 없는 청년으로서 좌절감이 건달적 반항과 일탈로 나타난 것이다. 즉 노동과 고시를 병행하던 시절 돈을 벌기 위해 공사판을 전전하면서 노동자들과 생활하면서 그들의 생활에 젖어 들어갔다. 비어와 속어를 일상적으로 사용하고, 나중에 갚아 주었지만, 공사판의 식당 밥값을 떼어먹고 도망치기도 하고, 남의 밭에서 과일 서리를 하면서 배를 채우기도 하였다. 농업시험장의 감나무 묘목을 훔쳐서 집에다 심어 생계 수단으로 삼았다. 공사판에서 몸을 다쳐 병원에 입원해 있던 기간에 두 편의 단편소설을 쓰기도 한 문학 청년이었다. 건달로서 고시에 합격하기 전까지, 그가 경험했던 세계는 사회 하층민의 처절한 삶의 본질적 모습이며, 가난한 민초들이 생계를 부지하기 위하여 겪을 수밖에 없는 적나라한 실존의 모습이며, 이를 통하여 그것을 만든 사회의 모순적 구조의 실상을 직시하게 되었다.

노무현은 자신의 저서 『여보 나 좀 도와줘』에서 "그때의 노가다 생활을 돌이켜보면 환경에 따라서 사람이 얼마나 파렴치해지고 거칠어질 수 있을까 하는 생각을 하게 된다"라고 썼다. 이는 박근혜의 올바름과 현저하게 대조를 이룬다. 박근혜는 "세파를 두려워하는 것이 아니라 내 마음이 행여 이 모든 것을 헤쳐 나감에 있어 도리를 다하지 못할까 그것이 두려운 것이다"라고 하였다. 그러면서 "불의와의 타협은 자기를 죽이는 것이요 결국 자기를 죽게 한다"라고 하여 어려움 속에서도 올바르게 살아야 함을 강조한 것과 너무나 대조적이다. 그러나 박근혜는 훗날 최순실 사건에서 나타났듯이 전혀 올바름을 실천하지도 않았으며 오히려 불의와의 타협으로 정치적 죽음의 길을 걷게 되었다.

이 시기 노무현의 정신세계는 두 가지 극단의 길을 걷는다. 한편으로는 노가다라는 가장 험하고 거친 생활과 또 다른 한편으로는 출셋길이 보장되는 고시라는 이상적 목표의 양극단 사이에서 생활하고 있었다. 마치 밤마다 왕이 되는 꿈을 꾸는 현실의 거지처럼 꿈과 현실 간의 극단적 삶에서 비전을 보았다. 마치 "용의 수염을 개미가 노린 것"이다. 모든 것을 희생하고 고시에 매진하던 그의 청년기의 삶에서 이 기간에 그의 정치적 자아를 사로잡은 어떤 결정적 계기는 찾아볼 수 없다. 경박한 잡범 수준의 일탈과 운명적 가난에 익숙한 지난날의 연장선상에서 건달적 기질이 내면에 자리 잡고 있었을 뿐이다. 다만 훗날 대통령으로서 국정 혼란의 빌미를 제공한 비속어와 저잣거리 언어를 습득한 시기라는 점이 의미를 지닐 뿐이다.

그러나 이 시기가 훗날 그의 삶에서 주는 중대한 중요성이 있다고 한다면 극단의 열등감을 우월감과 자존심을 통하여 극복하고자 더욱 높은 꿈과 희망을 품고 더 높은 곳으로 도전하려는 꿈을 지닌 시기였다는 점이다. 이는 훗날 국민적 지지도나 모든 것이 전무한 상태에서 대통령 출마를 결심하고 선포하는 것과 맥을 같이 한다. 인생의 가장 밑바닥인 노가다 생활을 하면서 최고로 힘든 고시를 꿈꾸었던 그의 청년 시절의 연장이라고 보아야 할 것이다. 그리고 그는 고시에 합격했듯이 대통령에 당선될 수 있다는 어떤 자신감도 이 시기의 경험에서 훗날 어떤 영감을 받았겠다고 짐작할 수 있다.

고시에 합격하기까지 그는 육군 병장으로 만기 전역을 하였고, 27세에 부인 권양숙 여사와 결혼하여 아들과 딸을 낳았고 마침내 4번째 도전에서 1975년 4월 30세에 제17회 사법시험에 합격한다. 그가 유일한 고졸 합격자였다. 그 스스로 밝혔듯이 이 시기가 그의 삶에 있어서 가장 행복한 시기였다. 왜냐하면 고통 속에서도 희망이 있었고, 희망 속에서 가족을 통한 행복을 이 기간에 만끽했기 때문이다.

노무현의 고시 합격은 오바마가 하버드 대학 법대에 입학하여 법률가의 길을 간 것과 유사하다. 그런데도 오바마가 노무현에 비하여 더욱 위대한 정치가로 한 걸음 더 가까이 갈 수 있었던 데에는 법률가가 되는 내면적 동기에서 커다란 차별성을 보인다. 오바마는 흑인들의 생활개선과 인권운동을 위한 사회 단체활동이 한계에 이르자 이러한 진보적 사회활동을 보다 효율적으로 그리고 성공적으로 수행하기 위하여 법대 학위의 필요성을 절감하게 되었다. 그는 『내 아버지로부터의 꿈』에서 "법대 학위 없이는 여기서 도저히 일들을 해결할 수 없다. … 왜냐하면 그들은 여기저기 빠져나갈 구실을 너무 많이 가지고 있다. 법적 자격증이 그 사람들과 맞서 일할 유일한 방법이다"라고 서술하였다. 이는 하버드 대학의 『하버드 로 리뷰Harvard Law Review』 법률잡지 흑인 최초의 편집장으로서 행한 연설에서 잘 드러나 있다. 당시 '흑인 법대생 협회'라는 저녁 모임에서 행한 최초의 연설에서 "그들의 현재 교육의 특권이며 따라서 그들은 수단과 기회를 가지고 있다는 점을 의미하고, 그러므로 법대 학위 특권을 받지 못한 사람들을 위해서 사용해야 할 책임감이 있다는 것을 명심해야 한다"라고 말했다. 빈곤의 질곡과 개인의 사회적 신분 상승이라는 극히 개인적 동기에서 고시의 길을 택하고 변호사가 된 노무현의 정신적 내면과는 차별성을 보이는 대목이다.

장년기

공주에서 평민으로

공주의 삶은 커다란 반전을 맞이한다. 아버지 박정희마저 총탄에 숨지자, 공주에서 평민이라는 나락으로 떨어진 것이다. "죽은 아버지의 피 묻은 옷을 빨면서 인생에서 흘릴 눈물은 다 흘렸다"라고 한 고통의 시작이었다. 그리고 은둔의 시기였다. 부모가 흉탄에 숨진 충격에서 벗어나 정상적인 삶으로 돌아오기 위한 노력, 군주의 사망으로 인해 가해진 주변 가신들의 배반에 따른 분노, 권력의 허망함이 전부였다. 동시에 권력의 소중함을 뼈저리게 느꼈으며, 잠행에서 확인한 국민들의 부친과 어머니에 대한 향수, 이로써 부친과 어머니의 유업을 계승 내지는 완성하겠다는 의지와 소망이 한으로 응어리진 시기였다.

은둔 생활을 청산하고 공적 정치인으로서 그리고 의회주의자로서 정치적인 삶을 시작한 이래 그가 대통령이 된 후의 그의 정치리더십 형성의 철학적 뿌리는 이 시기에 이루어졌다고 볼 수 있다. 특히 정치리더로서 고통과 좌절을 보고 또 그를 통하여 형성된 리더십의 원형이야말로 다른 누구보다도 공주리더십에 있어서는 중요하다.

『플루타르크 영웅전』에서 BC 600경 아테네의 정치가 아나카르시스Anacharsis는 "이성으로부터 운명의 맹공을 견디도록 훈련받지 못한 사람이 끝없는 슬픔과 고통에 빠지는 것은 나약해서이지, 마음이 따듯해서가 아니다"라고 했다. 청와대를 나온 후 박근혜의 슬픔과 고통은 이처럼 나약했을 것이다. 그러나 어느 정도 상처가 아물자, 고통을 자기 것으로 승화시킨다. 그는 『내 마음의 여정, 결국 한 점』에서 고통은 선택할 수 있는 것이 아니기 때문에 일단은 운명처럼 그것을 받아들여야 한다고 전제한 다음 "그것은 받아들여 극복하지 않고는 도저히 더 나아갈 수 없게 우리를 몰아넣는다. 거기서 지혜와 의지, 바른 가치를 가지고 딛고 일어서는 데에 인간의 승리가 있다"라고 했다.

앞에서 말한 바와 같이 노무현은 유소년기를 사로잡은 심리적 특성으로 '우월감'과 '자존심'이라고 밝혔다. 이는 박근혜에게도 해당한다. 공주로서 살아온 우월감과 그것을 국정의 중심에서 그리고 가장 높은 곳에서 활동해 왔던 자존감이 그것이다. 단지 부친의 사망으로 일시에 무너져 내린 것이다. 노무현은 고시를 선택함으로써 열등감에서 비롯된 우월감과 자존감을 동시에 증명하고 해결하려고 시도하였다. 박근혜는 훗날 정치에 입문하고 대통령으로 도전함으로써 추락한 우월감과 자존심을 다시 회복하고 증명하고자 한데서 비슷한 궤적을 보여준다. 하나는 고통의 극복이라는 탈출구였고 하나는 사회적 열등감에 대한 탈출구를 모색한 결과로써 나타난 것이다. 그러한 탈출구가 노무현은 고시였고 박근혜는 대통령으로 나타난 것이다. 노무현의 탈출은 발전과 상승 및 도전의 과정이라고 한다면 박근혜는 도전을 통하여 과거의 영광과 위엄의 원상회복이라고 할 수 있다.

건달에서 협객으로

건달 노무현은 대전지방법원의 판사로 임용되었으나 5개월 만에 스스로 사직하고 변호사의 길을 간다. 키케로가 변론에 뛰어났으나 많은 사람의 반감을 사서 정적이 많았던 것과 유사하게 노무현도 뛰어난 변론으로 상대를 압도하였으나 정도가 지나쳐 많은 사람에게 반감을 사기 일쑤였다. 부산 법조계에서 그가 환영받지 못한 인물이 된 데에는 검찰과 판사 및 변호사간에 존재하는 부조리와 부정의에 대한 껄끄러움이 그의 잠재된 정의감을 자극한 데서 비롯되었다.

그러면서도 키케로가 받은 신탁의 말처럼 행동했다. 키케로는 술라의 박해로 쫓겨 다니다가 술라가 죽자 귀국하여 신탁에 자신의 운명을 묻는다. 신탁은 키케로에게 "사람들의 의견을 좇지 말고 자기 천성대로 살아라"라고 답해 주었다. 이는 부산에서 변호사로 개업하여 세무·회계 전문변호사로 명성을 쌓고 높은 수임료를 받아 풍족하게 사는 그에게 어울리는 말이었다. 그는 주변의 동료 변호사들처럼 지역의 경제인들과 어울려 룸살롱을 출입하고 요트를 즐기는 등의 부유한 삶을 살아가고 있었다. 역시 세속적인 건달적 삶이었다. 물론 노무현 건달은 다른 변호사들과는 약간 차별적인 양심과 수치 그리고 어쩔 수 없는 타협 등의 갈등을 느끼기도 하지만 결국 현실과 타협하면서 안락한 변호사의 삶을 누린다.

두 가지 사건이 이처럼 안락한 변호사의 삶을 정치적인 삶으로 전환하게 된다. 즉 건달에서 협객俠客으로 전환되는 결정적 계기를 맞이한 것이다. 하나는 노동과 인권에 관한 변호를 맡은 것이다. 또 다른 하나는 시국사건인 '부림사건'의 변호를 맡게 되면서부터다. 노동과 인권변호사로서 이들 사회적 약자에 대한 변론을 진행하면서 그는 과거 건달로서 살았던 시절의 향수가 되살아났다. 약자의 입장에서 당했던 노동자와 서민의 권리를 변호사의 입장에서 법에 따른 투쟁을 통해서 승화시키려는 심리적 욕구가 강력하게 솟구친 것이다.

이러한 계기는 먼저 자기 성찰로부터 시작되었다. 즉 정의를 외치고 그것을 주장하려면 먼저 자신부터 정의롭지 않은 일부터 손을 떼야 했다. 진정성을 가진 자들이 보여주는 당연한 도덕적 귀결이었다. 변호사에게 핀잔을 주는 판사에 대하여 술을 사는 관행의 사슬을 끊고 그 특유의 기득권에 대한 반항과 정의에서 비롯된 원칙을 더욱 확장해 판사가 변호사인 노무현을 함부로 대하지 못하게 했다. 전문 브로커들이 일감을 가져다주면 지급하는 커미션도 끊었다. 건달적 관념과 행태의 청산은 이처럼 도덕적 정화가 우선시 되었고 동시에 그에 비례하여 협객적 정의가 살아나기 시작한 것이다. 김태형은 『심리학자, 노무현과 오바마를 분석하다』에서 "그가 과거의 열등감과 죄의식으로부터 궁극적으로 벗어나게 된 것은 진보 운동이 선사한 가장 큰 선물이다"라고 분석하였다. 또한 이러한 협객적 영혼의 부활은 어머니로부터 무능하다고 항상 핀잔을 듣고 무시되어 온 아버지가 지주들에게 착취당하는 소작농들의 편을 들었다가 피투성이가 되어 돌아왔고, 이런 아버지의 모습을 보면서 "약자에게 약하고 강자에게 강한 성품"을 아버지로부터 받았다는 것이다.

이를 증명이나 하듯 노무현은 '부림 사건'에서 중요한 역할을 하면서 본격적으로 사회운동가에서 정치가로 변신하게 된다. 그는 『여보나 좀 도와줘』에서 "그때까지 나는 독재와 고문에 대해서만 분개해 왔던 게 사실이다. 그런데 '부림사건'이 진행되고 있는 와중에도 학생들은 나에게 독점자본에 의한 노동착취와 빈부격차의 모순 같은 문제를 이해시키려고 노력했다"라고 이때를 회상했다. 김태형은 오바마와 노무현을 비교 분석한 책에서 두 사람 모두 진보 운동을 하면서 세상을 깊게 들여 보게 되었고 그러는 과정에서 자기 내면도 깊이 들여다볼 수 있게 되었다고 했다.

김태형은 오바마와 노무현이 사회운동에 뛰어들게 된 근저에 '공감'
이 자리 잡고 있었다고 했다. 그는 오바마의 입을 빌려 노무현의 공감
을 설명하고 있다. 즉 "공감이야말로 윤리관의 핵심으로서 단순히 약자
에 대한 연민이나 자비의 감정이 아니라 타인의 눈으로 타인의 입장에
서 행동하는 태도라고 했다." 사회적 약자와 소외된 자들의 입장과 처
지에 공감하고 그것을 가능케 만드는 부조리한 정치·경제적 사회구조
를 개혁하려는 도덕적 열망이 바로 노무현과 오바마를 하나로 묶어 주
는 힘이었다고 할 수 있다. 그러나 오바마는 변호사의 길을 걷기 전에
진보적 사회운동에 뛰어들었고, 노무현은 변호사가 된 후에 그러한 사
회적 불평등과 부정의라는 문제에 공감하였다는 점에서 차이를 보인다.

이러한 차이는 훗날 두 사람이 대통령이 되었을 때 그들이 추구해
왔던 공감의 문제를 해결하는 방식에서 상이한 전략으로 나타난 것이
다. 오바마는 그것이 미국 사회에 뿌리 깊은 병폐이자 근본적인 미국
사회의 문제임을 인식하고 이를 법과 화합 및 통합의 힘으로 점차 개
선해 나가려는 노력을 기울였다. 이에 비해 노무현은 약자를 위한 이
념적 편협성으로 무장하고, 급진적이고도 투쟁적으로 해결하려는 성
급함으로 말미암아 그의 임기 동안 한국이라는 기울어진 운동장에서
더욱 파란과 충돌만을 야기시켰을 뿐이다.

1982년에는 부산 미국문화원 방화 사건의 변론에 참여하였고 1984
년 부산 공해 문제 연구소 이사를 거쳐서, 1985년에는 부산 민주시민
협의회 상임위원장을 맡게 되면서 본격적으로 시민운동에 발을 들여
놓게 되었다. 그해 자신의 사무실에 노동법률 상담소를 열기도 했다.
또 1987년에는 민주헌법쟁취 국민운동본부 부산 본부 상임 집행위원
장을 맡아 6월 민주항쟁에 앞장섰다. 대우조선 노동자의 사인 규명 작
업을 하다가 9월에 제삼자 개입, 장식葬式 방해 혐의로 경찰에 구속되

었다. 이어 1987년 11월에는 변호사 업무정지 처분을 받았다.

노무현은 이러한 노동자 및 민주화 투쟁을 인정받아 당시 통일민주당 총재 김영삼의 눈에 띄어 1988년 국회의원에 출마하여 13대 국회의원에 당선된다. 이때부터 노무현의 삶은 극적인 반전을 맞이한다. 중국 속담에 "어떤 산에 오르느냐에 따라 부르는 노래가 달라진다.到甚麼山, 唱甚麼歌."라고 있다. 이제 노무현이 부르는 노래는 달라지기 시작한다. 사회에서 부르던 노래가 국가에서 부르는 노래로 달라진 것이다. 개인의 삶에서 시작한 사회적 정의와 인간의 존엄성, 사회적 약자와 경제적 소외에 대한 배려 및 권력의 잔인성에 대한 저항이 국가를 대상으로 한 정치의 무대로 옮겨간 것이다. 그는 기득권 세력의 눈으로 볼 때 그의 정치적 행위나 도전 및 투쟁이 어설픈 깨물기에 불과하다고 폄하될 때에도 그만은 사자의 입으로 사회적 약자를 억압하는 모든 기득권 세력과 부조리한 사회적 관행에 대하여 사자의 입으로 물어뜯다가 결국 사자가 되었다. 그것이 국가라는 산을 오르기 시작하면서 그의 노래가 바뀌었고 결국 그를 대통령으로 만들었다.

리더십 스토리와 리더십 원형의 형성

하워드 가드너는 리더와 비리더의 차이는 "자신만의 독특한 스토리가 있는가?"로 구별된다고 하였다. 독특한 스토리는 "시대성에 따른 이야기를 창조하여 대중과 감화함으로써 신화 같은 이야기를 만드는 사람이 진정한 리더이다"라고 하였다. 지도자는 그가 지도자가 되는 과정에서 남들이 수긍하고 인정하는 어떤 스토리를 보여줄 수 있어야 한다. 모든 인간은 스토리를 만들고 있거나 죽음으로써 스토리를 완성한다고 볼 수 있다. 특히 정치인들은 대통령이 되기 전까지 그들의 모든 정치적 행위는 스토리 형성과정이라고 할 수 있다. 스토리 형성과정에서 그러한 개인적 스토리가 국민으로부터 공감과 지지를 획득함으로써 그들의 삶은 정치적 의미에서 독특한 스토리로 인정받게 되는 것이다. 위에서 보았듯 박근혜와 노무현은 공통으로 자신만의 독특하고도 신화와 같은 스토리로 대통령이 되었다.

오바마 대통령의 핵심 선거 참모 엑셀로드David Axelrod의 회고에 따르면 오바마는 그와 나눈 최초의 전화에서 "내가 하고 싶은 이야기는 정해져 있어요. 미국에서 태어났기 때문에 가능했던 내 인생 이야기를 할 것입니다"라고 했다. 이것이 진정한 스토리의 출발이다. 엑셀로드는 오바마와 일치된 생각을 가지고 이슈나 정책, 아젠다가 아니라 스토리로 대결하는 것을 한결같은 원칙으로 삼았다고 했다. 이는 성공한 대통령 오바마에게서 볼 수 있듯이 정치지도자에게 스토리가 얼마나 중요한가를 알 수 있다. 한국정치에서 진정한 스토리는 노무현에게서 찾아볼 수 있다.

먼저, 스토리는 추종자들을 감동시키고 그들을 리더의 가치관과 행동양식에 맞추어 리더를 추종하게 만드는 일차적인 심리적 동인이다. 더욱 특이한 스토리와 그 스토리가 감동을 선사하며 그러한 감동이 해당 사회가 추구하고 용인하며 인정하는 사회적 환경과 맞아떨어질 때 스토리의 주인공은 정치적 지도자가 될 수 있는 필요조건을 갖추게 된다. 박근혜의 스토리와 노무현의 스토리에는 분명한 차이가 존재한다. 박근혜 스토리는 부친으로부터 연유한 잠재적 추종자들로부터 깊은 동정심을 불러일으켰다. 그리고 그의 부친의 정치적 업적과 모친의 서민 약자에 대한 깊은 애정이 상승작용을 일으켜 형성된 것이다.

이에 비하여 노무현은 '자석의 법칙'에 딱 어울리는 지도자라고 할 수 있다. '자석의 법칙'에 따르면 추종자들을 끌어당기는 것은 추종자들이 필요로 하는 지도자가 아니라 추종자들과 비슷한 지도자를 원한다는 점이다. 그의 삶은 건달이었고 그가 지향하는 바는 협객이었기에 진보적 성향의 신세대들은 그에게 끌려 마침내 자발적으로 노사모를 결성한 것이다. 실패가 실패로 끝나는 것이 아니라 언젠가는 정의가 승리한다는 협객의 정의를 노무현을 통해서 맛보고 있는 것이다. 공주는 추종자들과 너무나 다르기 때문에 울림이 없다. 단지 우러러 추종할 뿐이다.

둘째, 스토리와 더불어 그러한 스토리를 정치적 리더로 연결해 주는 정치적 자아가 선행되어야 한다. 그리고 어떠한 정치적 자아를 막론하고 가장 중요한 것은 높은 수준의 자아 존중이 전제되어야 한다. 모든 면에서 대조적인 두 사람이 대통령이 될 수 있었던 근본 동인은 맥그리거 번이 지적한 바와 같이 높은 수준의 자아 존중을 지녔기 때문이다. 즉 "높은 수준의 자아 존중을 가진 사람들은 다른 사람들에 의해 변화되거나 다른 사람들을 쉽게 따르기보다는 다른 사람들을 더 많이 변화시킨다"가 그것이다. 박근혜의 자아존중은 이미 공주로서 그리고 영부인 역할을 경험하면서 더 이상 올라갈 데가 없는 최고 수준의 자아존중의 경지에 이르렀다.

노무현의 자아 존중은 낮은 사회적 지위가 품고 있는 높은 자아 존중의 정신이 사회나 권위에 대한 반항으로 나타났다. 이러한 개인적 자아 존중을 노동자나 소외된 사회계층 또는 권력에 의해 부당하게 희생당하는 자들로 확대하였다는 점에서 그의 자아 존중은 더 가치가 있다. 그리고 이것은 리더십 이론의 전형적인 내용을 보여준다. 즉 자신의 자아 존중을 노동자와 소외된 사회적 약자들의 자존감으로 투영하고, 개인적 열망을 사회적 열망으로 환치transformation시킴으

로써 그의 리더십은 맥그리거 번McGreger Bun의 전형적인 변혁적 리더
십Transformational Leadership에 속한다.

세 번째는 사회적 욕망want과 욕구need를 어떻게 정치리더십으로 충
족시키는가의 문제다. 맥그리거 번은 "리더십은 경제적이고 사회적인
기대를 정치적인 요구 즉 정부에 대하여 직접적으로 주장하는 특별한
요청으로 전환하는 데 있어서 매우 중대한 역할을 한다"고 했다. 즉
리더는 사회적 전반에 걸쳐 있는 사회구성원들의 다양한 욕망과 욕구
를 제도적 차원으로 승화시키는 과정에서 지도자가 되고 리더십을 발
휘하게 된다. 이를 정책으로 가시화시킴으로써 그 결과에 따라 리더십
의 결과가 도출된다. 김대중·노무현의 10년간의 좌파 정부를 제외하
면 한국 정치는 이승만 정부 이래 계속 보수적 정권의 정치리더십 아
래에 움직여 왔다. 따라서 박근혜는 원래대로의 보수적 가치를 보다
안정시키는 방향에서 그의 정치적 역할을 찾았다. 그러나 노무현은 보
수정권의 폐해와 그로 인해 발생한 소외된 대중의 문제를 제도권으로
편입시켜서 보수의 부도덕한 면을 시정함으로써 보수를 뛰어넘는 정
치를 목표로 하였다. 노무현 참여정부 시절 이러한 진보와 보수의 첨
예한 대결과 갈등은 이처럼 상반된 세계관과 정치의식을 지닌 두 지도
자에 의해서 촉발되었다.

넷째, 하워드 가드너는 "많은 리더가 어린 시절에 보여준 놀라운 한
가지 징표는 자신과 전혀 관계가 없는 어떤 권위자와 자신을 동일시하
는 능력이다"라고 했다. 박근혜와 노무현은 어릴 때 뚜렷하게 자신의
인생에 커다란 영향을 준 위대한 인물에 대한 어떤 뚜렷한 단서가 없
다. 굳이 두 사람의 본보기Role Model을 꼽으라면 박근혜는 영국의 여
왕 엘리자베스 1세를 들 수 있고 노무현은 링컨 대통령을 들 수 있다.
영국의 대처 총리도 엘리자베스 여왕 1세를 모델로 삼았다. 하지만 한

국과 영국의 두 여성 정치지도자는 상반된 리더십을 보여주었다.

노무현은 링컨에서 그러한 동일시를 발견했다. 선거에서 많은 실패를 겪은 변호사 링컨이 미국의 위인이 되었듯이 노무현은 변호사로서, 계속 선거에 낙방하면서 링컨을 통해서 링컨과 같은 대통령이 될 것이라는 자기 암시를 받았을 것이다. 오바마 역시 링컨을 존경했는데 링컨의 위대성과 업적을 닮으려는 한국의 지도자와 미국의 지도자는 업적에서 상반된 결과를 남겨 놓았다. 오바마는 성공했고 노무현은 실패했다.

다섯째, 캐서린 K. 리어돈Kathleen K. Reardon은 『정치력 101』에서 "어려운 시기에 자신을 지지해 줄 토대를 쌓은 정치가는 심리학자들이 '특별신용'이라고 하는 것을 쌓는다"라고 했다. 박근혜의 '특별신용'은 부모에 의해 조성된 잠재적 신용이었다. 즉 산업화의 업적을 인정받은 부친의 업적과 부친이 장기 집권을 위하여 인위적으로 조성한 지역 분열 정치, 그리고 이를 보수적 가치로 묶어 내어 계승한 것이 박근혜의 '특별신용'으로서 '선거의 여왕' 또는 40~50%를 유지하는 고정적 지지율 등이 그것이다. 노무현은 기층에서부터 특별신용을 쌓아 왔다. 노무현은 부산이라는 영남 정서에도 의지하지 못하고, 비호남 출신이어서 호남권으로부터의 지지에도 기댈 수 없는 어중간한 상태에 놓여 있었다. 따라서 그의 '특별신용'은 먼저 진보적 성향의 젊은 지식인층에서 '노사모'로 폭발하였고 호남 특히 광주에서 이를 추인함으로써 대선에 중대한 발판이 되었다. 박근혜와 노무현은 과도한 '특별신용'에 의지함으로써 대통령으로서 자신들의 리더십 능력을 검증하는데 한계를 드러냈다. 즉 '특별신용'의 확장이 아니라 '특별신용'이 계속 축소됨으로써 실패한 대통령이 되었다.

여섯째, 변혁적 리더십transformational leadership인가 아니면 거래적 리더십transactional leadership인지의 문제다. 결론적으로 노무현의 협객 리더십은 전형적인 변혁적 리더십에 해당한다. 기층에서 시작하여 사회적 약자들과 소외세력, 그리고 사회적 변혁을 바라는 젊은 지식인층의 지지를 바탕으로 기적을 일구어냈다. 그의 대통령 당선은 그가 바라던 사회변혁과 개혁에 열광하는 자발적 지지자들을 생성해 내고 그들을 자신의 정치적 동기와 목적에 폭발적으로 동원해 냄으로써 노무현 신화가 가능했다. 이에 비하여 박근혜의 공주리더십은 매우 독특한 경우로서 그 유래를 찾기가 어렵다. 굳이 노무현과 비교하자면 거래적 리더십에 해당한다고 하겠다. 부친의 산업화를 기억하고 이의 중흥을 바라는 보수세력이 공주를 실질적인 여왕으로 만들어 줌으로써 부친의 산업화와 미진한 민주화를 달성하려는 보수우파들과의 거래적 리더십으로 대통령이 된 것이다. 도덕적 열망과 복고적 희망의 차이라고 할 수 있다.

제 **2** 장

공주리더십과 협객리더십
: 리더십 자아를 통해 형성된 리더십 원형

　　하워드 가드너Howard Gardner는 말한다. "리더들이 창조한 이야기 중에는 '정체성'을 다룬 것이 가장 높은 평가를 받는다. 일반적으로 이런 '정체성 이야기'는 리더 자신이 살아오며 겪은 개인적 경험에 뿌리를 두고 있다."고 했다. 위에 살펴보았듯이 박근혜와 노무현은 그 살아온 인생 역정이 그들의 정체성의 형성에 결정적인 것이 되었고 그것은 곧 그들이 세상을 바라보는 눈으로써 그들이 대통령이 되었을 때 그들이 발휘한 리더십의 내용을 결정해 주게 된다. 그러한 정체성을 박근혜는 공주리더십에서 찾을 수 있고 노무현은 건달 – 협객 리더십에서 찾을 수 있다. 강준만은 『권력과 리더십』에서 이탈리아 여성으로서 인디라 간디의 아들 라지브와 결혼하였으나 라지브가 피살되자 정계에 진출하여 수상이 된 소니아 간디에 대하여 "인생에는 두 가지 형태가 있다. 무언가 끊임없이 되려고 노력하는 것과 무엇인가 되도록 운명 지워진 것이 있는데 소니아 간디가 바로 후자에 해당될 것이다"라고 했다. 이를 노무현과 박근혜에 대입해 보면 전자가 노무현에게 해당되고 후자가 박근혜에게 해당될 것이다.

1 공주론과 공주리더십

박근혜 리더십의 가장 깊숙한 근원은 뼛속 깊은 공주 의식이다. 한때 박근혜의 대변인으로서 가장 근접하게 그를 보좌했던 전여옥은 박근혜의 공주 정신에 관해 다양한 에피소드를 전해준다. 어느 날 둘이 햄버거를 먹게 되었는데 박근혜는 음식에 손을 대지 않고 있다가 보좌관이 포크와 나이프를 갖다 주자 그때야 포크와 나이프로 햄버거를 먹기 시작했다고 한다. 또한 그는 비가 오면 보좌관이나 누가 우산이나 우비를 씌워 주기 전까지 그대로 비를 맞았다는 것이다. 그는 언제나 섬김과 대접만을 받아 왔기 때문에 소위 하인이나 몸종들이 해결해 주어야 한다는 공주 의식이 뼛속 깊이 박혀있다. 그러한 공주가 대통령이 되자, 여왕적 자아를 지닌 채 국가를 운영하고 있다는 사실이 최순실 사건으로 속속 드러나기 시작했다. 문제해결을 위하여 정면으로 돌파하기보다는 타인이 거들어 주어야 하는 수동적인 공주 습관과 정신이 그의 리더십을 병들게 했다.

그가 영국 역사의 황금기를 열었다고 평가되는 엘리자베스 1세 여왕(1558-1603)을 본보기로 삼았음은 우연이 아니다. 공주의 롤모델은 아버지 부왕 아니면 여성으로서 권력을 휘두른 여왕뿐이다. 따라서 그는 여성으로서 그리고 공주로서 해가 지지 않는 나라의 기초를 닦았다고 평가되는 독신의 여왕 엘리자베스 1세가 자연스럽게 그가 본받고자 하는 인물로 가슴에 새겨진 것이다.

엘리자베스 1세는 언니 메리 여왕에 의해 런던탑에 유폐되어 어린 시절을 보낸 불우한 시절을 보냈다. 그러나 여왕이 된 후 언니 메리 여왕의 잔인한 종교적 반동정책과는 달리 온화한 성품과 정책을 펼치면서 영국민을 단결시키고 내치와 외치에 찬란한 업적을 쌓은 인물로 평가된다. 평생 독신으로 살면서 잉글랜드가 대영제국으로 발전할 수 있는 토대를 쌓은 여왕이다. 안으로는 다양한 사회경제정책을 추진함으로써 영국 경제성장의 기초를 마련하였고, 밖으로는 아메리카 식민지를 개척하였으며, 스페인 무적함대를 물리침으로써 영국의 패권 시대를 열었다. 셰익스피어가 활동했던 것도 그녀의 치하에서다. 그녀는 "나는 약하고 연약한 여자의 몸을 가졌지만 왕의 심장과 용기를 지녔다"라는 유명한 말을 남겼다.

박근혜와 마찬가지로 영국 최초의 여성 수상 대처와 여성으로는 두 번째 수상이 된 테레사 메이May 역시 가장 존경하는 인물이 엘리자베스 1세 여왕이다. 역사상 무수하게 많은 인물 가운데 유독 그가 엘리자베스 여왕으로부터 자신의 정체성을 발견하게 된 것은 그가 그의 정체성이 공주라는 사실을 인식한 것과 불가분의 관계가 있다. 더구나 박근혜는 공주로 살다가 대통령이 된 후로는 엘리자베스 여왕처럼 통치하고 그러한 업적을 본받고자 했다.

이중톈易中天은 유방이 건달 출신이고 항우項羽가 귀족 출신이라는 사실을 대비시키면서 항우를 통해 본 귀족들의 심리에 대하여 이렇게 평한다. "귀족은 고결한 성품 때문에 됨됨이가 무르고 속이 좁아지기 쉽다. 그들은 자기는 물론 남에게도 완벽을 요구하는 경향이 있다. 그래서 남을 의심하게 된다." 또한 "귀족은 고귀한 신분 때문에 관대함과 편협함이라는 극단적인 성격을 띤다. 관대한 사람은 지위가 높음으로 모든 것을 포용한다. 반면 편협한 사람은 자신이 유일하게 고귀한 존재이므로 다른 모든 것을 하찮게 여긴다. 그들은 성공하면 자신의 고귀한 기질과 비범한 능력이라고 여겨 남의 공을 인정하지 않는다. 그래서 모든 것을 혼자 누리려고 할 뿐 남과 나누지 않는다." 이는 귀족 중의 귀족 박근혜 공주에게도 어울리는 말이다.

다음은 공주적 영혼의 특징이자 훗날 그의 정치 리더십을 형성하게 되는 공주리더십의 핵심적 특징들이다. 그리고 이러한 공주적 정신은 여왕이 되었을 때 최순실 스캔들에서 극명하게 그리고 가감 없이 모두 드러났다.

첫째, 공주는 파트너나 동지가 없다. 공주적 심리에서 보면 자신은 주인공이고 여타의 사람들은 그를 둘러싼 주변부이기 때문에 군중 속에서 하나의 공주를 보는 것이 맞는 것이다. 공주의 위에는 오로지 군주와 그의 어머니가 있을 뿐이다. 두 사람을 제외하면 그에게는 공식적 지위에 있는 사람은 모두 부하이거나 비공식적 인물들은 비서 또는 하인의 신분이다. 그래서 동반자나 파트너가 없고 오로지 본인 중심의 정치와 세계가 있을 뿐이다. 전여옥에 따르면 그는 똑똑하거나 뛰어난 사람에 대해서는 거부감을 보였다. 대신에 복종하고 굽신거리며 말없이 일만 하는 몸종형 인물들을 선호하였다는 증언이 이를 잘 말해 준다.

둘째, 공주는 한번 믿으면 끝까지 믿는다. 그렇기 때문에 주변의 극히 제한된 인물들 가운데 신뢰와 믿음이 검증된 인물들에 대하여서는 무한적이고도 극단적인 신뢰를 보인다. 도스토옙프스키는 『백치』에서 레베제프 예브게니의 입을 빌어 말한다. "악마도 역시 신과 동일하게 우리가 알 수 없는 시절부터 인간을 지배해 왔다."고 했다. 한국의 공주는 양친을 모두 흉탄에 잃은 까닭에 그 악마의 표적이 된 것이다. 최순실 게이트가 그것이다.

마치 궁중의 정치적 모략과 음모가 난무하는 가운데도 목숨을 바쳐 공주를 지켜준 충신과 같은 궁녀에 대한 애정과 믿음이 도度를 넘어 공주는 '좀비 여왕'이 되었던 것이다. 최순실 게이트 청문회에서 대통령 비서실장은 민간인에게 대통령의 연설이 사전에 유출되고 또한 수

정까지 거치는 것은 중세 사회에나 있을 법이라고 강력하게 부인한 바 있다. 그러나 OECD 회원국인 한국은 실제로 그러한 중세의 봉건시대 국가였음이 만천하에 드러났다. 야당 의원들은 이를 "신돈이 공민왕 때의 고려를 망하게 한 사건" 또는 "괴승 라스푸틴이 니콜라이 2세 때의 제정 러시아를 망하게 한" 사건과 유사한 일이 터지고야 말았다고 박근혜를 비판했다.

셋째, 공주는 시혜를 베푸는 존재이지 누구에게 은혜를 입거나 도움을 받는 존재가 아니다. '정수 장학회'에는 박정희 대통령의 친필 휘호 음수사원飮水思源이 걸려있다. 즉 물을 마시면 물의 근원을 생각하라는 것이다. 우물물 마실 때 우물을 판 사람을 기억하라는 의미다. 공주는 자신이 물의 근원으로서 그는 가깝게는 그의 측근들에게 은혜를 베풀고, 조금 더 나아가 그가 속한 당, 더 나아가 국가와 백성에 대하여 은혜를 베풀어야 하는 존재로서의 정체성을 지니고 있다. 따라서 은혜를 베풀기만 하는 입장이어서 자신은 배신할 일이 없다. 단지 배신자가 있을 뿐이다.

넷째, 공주는 교양 있는 말과 언행으로써 자신의 우아함과 높은 수준의 위엄을 보여야 한다. 노무현의 장광설보다는 단답형의 언어를 구사하고 핵심을 찌르는 말로써 자기 의사를 간결하게 표현한다. 비굴한 삶을 살아보지 않았기 때문에 구차한 설명을 할 기회가 근본적으로 존재하지 않았다. 주로 시키고, 결정을 명령하고 보고 받는 데 익숙해져 있기 때문에 그에게 단답형이 어울리지, 서술형은 어색하다. 개헌을 제안한 노무현 대통령에게 "참 나쁜 대통령", 일본에서 행한 기자 간담회에서 일본 기자들로부터 독도문제에 대한 해법에 관하여 질문받자 "그것은 간단한 문제입니다. 독도는 한국 땅이니까요", "대전은요" 등 그러한 일화는 수도 없이 많다.

하워드 가드너는 "미래의 리더는 언어지능과 대인지능을 동시에 갖추어야 한다. 그들의 이야기를 보다 효과적으로 그리고 효과적인 의사 전달자가 될 수 있다"고 했다. 전여옥은 박근혜가 말을 배우는 베이비 화법의 수준이라고 했으나 이는 그가 오랜 고통과 단절의 기간 동안 혼자 있음에 익숙한 시간을 많이 보낸 탓이다. 그는 여러 권의 책을 저술한 문학가로 등재되어 있을 만큼 자기 생각을 표현하는 데는 어느 정도의 수준에 와 있다. 다만 그것을 정제된 말로 표현하는 데 많은 문제를 보였다. 최순실 게이트에서 드러났듯이 박근혜는 언어지능과 대인지능에 심각한 문제를 보였다. 장관과 비서관들과의 대면보고를 꺼려하고 문고리와 비선들과의 통화에서는 완성된 문장이나 정확한 단어 및 개념의 적확한 표현과는 거리가 먼 추상적이고, 대명사와 상호 간에만 알아들을 수 있는 끊어진 말들만 가득했다.

다섯째, 공주는 무오류성으로 인하여 사과나 잘못을 범하지 않는다. 그 자신은 절대로 잘못을 범할 수 없는 존재라고 인식한다. 자신은 곧 정의라는 자기 암시적 무오류성으로 인하여 절대 타협을 하지 않는다. 야당이 장관을 거부해도 다시 임명한다. 그의 무오류적 판단에 따르면 아무런 잘못이 없는 장관이나 각료를 흠집 내고 이를 통하여 간접적으로 공주에게 오류를 만들어 내거나 조작하려는 사람들에 대해서 오기를 발동할 뿐이다. 왜냐하면 그의 무오류성에 도전하는 사람들은 적이거나 배신자로서 정의의 편에 있지 않은 "참 나쁜 사람들"이기 때문이다.

공주의 무오류성은 고사성어를 생각나게 한다. 장모가 죽자, 동네 식자識者에게 부탁해서 제문을 받는데 막상 장례를 치르려고 보니 장인에 대한 제문이었다. 이를 따져 묻자 그 식자는 "장인이 돌아가셨을 거요"라고 대꾸한 것이다. 그는 최순실 게이트에 대하여 증거가 차고 넘친다는 특검의 발표에도 불구하고 신년 기자와의 간담회에서도 자신은 대통령으로서 국정을 수행한 것이라고 확신하였고 검찰과 국회 및 촛불이 잘못되었다고 주장했다.

여섯째, 공주의 가족관계는 그다지 화목하지 않다. 기본적으로 공주 또는 왕자의 난은 전부 아니면 전무의 싸움으로 결말이 난다. 공주의 가족은 좋은 환경에서 있을 때는 군주의 영향 아래에서 화목하지만, 군주가 사라지면 구심력을 잃게 되고, 어려움에 익숙하지 않아 형제자매간에 불화를 겪는 것이 보통이다. 더구나 퍼스트레이디의 역할을 수행함으로써 부친으로부터 정통성을 인정받은 공주였는데도 서열상 권위를 지닌 그에게 도전하는 것은 더욱 참을 수 없다. 남은 용서할 수 있다. 더욱 가까운 친척이기에 더욱 용서가 어렵다. 공주에게는 "피보다 진한 물"이기 때문이다.

앞에서 나열한 공주의 무오류성과 화목하지 않은 가족관계는 공주가 훗날 독단주의적 성격과 그에 바탕을 둔 독단적 리더십의 중대한 자료가 된다. 성격심리학자 밀톤 로커치Milton Rokerch의 연구가 말한다. 남자 대학생 130명과 여자 대학생 120명을 대상으로 조사한 바에 따르면 형제 순위가 먼저일수록, 사회적 지위가 높을수록 사회적 태도가 더욱 독단적으로 나타났다는 연구 결과를 발표하였다. 폐쇄적이고, 집안의 장녀이며, 공주로서, 무오류성을 지닌 그로서 독단적인 심리적 성격을 가지게 된 것은 자연스러운 일이라 하겠다.

일곱째, 벙커 심리를 들 수 있다. 니체는 『짜라투스트라는 이렇게 말했다』에서 "성자와 사자는 떼 지어 다니지 않는다"라고 했다. 마찬가지로 공주는 패거리를 만들거나 패거리들과 같이 어울려 다니지 않는다. 가급적 자신만의 시간과 공간에서 신비감을 더해야 한다. 이는 그가 주변의 배신자들에 대한 증오와 절대적 고통의 시간을 스스로 극복해 온 과정에서 얻어진 습관이기도 하다. 서강대 김병주 교수는 이를 '벙커 심리'라고 규정했다. 즉 주위에 적으로 포위되어 있다는 상황인식, 따라서 신뢰할 수 있고 만만한 소수만이 속마음을 나눌 수 있는 대상으로 인식한다. 그를 조금이라도 반대하거나 거북한 사람들은 멀리하고 싶은 생각에 자신을 더욱 벙커로 밀어놓고자 하는 심리라고 하였다. 벙커 심리는 대면보고를 싫어하고, 비선이 필요하며, 가급적 벙커에서 측근을 의지해 원거리 정치를 선호한다. 최순실 게이트에서 극명하게 드러났다.

여덟째, 내적 배신자에 대한 증오가 외적 배신자에 대한 증오보다 깊다. 왜냐하면 공주의 은혜를 입은 사람들은 모두가 가까운 사람들이다. 그들에 의한 배신감은 외부적인 적보다 더욱 공주의 마음을 괴롭힌다. 외적 배신자는 인간사회에서 흔히 볼 수 있는 일반적 사회현상으로 치부하면 되지만, 공주를 배반한 사람들은 아버지를 배반한 사람들과 같은 맥락에서 정신을 팔아먹은 배신자라는 증오를 감출 수 없다. 새누리당의 배신자들은 과거 그가 국회의원으로 만들어 주고 그를 팔아 정치적 입지를 구축한 사람들인데 그들이 공주와 다른 목소리를 내거나 간접적으로라도 그의 권위에 도전하였기에 용서할 수 없다. 공주의 무오류성에 비추어 음수사원의 도덕을 잊어버린 배신자이다.

아홉째, 공주는 눈물을 보이지 않는다. 공주의 눈물이 있다면 백성의 슬픔과 아픔을 목도했을 때 백성에 대한 동정심으로서 눈물을 보이는 것이다. 개인적인 눈물은 연약해 보이기 때문에, 그리고 여성이라고 동정 받는 나약한 인물로 오해받을 여지가 있을 뿐만 아니라 공주로서의 위엄과 체통이 손상될 수 있기 때문에 속으로 눈물을 삼킬 뿐이다. 공주는 분노할지언정 울지는 않는다. 공주의 눈물은 드물고귀하기 때문에 울림이 크다. 내적으로 울지언정 공개적으로는 울지 않는데 공개적으로 분출된 눈물은 주로 애국심과 정치적인 문제에서는 특히 중대한 의미를 함축하고 있기 때문에 때로는 대세를 반전시키는 무기가 될 수 있다. 왜냐하면 공주의 눈물이기 때문이다. 그래서 공주의 눈물은 정치적 무기가 될 수 있을지언정 인간적 감정을 동반한 순수의 눈물은 찾아보기 어렵다. 이미 흘릴 눈물은 다 흘렸기 때문이기도 하다.

열째, 공주는 파티를 즐긴다. 공주의 우아함을 칭송하고 주변에서 그가 공주임을 모두 입증해 주는 파티에서 언제나 주인공이기 때문이다. 한국의 공주에게 어울리는 파티는 외국 왕자들을 초대한 자리에서다. 우리의 공주는 외국 출장에서 더욱 그 외교력이 빛난다. 5개 국어를 하는 외국어 실력에 수시로 갈아입는 화려한 복장으로 우아한 사교(외교)를 하는 것이다. 국내에서는 소인배들 즉 공주의 철학과 사상을 이해하지 못하고 모두 과거에 그의 부친과 자신의 부하였거나 이름도 기억하지 못하는 존재들이 그를 마구 흠집 내려 하는 것이 불편하다. 이에 비하면 그와 수준이 비슷하고 외국어로 말이 통하는 먼 나라의 왕자들이 더욱 그에게는 편하다. 파티와 외교가 동시에 어우러지는 외교적 무대야말로 공주의 국제적 무도장이다.

2 건달 – 협객론과 협객리더십

건달은 '악신樂神'을 의미하는 범어 'Gandharva'를 음역한 '건달파乾闥婆'에서 유래하였다. 하지만 원래의 의미와는 달리 현대에서는 '건달'이라는 표현은 하릴 없이 빈둥대는 사람을 의미하는 것으로 자리 잡았다.

중국의 역사학자 이중톈易仲天은 유방을 평민 건달로 규정하였다. 여기서 평민 건달을 노무현에게 대입해 보면 어느 정도 맞아떨어진다. 이중톈은 유방을 대상으로 한 건달론에서 "건달들은 가진 것은 하나도 없지만 담력만은 남다르게 크다. 가진 것이 없어 파산이 두렵지 않고, 직위도 없어 파면도 두렵지 않다. 잃을 체면도 없고, 아는 게 없어 말하는데 두려울 것도 없다. 이들에게는 아무것도 두렵지 않은 자신감이 최고의 자산이다." 이와 더불어 건달의 포용성에 대하여 "건달은 자신이 허물 많은 인간이기 때문에 남의 허물을 문제 삼지 않는다. 그래서 사람을 두루 받아들인다. 게다가 그들은 사회 밑바닥에서부터 올라왔기 때문에 세상을 알고 사람들의 마음을 꿰뚫고 있다. 천하가 혼란에 빠지면 이런 자들이 권력을 잡는다".

문제는 건달에게는 정의감과 올바름을 위한 치열한 삶이 없다는 점이다. 이것은 협객에서만 찾아볼 수 있다. 사마천은 『사기 열전』에서 「유협론儒俠論」을 따로 신설하여 협객들을 소개하였다. 그에 따르면 "협객의 행동이란 사회규범에서 벗어난 행동이다. 그러나 그들은 한번 약속한 것은 꼭 지킨다己諾必誠. 상대가 누구든 어려움에 처한 사람이 도움을 청하면 최선을 다해 돕는다赴士之厄困, 행동은 늘 과감하고, 일단 맡은 일은 끝까지 해내고 만다. 나아가 신명을 바쳐 사람의 위난을 구하려 하고 무슨 일이든 목숨을 바쳐 일을 한다不愛其軀. 그 능력을 자랑하지 않으며, 덕이 드러나는 것을 부끄러워하며羞伐其德. 타인에게 신세 지는 일은 하지 않는다"라고 했다. 이는 노무현의 삶과 어느 정도 들어맞는다고 하겠다.

노무현은 유소년 시절의 가난함에 대한 울분과 저항 그리고 고시를 통해 사회적 신분 상승을 위하여 노동과 고시를 병행하는 과정에서 빚어낸 일탈을 통해 운명적 건달의 삶을 산다. 그러나 변호사 개업 이후 노동자의 처참한 현실과 권위주의 체제 하에서의 인권 문제들을 접하면서 협객으로 변하게 된다. 노무현이 협객으로서 치열한 삶을 살면서 바보 노무현이 된 것은 협객의 정신에 낭만적 건달의 기질이 복합되어 있었기 때문이다. 자주 눈물을 보이면서도 실패를 두려워하지 않고, 협객의 정신으로 올바름을 위하여 자기만의 길을 간 것이다. 이는 마치 모택동이 합리주의자는 혁명(정치)을 할 수 없고 혁명(대통령이 되는 것)은 낭만주의자(건달)의 몫이라고 말한 것과 맥락을 같이 한다. 즉 협객의 정신과 건달적 탄력성의 조화를 말하는 것이다.

다음에 열거하는 건달과 협객의 정신과 특징은 노무현의 가슴에 어떻게 자리 잡고 또 노무현의 삶의 과정에서 어떤 형태로 다양하게 나타났는가를 보여주는 건달과 협객의 상호작용이 결과한 특징이라고 할 수 있다.

첫째, 건달은 행위에 거리낌이 없다. 사회적 제약이나 누구의 눈치를 볼 것 없이 자신이 옳다고 하는 바를 거리낌 없이 저지르고 본다. 그는 어릴 때 같은 학급의 아이들이 좋은 책가방을 가지고 다니는 것에 샘을 내서 몰래 가방을 칼로 찢어 버리거나, 남의 밭에 가서 과일이나 닭서리를 하며 주린 배를 채웠다. 국회의원 사직서를 내거나, 청문회에서 명패를 던지는 등 절제되지 않은 행동을 보여준 데서도 그의 건달 기질을 볼 수 있다. 이는 그가 깊이 생각한 후에 행위를 결정하기보다는 자신만의 정의와 감정이 인도하는 대로 격한 언어와 행동을 먼저 보이는 것에 익숙하기 때문이다.

둘째, 건달은 임기응변에 강하다. 제도권적 생활보다는 비제도권적 생활과 행동방식에 익숙하기 때문에 주어진 규율과 정해진 규칙에 따라 행동하는 데 익숙하지 않다. 또한 삶에 있어서 무슨 커다란 목적이나 비전이 있는 것이 아니어서 수시로 발생하는 문제를 해결하면서 생존과 발전을 도모해야 한다. 이처럼 변화하는 환경에의 임기응변적인 적응 태도는 어느 정도 탄력적인 태도를 가지게 한다. 새천년민주당의 대통령 후보가 되자 때 김영삼을 찾아가 민주세력연합을 제안하고, 정몽준과 단일화를 시도하고, 집권 후에는 박근혜에게 대연정을 제안하는 것 등이 이에 속한다.

셋째, 건달은 잃을 것이 없다. 그래서 용감하다. 협객은 옳은 일을 위하여 먼저 행동하고 본다. 둘 다 무소유를 기본으로 하기에 집착하지 않고 주어진 일에 과감하게 뛰어들 수 있다. 건달은 필요하면 일단 저지르고 본다. 협객은 의리와 명분을 위하여 목숨을 두려워하지 않고 뛰어든다. 그것이 옳기 때문이다. 이러한 두 가지가 맞아떨어지는 것이 바로 준비가 덜 된 상태에서 모두의 예상을 깨고 대통령 예비경선에 뛰어든 것이다, 이미 여러 차례의 낙선을 경험하였기에 또 떨어져도 크게 개의치 않는다. 다시 도전하면 되니까.

넷째, 건달은 자기의 말에 책임을 지거나 그에 구속되지 않는다. 건달은 비조직적인 생활에 익숙해져 있어 사회적 신의나 인간적 정의보다는 그때그때의 생존과 필요에 의해 과거에 한 말을 뒤집어도 커다란 부담을 느끼지 않는다. 무슨 거창한 목적이 있는 것도 아니고 건달의 일이 어떤 명분이나 정의를 논하지 않기 때문에 약속을 저버려도 크게 개의치 않는다. 대통령이 된 후 김대중과 민주당에 대한 그의 배신적 행태가 여기에 속한다. 건달은 특별한 부채 의식이 없다. 매 순간 직면하는 문제를 해결하기 위하여 어떤 선택도 가능하다. 그것이 건달의 생존 비법이다.

다섯째, 협객은 약자를 돕는다. 그래서 그는 자신은 먹을 것이 없어도 남을 도와주면서 굶거나 친구 집을 전전하거나 교실 바닥에서 생활하는 등의 어려움도 마다하지 않았다. 돈 잘 버는 변호사를 걷어치우고 험난한 노동 및 인권변호사로 자기의 정체성을 바꾼다. 과거 자신이 사회적 약자였음을 항상 기억하면서 현재 자기 과거의 처지에 있는 역자들을 위하여 사회 기득권 세력들의 횡포와 억압적 구조의 타파를 위하여 도전하고 항거하며 치열한 삶을 살게 된 것이다. 그는 언제나 약자의 편에 서서 생각하고, 그렇기 때문에 언제든지 자신의 기득권을 버릴 수 있었다. 세무 변호사나 국회의원직을 과감하게 버릴 수 있었던 것도 다 이러한 그의 약자에 대한 강호江湖의 의리를 지키기 위하여 철학적으로 생각하고 정치적으로 행동한 것이다.

여섯째, 정의를 추구한다. 협객은 옳은 일을 위하여 목숨까지 바치는 의협을 기본으로 한다. 이는 거대권력에 의해 부당한 억압과 괴로움을 당하는 민초 내지는 같은 협객으로서 악당들에게 괴롭힘을 당하는 약자들을 돕기 위하여 불의에 대항하여 아무런 조건도 없이 자신을 내던지는 정의의 사도를 일컫는다. 노무현은 건달로서 강호를 떠돌다가 '부림 사건'을 계기로 협객의 길로 들어서면서 외로운 투쟁을 시작한다. 정치에 입문한 후에는 야합을 거부하고 원칙에 어긋나는 것에 저항하고 반기를 들며 정의를 추구하다 대통령이 된 것이다.

일곱째, 협객은 억울한 누명도 쓰고, 때로는 목숨을 잃을 위기에 처하지만 그때마다 아무런 연관이 없는 사람들의 도움으로 위기를 극복한다. 즉 협객의 정의감에 공감한 무명의 인물들이 협객의 옳은 정신과 올바른 목적을 존중하기에 헌신적으로 협객을 도와준다. 협객이 그의 정의를 실천하는 과정에서 계속해서 낙선의 고배를 마시자 마침내 그의 협객적 정의를 알아주는 '노사모'가 그를 위기에서 구해준 것이다. 그들은 협객의 정의에 감동하고 그들의 협객적 정의를 노무현을 통해서 대리만족 심리학 용어로 대상행동Substitute Behavior을 느끼는 것이다.

여덟째, 건달과 협객은 모두 친구가 많다. 건달은 오랜 친구를 동지로 삼지만 협객은 의기가 투합되면 친구이자 동지가 된다. 노사모야말로 노무현의 협객정신을 높이 평가한 사회 신진개혁세력들이 그를 적극적으로 지지하고 나서면서 군중적 동지들이 자발적으로 형성된 것이다. 그러한 과정에서 강호에서 그가 두루 사귀게 된 재야운동의 동지들(문재인을 포함하여)이 힘을 합쳐 대통령 선거에서 승리를 맛보게 된 것이다. 이것이 밑바닥부터 올라와 모두의 예상을 깨고 그가 대통령이 될 수 있었던 이유다. 건달은 동지를 만나고 공주는 시녀(최순실)를 만난 차이가 있다.

아홉째, 협객은 마지막에 승리한다. 협객은 강호를 떠돌아다니다가 대의명분을 실행에 옮기는 과정에서 많은 어려움과 위험에 처하지만 결국은 승리하게 된다. 노무현의 삶 역시 마지막에는 대통령으로서 그의 협객의 삶이 마무리된다. 국회의원 사직과 철회, 이끌어 준 주군(김영삼)과 결별하고, 또 다른 주군(김대중)과 합류하면서, 고향에서 연속적인 낙선에도 불구하고 그는 마지막에 대통령에 당선된다. 운명의 파도가 그를 해안가에서 밀어내지만, 불굴의 정신과 일관된 진정성으로 파도에 밀려 나갈 때마다 이를 극복하고 조금씩 해안으로 헤엄쳐 와 마침내 육지에 다다른 것이다.

열째, 협객은 명예를 위하여 삶을 구걸하지 않고 죽음을 선택한다. 노무현은 봉화산 부엉이 바위에서 장렬한 죽음을 맞는다. 협객으로서의 명예가 실추되었는데 더 이상 변명하지 않으며 자신의 자존을 지키기 위하여 죽음을 선택한다. 협객은 죽음을 구걸하지 않는다. 죽음을 두려워하지도 않는다. 협객은 죽을 때를 알고 그러한 시기나 상황이 도래하면 결행에 옮긴다. 협객은 도덕성에서 우월성을 지님으로써 모두의 추앙을 받는다. 그러한 도덕성이 커다란 손상을 입게 되자 그를 지지해 준 강호의 동지들과 그를 줄곧 불신하고 반대해 왔던 적들에 대하여 그의 결백 내지는 도덕적 진정성을 증명하기 위하여 죽음을 택했다. 그가 진정한 협객이라고 불릴 수 있는 이유는 역대 한국의 대통령들 특히 전두환과 노태우처럼 천문학 숫자의 부정부패에 연루되어 감옥을 드나들고 명예가 실추됨에도 불구하고 계속된 자기변명으로 삶을 영위하다 간 것과는 달리 조그마한 부정부패에도 괴로워하며 죽음을 선택하였다는 점에 있다. 도스토옙프스키의 소설 『미성년』의 주인공 돌고루끼는 친구의 죽음을 보면서 "필요할 때 위대한 정신을 가진 사람은 자기의 삶까지도 희생합니다"라고 했다.

3 공주와 협객의 비교

공주는 태생적 환경과 경험으로 인하여 그의 정치적 삶은 일관되고 대승적이며, 국가적 시야에서 자신의 삶을 투영시킨 역정이었다고 할 수 있다. 이에 비하여 협객은 건달의 정신에 협객의 혼이 복합되어 이 두 가지가 교대로 나타나거나 동시에 나타나기도 하고 상황에 따라, 어느 한쪽이 강하게 부각되는 형태를 보여주었다. 영국의 문학가 올리버 골드스미스Oliver Goldsmith(1728-1774)는 『호인The Good natur'd man』에서 인간에게 있어서 "어떤 결점들은 장점과 거의 결합되어 있어서 그 장점들을 없애지 않는 한 결점도 없앨 수 없다"고 했다. 공주와 협객 역시 결점과 장점이 하나로 결합 되어 있어 예비적 리더십

과정에서 장점들이 발휘되어 대통령이 될 수 있었다. 그러나 대통령이 된 후 그러한 장점과 하나로 결합 되어 있는 결점들이 모두 드러나 실패한 대통령이 된 것이다. 다음은 위에서 열거한 공주와 건달-협객의 정신세계가 어떠한 특질을 가지고 있고 그것이 어떻게 구체화 되었는가에 기반하여 공주와 건달-협객의 차이점을 비교 분석하고자 한다.

첫째, 공주는 부친의 영광과 개인적 불행이 가장 큰 정치적 자산(특별신용)이 된다. 그러나 협객은 가난한 집에서 판사가 된 신화와 계속된 실패가 정치적 기본 자산이 된다. 공주는 주관적 자산이고 협객은 객관적 자산이다. 공주의 정치적 자산은 그가 대통령을 향해 한 걸음씩 상승하는 과정에서 결정적인 힘을 발휘했다. 이는 그가 선거의 여왕이 될 수 있었던 핵심 요인이기도 하다. 노무현 정권 시절 한나라당 당 대표 결선투표 직전에 열린 연설에서 박근혜는 "저는 더 이상 잃을 것이 없습니다. 아버지도 어머니도 없습니다. 모든 것을 당을 위해 바치겠습니다"라고, 끝맺음을 하면서 전세를 뒤집고 당 대표가 될 수 있었다. 선거에서 그를 수행하며 보좌해 온 전여옥에 따르면 그가 선거 유세를 할 때면 군중 속에서 박근혜가 불쌍하다고 눈물을 보이는 유권자들을 자주 볼 수 있었다는 점에서도 이는 분명해진다.

협객은 일단 성장 과정에서의 신화가 국민의 관심을 끈다. 이에 더하여 일관된 철학과 진정성으로 계속된 낙선에 감동한 일군의 지지자들이 자발적으로 '노사모'를 결성하여 그를 추종하기 시작했다. 그는 자신의 자산을 이용하려거나 이를 드러내 보이려 한 것이 아니라 그의 치열한 투쟁을 인정한 결과가 자산이 된 것이다. 따라서 공주는 그의 자산을 주관적으로 동원하였지만, 협객은 그의 자산의 가치를 남이 인정해 줌으로써 객관적인 자산이 된 것이다. 이것이 앞에서 말한 잠재적 수동적 보수 지지자층(박근혜)과 신흥 적극적 진보 지지자층(노무현)의 발생과정과 이들을 통한 변증법적 정치적 발전 과정의 상반된 결과다.

둘째, 정치적 목적과 대상이다. 공주의 정치적 목적과 대상의 근원은 애국심이다. 그의 애국심은 더 거시적이고 감성적이며 이데올로기에 가깝다. 따라서 그의 무오류성과 주관적 정의가 애국심과 합쳐지는 경우 시너지를 일으킨다. 그에 반대하는 세력이나 언론 및 집단들은 공주의 백성에게 포함될 수가 없다. 이에 비하여 협객은 자신의 정의가 기본 핵심이다. 사회와 정치 및 경제적 정의를 구현하는 것으로서 가치 지향적이다. 따라서 공주의 통치 대상은 전체 국민이지만 협객의 통치 대상은 국민 가운데서도 비주류의 사회적 약자와 정치사회 권력에서 소외된 절대다수의 국민이다. 협객은 공주와 노선을 같이하고 또 과거 공주의 시대에서부터 이권을 독점하고 착취를 일삼은 기득권 세력들은 백성의 범주에 들어가지 않고 타도의 대상이 된다. 물론 공주와 협객이 추구하는 목표는 공통으로 국가 발전과 국민의 안전 및 민족통일이다. 그러나 그 대상이 일치하지 않기 때문에 정책의 목적과 방법에서 커다란 차이가 난다.

셋째, 임기응변과 위기 대응이다. 공주는 제도권 내에서 안정적인 환경에서 생활하였기 때문에 예외적인 사태의 발생에 익숙하지 않다. 법과 제도가 보장해 주는 사회적 안정에 익숙해져 있던 정치적인 삶이었다. 이에 비하여 건달은 생존을 위해서 또는 정의의 실현을 위하여 다양한 편법을 동원하고 돌발적 사태에 대응하는 임기응변에 익숙한 생활의 연속이었다. 이것이 왜 세월호 참사와 메르스 사태에 공주의 대처가 무력할 수밖에 없었던 이유다. 건달은 의협적 목적을 달성하기 위해서 도박과 모험을 통해서 위기에 대처하고 자신을 던져서라도 일단 닥친 불행은 막아야겠다는 절실함이 위기돌파의 주된 무기라고 할 수 있다. 탄핵에서 보여준 전화위복의 능력이 그것이다.

넷째, 언어는 그 사람의 삶의 태도, 교양 및 정신적 상태를 표현해 주는 도구라고 할 수 있다. 어떠한 언어를 사용하는가는 그가 살아온 환경과 교육 정도 및 현재의 관심사와 직업 등을 판단하는 척도가 될 수 있다. 공주는 원래부터 교양과 예의범절을 궁중에서부터 익혀왔기 때문에 언어가 품격 있고 절제된 공식적 언어와 친밀하다. 그러나 건달은 시장 저잣거리에서 배운 언어이기 때문에 비어와 속어로 말을 하는 것이 더욱 그들 세계의 감정을 표출하는데 적절하고 때로는 시원하기까지 하다. 공주의 언어는 짧고 간결하다. 그는 주로 지시하거나 보고받는 입장이었기 때문에 쓸데없이 긴 말이나 장광설이 필요 없다. 이에 더하여 공주의 교양과 정신은 문제가 발생하거나 발생한 사태에 대하여 어떤 메시지를 전달할 때는 그 모두를 한마디로 함축할 수 있는 단어나, 단문으로 표현하는 것이다.

이에 비하여 노무현의 행위와 정신은 협객이었어도 그의 언어는 건달에 가깝다고 할 수 있다. 건달은 주변에 자기 과신을 할 필요가 있을 때, 또는 자신의 목적을 달성하기 위하여 주변을 설득할 필요가 있을 때 긴 설명으로 이를 관철해야 한다. 그 과정에서 사용하는 단어는 건달적 생활에 맞는 단어나 속어 및 경험을 동원하는 것 자연스럽다. 노무현은 자신의 이념과 정의를 향한 투쟁에서 동지들을 규합하고 설득해야 할 필요성에서 그리고 그를 따르는 추종자들이 비제도권에서 그를 따르는 자발적 추종자들이기 때문에 그의 언어는 세 가지 특징을 지닌다. ① 즉흥적으로 말한다. ② 비속어를 구사한다. ③ 긴 설명이 필요하다.

과거 노무현의 대통령 집권 기간 내내 한국 사회를 그토록 요동치게 만든 것은 그의 리더십 파탄이나 정치적 부도덕이 아니라 정제되지 않은 말에서 비롯된 설화舌禍에서 비롯되었다. 아테네 명연설가 데모스테네스는 "말의 뜻을 통해서 사물을 알게 된 것보다는 경험을 통해 말의 뜻을 알게 된 경우가 더 많다"고 하였다. 마찬가지로 위의 노무현의 세 가지 언어의 특징은 바로 노무현의 언어가 사회적 현장과 건달적 삶의 현실에서 체득된 언어이기 때문이다.

도스토옙프스키는 『미성년』에서 바실로프의 입을 빌어 말한다. "바보는 제가 한 말에 만족하고 있지, 게다가 항상 필요 이상의 말까지 입 밖에 낸다네." 바보 노무현이라는 말이 유행했다. 그는 정책의 실패로 인한 공격이나 찬반이 팽팽한 국가적 대사로 인한 논쟁의 중심에서 있다기보다는 말로 인해 수많은 구설에 올라 나라를 소란에 빠트린 적인 한두 번이 아니다. 이러한 의미에서 또 다른 바보였다고 할 수 있다. 언어사용에 대한 태도는 연설문의 낭독에서도 잘 드러난다. 공주는 주로 남이 써준 원고에 의존하지만, 협객은 자신의 언어와 정신을 담은 원고를 선호한다.

다섯째, 배신자와 동지의 프레임이다. 공주에게 있어서 적 또는 증오의 대상은 언제나 내부적인 적이다. 즉 배신자가 그렇다. 외부의 적은 대등한 힘으로써 경쟁을 통하여 극복될 적이지만 내부의 적은 은혜나 시혜를 입은 수하들이 배신한 것이므로, 도덕적으로나 인간적으로 용서할 수 없는 존재들이다. 그러나 건달에게 있어서 적은 외부적인 적들뿐이다. 건달에서 대통령이 되기까지 내부적인 인물들은 모두가 그의 지지자이거나 추종자들이어서 대통령으로의 상승 과정에서 배신자들은 이미 걸러질 것은 다 걸러졌기 때문에 적은 오로지 밖에 있다. 즉 조·중·동을 비롯한 보수 언론들이 그들인데 그것은 그들이 노무현이 추구하는 정치적 원칙이나 이념에 끊임없는 딴지를 걸어오기 때문에 저항세력으로 보는 것이다.

여섯째, 적과 동지 문제다. 최고의 정치적 리더 특히 대통령이 된 인물들은 그 나름대로 그가 태어나고 활동한 시대적 환경에서 맞닥뜨리게 되는 정치적 천적天敵들이 있게 마련이다. 모순되게도 그 천적들과의 정치적 역학관계로 인하여 그들이 대통령이 될 수 있었다는 것이다. 즉 바람과 연鳶의 관계다. 공주의 주적은 궁궐 내부에 있지 않고 국가나 국민의 삶을 위협하는 외부세력에 있으나 건달의 적은 기득권 세력이 주적이다. 그래서 박근혜는 대북문제에 관심이 많고 노무현은 언론과의 싸움에 임기 내내 갈등을 빚었다.

일곱째, 사과와 반성이다. 공주는 무오류성으로 무장하기 때문에 사과와 반성이 어렵다. 그러나 건달은 원래 불완전한 삶이어서 실수와 실패를 하면서 성장하기 때문에 사과와 반성을 하는 것이 자연스럽다. 공주의 사과는 자신의 존엄을 훼손하고 잘못할 수 없는 공주의 위엄에 엄청난 손상을 입힐 수 있기 때문에 기본적으로 잘못을 범할 수는 없고, 또 잘못할 리 없기 때문에 반성이나 사과하지 않는다. 다만 속으로 스스로 교훈으로 삼을 뿐이다. 최순실 사건이 불거지자, 세 차례의 대국민 사과에서도 그의 잘못이 아니라 측근의 잘못이었다고 자기변명으로 일관하였다. 공주는 엄청난 잘못의 경우에만 어쩔 수 없이 사과할 뿐이다. 협객의 사과는 극치에 이르면 죽음을 택한다.

여덟째, 공주리더십은 수직적이고 경직성을 띤다. 반면 건달 리더십은 수평적이며 탄력적이다. 출발선에서 수직적이고 계서적인 구조에서 가장 높은 위치를 점하고 시작하는 공주적 지위로 인하여 리더십은 자연스럽게 그리고 당연하게 수직적 리더십으로 연결된다. 일방적 지시나 결정의 하달, 내지는 토론의 부재, 불통이 권위로 인식되는 착각 등에서 여왕적 수직적 리더십이 비민주적 정치 리더십을 결과하였다. 건달은 동료 중의 우두머리로서 의리로 뭉친다. 이익은 상호 균등하게 나

누고 비제도적인 위계질서에 의해 꼬붕ᶜぶん과 오야붕ぁゃぶん의 관계다. 느슨한 위계질서이지만 사적, 조직적 이익을 향해서는 더욱 강한 결집력으로 뭉친다. 노무현은 종종 나이 어린 참모들과 맞담배를 피우면서 회의나 대화하기도 하였다. 건달 세계는 의리로 뭉치지만 배신에 대한 면역력도 가지고 있어 그에 대한 증오가 그리 뼈저리지는 않다.

아홉째, 공주 리더십은 부모님의 영향 아래에서 수동적으로 형성되었기 때문에 부모님을 뛰어넘어야 하는 과제를 안고 있다. 공주는 부친의 영광과 모친의 사랑을 무기 삼아 선거의 여왕이 되었기 때문에 이들의 그림자의 후광을 뛰어넘는 기대와 부담을 동시에 지닌 채 대통령이 된 것이다. 따라서 부모라는 기준과 그것을 뛰어넘어야 하는 부담과 과제를 동시에 지녔다고 하겠다. 이에 비하여 건달-협객 리더십은 제로에서 시작하였기 때문에 명료한 목표나 부담이 없다. 단지 기울어진 운동장의 균형을 맞추는 것으로 그 목적을 삼았기 때문에 스스로 지워진 내재적 목표가 없다. 다만 그를 지지해 주는 세력과 지지층에 대한 외재적 부담과 그들에 대한 약속을 대통령으로서 가시화시켜 내야 하는 외재적 부담이 있을 뿐이다. 박근혜는 부모에 대한 내재적 부담을 외재적인 목표와 연관시켜야 한다는 이중의 과제를 안고 시작하였는데 결국 그 어느 것도 성공되지 못했다. 외재적 부담과 목표라는 하나의 과제도 해결하지 못한 노무현 역시 마찬가지이다.

열 번째, 공주 리더십은 주로 제도적 리더십에 의지한다. 공주의 정치적인 삶은 의회주의자로서 입법을 통한 제도적 리더십을 통하여 대통령이 되었다. 노무현은 제도권 내에서 활동한 경력이 일천하기 때문에 그리고 연속된 좌절과 실패로 인하여 제도적 리더십에 익숙하지 않다. 오히려 노사모에서 보듯이 그를 지지하는 세력과 지지층들은 비제도적 파워로서 그가 제도적인 리더십을 발휘할 수 있도록 도와주는 비제도덕 추종자들이다. 따라서 그는 비제도덕 리더십에 의지하여 제도적 리더십을 뒷받침하려는 정치적 행태를 보여주었다. 조·중·동과의 갈등에서 노사모가 보여준 대리전의 투쟁은 이를 잘 드러내 주었다.

이러한 공주의 제도적 리더십이 균형을 잃었을 때 두 가지 상반된 정치적 행태를 보여주었다. 비제도적 리더십에서는 중대한 정치적 현안을 비선실세에 의지한 것이다. 최순실 게이트가 그것이다. 제도적 리더십에서는 국가 사정기관 부문을 그의 정치권력 강화와 확대를 위한 도구로 사용했다는 점이다. 검찰과 국가정보원을 동원한 반대세력과 야당에 대한 무력화 시도가 그것이다. 가장 극소화시켜야할 사정과 검찰이라는 제도적 리더십의 역할이 극대화 되어 이를 국민에게 되돌려 주었던 노무현에 비하여 민주주의를 후퇴시키는 결과를 가져왔다.

공주와 건달은 '후광효과'와 '낙인효과'로 집약시킬 수 있다. 심리학에 '후광효과Holo Effect'와 낙인효과Labelling Effect가 있다. 후광효과는 "어떤 개인을 평가할 때 그 사람의 부분이나 특징이 그 사람에 대한 구체적인 평가에 영향을 미치는 것"이라고 정의된다. 정치 리더십에서 카리스마가 발생하는 현상의 근원으로서 후광효과를 설명하고 있다. 박근혜 후광효과의 근원은 비명에 사망한 부모와 불행한 개인사라고 할 수 있다. 노무현의 후광효과는 협객적 삶에 대한 신화가 그 바탕에 깔려 있다. 이에 비하여 낙인효과는 어떤 사람에 대한 나쁜 인상이 그에 대하여 계속 부정적 인상을 지니게 되고 그에 영향을 미친다는 것이다. 노무현은 건달적 삶이 낙인효과를 가져온 것이다. 즉 '굴러온 돌'이 그것이다.

박근혜의 후광효과는 공주에서 비롯되었고 노무현의 낙인효과는 건달에서 대통령이 된 '굴러온 돌'에서 비롯되었다. 이 두 가지는 박근혜와 노무현 대통령 리더십에 중대한 영향을 끼쳤다. 즉 왜 노무현은 탄핵 사건 이후에 실시된 총선에서 단 한 번만 승리를 제외하고는 그 이후 재보궐 선거와 지자체 단체장 선거에서 계속적으로 패배했는가의 이유다. 동시에 박근혜는 세월호 참사에도 불구하고 커다란 참패를 겪지 않았고 이후의 재보궐 선거와 지자체 선거에서도 연속적인 승리를 거두게 된 이유다.

제 3 장

박근혜의 정치적 등장과 노무현과의 경쟁
: 예비 리더십

마키아벨리는 지도자의 3대 요소로서 ① 비루트virtu 즉 역량, 재능, 기량 ② 운, 행운 ③ 시대의 요구에 합치하는 것을 꼽았다. 박근혜와 노무현은 출중한 비루트를 지니고 있었으며 그들의 대통령 당선은 시대의 요구와 합치하는 것이다. 그들만의 독특한 스토리에서 알 수 있듯이 운이나 행운에 기대지 않고 자신들의 능력과 노력 그리고 철학을 통해 대통령이 되었다. 시드니 후크Sydney Hook는 리더를 사건 주도형 리더event-making leader와 사건 순응형 리더event-full leader로 구분했다. 박근혜와 노무현은 모두 사건 주도형 리더로서 그에 해당하는 예비적 리더십을 통하여 대통령이 되었다.

1 박근혜의 공백과 노무현의 정치입문

마키아벨리는 『군주론』에서 "운명이란 원래가 변하기 쉬운 것이다.

이 변하기 쉬운 운명의 파도에 휩쓸리지 않는 길은 하나밖에 없다. 때의 흐름과 자신의 방식을 합치는 것이다" 박근혜와 노무현이야말로 때의 흐름과 자신의 방식을 합치시켜 대통령이 되는 데 성공한 공통점이 있다. 다만 차이가 있다면 시오노 나나미가 『로마인 이야기』에서 "민중은 자기들과 비슷한 지도자에게는 친근감을 갖지만 비슷하지 않은 지도자에게는 더 끌리는 법이다"라고 한 것에서 알 수 있듯이 전자는 노무현을 떠 올리게 하고 후자는 박근혜를 연상케 한다.

박근혜의 정치적 공백

박근혜는 1952년생이며, 노무현은 1946년생으로서 한국의 근대화와 민주화의 모든 역정을 보고 경험한 동시대 사람이다. 박근혜가 정치의 중심에서 공주로서 때로는 황후로서 국가 대사의 중심에 있을 때 노무현은 육영수 여사가 피살된 이듬해인 1975년에 사법고시에 합격한다. 1979년 10·26으로 박정희 대통령 서거 1년 전인 1978년에 변호사를 개업한다. 노무현은 고시에 합격하고 짧은 기간이지만 지방법원 판사로 재직하고 변호사를 개업하는 동안, 박근혜는 퍼스트레이디로서 전국을 누비고 해외 귀빈을 접대하면서 육영수여사의 일을 이어받아 왕성하게 활동한다. 바로 이 시기에 노무현은 과거의 가난에서 벗어나 사회 기득권층 대열에 합류하여 사회적 존경과 권위를 누리며 안락한 생활을 즐기고 있었다.

박근혜가 10·26 이후 대중의 눈에 사라졌다가 1997년 TV에 공식적으로 등장하면서 18년 동안의 공백을 가지고 있을 때 노무현은 서서히 정치의 중심으로 접근하고 있었다. 박근혜의 18년 공백은 단지 정치적인 공백이라는 의미이지 진정한 공백이나 은둔은 아니다. 그는 청와대에서 나온 뒤 1980년 영남대학교, 한국문화재단 이사장 자리에 올랐고 영남대 이사장에는 1988년 사임했다. 한국문화재단은 2012년 해산될 때까지 줄곧 이사장 자리를 유지했다. 영남대학교 이사장으로 재임 중이던 1982년, 육영재단 이사장을 지냈고 1990년 사임했다.

잃어버린 공주의 지위에서 과거 공주 가족의 권력적 영광을 되찾으려는 박근혜의 정치적 등장과 건달의 우월적 자존감을 권력적 차원에서 해결하고 발전시키려는 노무현의 정치적 등장은 그 과정이나 동기에서도 현격한 차이를 드러낸다. 공주의 등장은 과거 영광의 회복이라는 성격이 짙으며 협객의 등장은 라스웰Laswell이 말한 바처럼 개인의 욕구를 사회적 욕구로 환치시키는 전형적인 정치적 인간Political Man의 등장이다.

하워드 가드너는 "리더는 자신의 마음을 충분히 알고 있어야 한다. 그렇기 때문에 리더는 투쟁이나 사명으로부터 어느 정도 거리를 두고 자신을 돌이켜볼 수 있는 시간과 방법을 찾아야 한다."고 했다. 모세가 시나이산에서 신을 만나고, 사마천이 궁형을 당해 누에고치 방에서 사기史記를 쓰듯이 박근혜에게는 청와대를 나와 정치에 다시 복귀하기까지의 공백 기간이 여기에 해당된다고 할 수 있다. 대조적으로 노무현에게는 이러한 시기가 주어지지 않았다. 굳이 말하자면 박근혜가 퍼스트레이디로서 한창 국가경영에 분주하고 있을 때 판사와 변호사로서 여유로운 삶을 누리고 있던 노무현에게 새로운 역사적 현장에 뛰어들기 전까지의 시기가 여기에 해당된다고 할 수 있다. 도스토옙프스키는 『상처받은 사람들』에서 불행한 결혼을 감행한 나타샤의 입을 통해 "일어난 일은 일어나야 했던 거예요"라고 말한다. 10·26은 일어나야 했던 일이다. 공주는 청와대를 나와 쿠데타 성공 이전에 살고 있던 신당동으로 이주한다. 그의 저서를 읽어보면 그가 그러한 충격을 이겨내기 위하여 얼마나 큰 노력을 기울였는지 알 수 있다. 그는 자서전에서 "아버지 사후에 밑바닥까지 경험했다"고 밝혔다. 도스토옙프스키는 『미성년』에서 주인공인 돌고루끼의 입을 빌어 말한다. "왜 어떤 사람들은 자기를 꺼리는 사람들을 찾아다녀야 하는 걸까요? 차라리 단절한 채 지내는 것이 낫지 않을까요? 단절한 다음에는 어디로 가지요? 자신 속으로요, 자기 자신 속으로 돌아가는 것입니다"라고 했다. 박근혜 역시 자기 자신 속으로 돌아갔다. 그것은 고통을 삼키며 이를 극복하는 은둔이었다. 이러한 트라우마에 따른 은둔은 박근혜를 극단적인 내향적 인간으로 만들었다. 성격심리학자 이사벨 브릭스 마이어스 Isabel Briggs Myers는 『성격의 재발견』에서 '내향적 인간'에 대하여 묘사하기를 "참을성 있고, 외부 환경으로부터 독립되어 있고, 장기적 차원에서의 성취를 위해 삶의 사교적 및 정서적 측면들을 죽일 마음을 가지고 있는 것 같다"고 했다.

도스토옙프스키는 『상처받은 사람들』에서 "우리는 우리의 미래의 행복을 어떻게든 고통을 통해 얻어내야 한다. 그것은 무언가 새로운 고통을 통해서 획득해야 한다는 것이다, 모든 것은 고통을 통해서 깨끗해진다. 삶에는 참으로 많은 고통이 있다."고 했다. 박근혜는 미래의 행복을 고통을 통해서 얻어내고 또한 고통을 통해서 깨끗해진 것일까? 아니다. 하워드 가드너가 유소년 시절의 상처나 트라우마가 훗날 리더의 강경한 태도와 연관이 있다는 암시를 스스로 증명한 것이다. 즉 "리더들이 강경한 태도를 고수하려면 상당한 대가를 지불해야 한다. 그들은 종종 유소년기의 상실감에 따른 상처를 드러내면서 사람들이 이해하기 어려운 고집과 냉혹한 기질을 표출한다"는 것이다. 박근혜의 리더십 특성 가운데 하나로 자리 잡은 소통의 부족, 원칙을 위한 강력한 투쟁, 일방적인 자기방어, 타협하지 않는 불관용의 태도는 부친의 사망 이후 은둔의 시기에 겪은 충격과 트라우마에서 비롯된 것이다. 이러한 고통과 은둔의 과정에서 박근혜에게 남겨진 정치적 자아는 무엇이었을까?

첫째는 배신에 대한 철저한 증오다. 도스토옙프스키는 『카라마죠프가의 형제들』에서 "인간은 선한 자가 파멸하고 치욕을 맛보게 되는 것을 좋아하는 성향이 있습니다"라고 했다. 박근혜로서는 선한자의 파멸과 치욕을 좋아하는 성향을 보인 자들이 누구인가 하는 문제에서 배신자들에게 그 원인을 찾았다. "배신하는 사람의 벌은 자기 것보다 자기 마음 안에 무너뜨려서는 안 되는 성城을 스스로 허물어뜨렸다는 점이다. 그래서 한 번 배신 후 두 번째 세 번째 배신에 대한 저항감이 약해진다"고 일기에 쓰고 있다.

이러한 배신에 대한 증오는 그의 고통 속에서 생성된 자기 분노의 또 다른 이름이다. 도스토옙프스키는 『카라마죠프의 형제들』에서 "단지 고통만 있고 죄인은 없다"고 했다. 그가 고통을 느낄 때 그는 죄인을 알고 있었다. 그 고통의 근원이 배신(김재규)에서 비롯되었고, 그러한 고통을 더욱 가중하는 배신(전두환을 비롯한 신군부 세력들)에 의해 더욱 커가란 고통을 느꼈다.

박근혜는 자신은 배신당하기만 하고 배신은 타인 또는 다른 집단이 그에게 가하는 정치적, 심리적, 인간적인 테러라고 규정하였다. 이는 적반하장으로서 지금 보면 박근혜가 모두를 배신한 것이다. 즉 그를 지지했던 보수우파 지지층을 배신했고, 그의 부모를 믿고 그에게 일방적인 성원을 보내주었던 TK 지역의 지지자들을 배신했고, 결국 전체 국민을 배신한 것이다. 아테네의 명연설가 데모스테네스(BC384-BC322)는 "배신자는 자기 자신부터 배신하게 된다"고 항상 입버릇처럼 되뇌고 다녔다. 박근혜의 탄핵은 남의 배신을 저주하고 그들에 대한 원망과 저주를 시작하는 그 순간에 자기 자신부터 먼저 배신한 결과라고 할 수 있다.

둘째, 편협된 인간관계와 그에 따른 왜곡된 인간관이다. 니체는 『자라투스트라는 이렇게 말했다』에서 "홀로 있을 능력이 없기 때문에 친구를 필요로 한다"고 했다. 박근혜는 고통을 승화시키는 과정에서 홀로 있음에 익숙하고 또한 외로운 공주로서 친구가 없다. 단지 최태민과 그 일가들만이 그를 고통과 외로움에서 지켜준 것이다. 고통의 과정에서 그를 배신하지 않았던 인물에 대한 지독한 의리, 그리고 배신에 대한 철저한 증오와 경계심의 귀결로서 한번 신뢰하면 끝까지 그를 믿는다. 그래서 공주가 삼국지에서 가장 좋아하는 인물이 조자룡이다.

셋째, 그는 노무현이 가졌던 것과는 차원이 다른 우월감으로 이를 극복한다. 즉 정치입문과 대통령에의 도전이 그것이다. 고통을 승화하는 최후의 방법은 정치를 재개하는 것이다. 충격이 어느 정도 가라앉고 고통이 상당 부분 완화되자 그는 고통의 승화를 모색하게 된다. 그것이 정치를 통해 특히 대통령이 되어 아버지의 유업과 어머니의 국모상을 영원히 지켜야 한다는 결론에 도달하게 된 것이다.

이러한 은둔과 고통의 트라우마는 훗날 그가 대통령이 되었을 때 불통의 독단적 리더십으로 나타나게 되었다. 독단적인 리더십은 비민주적 정치행태와 권위주의적 정치를 연상시키는 위험을 야기시킬 수도 있다. 은둔과 폐쇄, 그리고 독단적 리더십으로 상징되는 박근혜 리더십은 나중에 밝혀진 바에 따르면 기본적으로 검찰과 국정원 및 사정기관을 통한 유사 권위주의적 정치를 한 축으로 하고 문화계 블랙리스트를 통한 반대 세력의 통제를 또 다른 축으로 하여 전개되었음이 밝혀졌다.

노무현의 정치적 입문

노무현은 박정희 대통령의 군부 권위주의 통치가 한창 극렬해지고 있던 1975년에 사법고시에 합격한다. 그리고 1977년에 판사가 되어 소위 출셋길에 들어섰다. 이제부터 그는 건달이 아니라 대한민국의 최고 엘리트 중의 엘리트인 판사가 된 것이다. 그러나 그의 말대로 판사라고 해도 흙수저에서 올라온 그이기에 엘리트들만의 세계에 적응하기 어려웠고 판사가 적성에 맞지 않아 돈을 벌기로 하고 변호사를 개업하였다. 그의 변호사 개업부터 정치입문의 시기는 생존적 건달에서 양심적 건달을 거쳐 정치적 협객으로 발전적 변신을 거듭하는 과정이었다.

판사 생활에 의미를 못 느끼던 중 경제적 동기가 그를 변호사 개업으로 마음을 움직여 1978년 변호사로사의 삶을 시작한다. 이때부터 그의 건달기질이 되살아나지만, 과거의 건달과는 다른 차원의 건달 철학이 형성되기 시작했는데 양심적 건달이 그것이다. 변호사 개업하고 얼마 되지 않아 규정을 들어 사건 수임료를 반환하지 않은 것을 두고 계속 가슴에 걸려 했다. 검사와 판사에 대항하여 불의와 싸워 그들의 인정을 받아냈다.

그러던 중 83년 노동법률상담소를 차려서 본인의 말을 빌리면 본의 아니게 노동 전문변호사가 되었다. 특히 '부림 사건'을 맡은 것이 그의 일생에 커다란 전환점이 된다. 원래부터 의식을 가진 것이 아니라 다른 변호사들 대부분이 잡혀 들어갔기 때문에 응원하는 차원에서 단지 이름만 등록하게 된 것이 계기가 되었다. 그리고 책임지고 변호를 주도함으로써 정부와 검찰의 방해공작에도 사건을 승리로 이끌었다. 검사의 협잡이 그의 투지를 불태웠다고 했다. 부림 사건의 시작은 독재와 고문에 따른 부당한 인권침해에만 초점을 맞추었는데 학생들을 변론하면서 노동착취와 빈부격차 같은 사회적 모순의 문제에도 눈뜨게 되었다. 이를 통하여 어린 시절 가난했던 경험이 그가 건달로서의 구차한 삶을 되돌아보게 하였고, 그로써 제2의 탄생이라는 정치적 자아를 새롭게 가지게 된 것이다. 캐서린 K. 리어돈은 『정치력 101』에서 "용기는 한 개인이 주장하고 믿고 소중히 여기고 간절히 바라는 어떤 것이 심각한 위협을 받을 때 솟아난다."라고 하여 리더의 용기 본질을 잘 설명하고 있다. 노무현의 용기가 바로 여기서 빛을 발하고 계속 진화되기 시작한 것이다.

하워드 가드너는 탁월한 스토리를 만들어 내는 리더의 심리적 자아의 특성을 잘 설명하였다. 27세부터 70세에 이르는 성년층의 시기에 5세, 10세, 청소년기의 자아와 색깔을 동시에 나타내면서 이 모든 것을 통합하려는 자질에 의해 스토리가 형성된다고 했다. 노무현이 안락한 변호사의 삶을 걷어치우고 반체제 운동가이자 변호사로서의 길을 가게 된 데에는 바로 이러한 유소년기와 청소년기 및 청년기의 모든 색깔이 종합되어 다시 나타난 것이다. 탁월한 스토리 그것도 대통령으로 가기 위한 탁월한 스토리의 진정한 시작이다. 라퐁텐의 우화에 "천성이란 문밖으로 쫓아내면 창문으로 날아든다"고 했다. 그의 우월감과 자존감이 반항으로 나타났던 유소년기의 천성은 이제 그와 비슷한 입장과 처지에 있는 사람들을 위한 정치 사회적 반항으로 나타난 것이다. 잠재해 있던 천성과 영혼이 부활하기 시작한 것이다. 차이가 있다면 예전에는 심리적 반항과 그에 따른 가벼운 일탈이었다고 한다면 이제는 변호사로서 법이란 테두리 내에서 인권과 민주라는 이름으로 저항하는 것이 다를 뿐이다.

알려진 일화 가운데 하나는 민주화운동 시절 그를 감시하던 안기부 직원에 대하여 '광주민주화운동' 사태의 진실을 알리고 그를 의식화시커 감시자와 피감시자 관계가 서로의 안부를 챙겨주는 인간적 관계로 발전하게 되었다. 여기서 노무현의 정의감과 인간미, 그리고 적을 감화시키는 친화력 등을 단적으로 알 수 있다. 도스토옙프스키는 『백치』에서 주인공 미쉬낀 공작의 입을 빌어 말한다. "사람들이 자기와 자기의 권리를 존중해 주길 바라는 사람은 그러한 소망을 지녔다는 사실만으로도 충분히 존경받을 자격이 있다"고 했다. 노무현은 자기의 권리를 존중해 주기를 바라는 노동자와 학생들을 존경하였고 이를 안기부 직원에게까지 확장시켰다.

공주가 고통의 은둔을 하고 있던 그 시기에 건달은 협객이 되어 사회의 전면에 나서서 민주화와 산업화에 소외된 약자들의 억울함을 하나로 묶어 '정의'의 이름으로 대 사회투쟁의 일선에 나섰다. 그리고 인권과 민주화 투쟁이 당시 통일민주당 총재 김영삼에게 인정되어 1988년 제13대 국회의원에 당선된다.

2 박근혜의 등장 이전 시기 노무현의 정치입문
: 노무현의 예비 리더십 형성기

하워드 가드너는 "어떤 리더도 공적인 활동에 필요한 지식을 갖고 태어나지 않는다. 하지만 전형적인 리더도 전문 분야의 지식이든 의사소통 기술이든 조직적인 정치든 효율적인 활동에 필요한 능력을 갖추기 위해 견습기간이 필요하다. 그 기간은 10년 또는 또 그 이상이 걸린다."고 했다. 이는 대통령이 되기까지의 예비적 리더십을 말한 것이다. 박근혜는 1997년 최초로 TV에 출연하여 이회창 지지 연설을 시작으로 하여 2013년 대통령이 되기까지 직전인 15년이 이 기간에 해당한다. 노무현은 부산에서 부림 사건에 뛰어든 1981년부터 2002년 대통령 당선 전인 21년의 기간이 여기에 해당한다.

정계 입문 초기

김영삼 통일민주당 총재의 제의를 받아 부산에서 제13대 국회의원으로 출마했다. 당선이 용이한 지역을 제안 받았음에도 불구하고 아무런 연고가 없는 부산 동구를 선택했다. 민주화 세력을 대표하여 모두가 기피하던 전두환 정권의 실세 허삼수를 꺾고 싶었고, 결과는 커다란 표차로 당선되었다. 국회에 입성한 후 노무현은 노동위원회에서 활동을 시작한다. 국회의원 신분이면서도 노동자들의 파업 현장에 직접 참여하여 노동운동을 격려하고 강연하는 등 과거 노동·인권 변호사로서의 활동의 연장에서 국회의원으로서 사회운동을 지속적으로 추진해 왔었다.

그러던 중 1988년 11월 노무현을 전국적인 인물로 만들어 주게 되는 '제5공화국 비리 특별조사위원회 청문회'가 열렸다. 이를 통하여 노무현이 국감 스타가 된 것은 어쩌면 당연한 일이었다. 그는 노동자의 인권을 위한 노조 투쟁과 전두환 군부 권위주의 체제에 대한 민주화 투쟁을 동시에 진행하여 노동·인권·민주를 위한 재야운동을 통하여 국회의원이 되었다. 따라서 5공 청문회는 전두환과 정주영을 상징으로 하는 양대 주제(노동과 인권 및 민주주의)를 한꺼번에 보여주는 청문회였기 때문이다. 전 국가안전기획부장 장세동, 현대그룹 회장 정주영 등을 상대로 한 증인 신문에서 차분하고 논리적인 질의와 치밀한 추궁으로 '청문회 스타'가 되었다.

그러나 자신의 국회의원 명패를 바닥에 던지는 돌출행동으로 부정적인 인상도 남기게 되었다. 여기서 그의 건달과 협객의 기질이 조화되어 잘 드러난다. 즉 정주영에 대한 청문회는 정연한 논리와 정의에 대한 원칙을 통하여 그의 사과를 끌어냄으로써 협객의 풍모를 보였다. 그러나 전두환에 대하여서는 양당의 합의로 질문의 기회조차 없자 자신의 화를 못 이겨 명패를 바닥에 내동댕이친 것이다. 여기서 건달의 기질이 나타난 것이다. 냉정하다기보다는 감성과 제멋대로의 기분에 의해 일단 일을 저질러 놓고 보는 건달의 기질이 드러난 것이다.

청문회 이전에 노무현은 수많은 정치인 또는 299명의 국회의원의 한 명일 뿐이었다. 청문회는 그를 일개 부산의 국회의원이 아니라 향후 대권 도전을 위한 결정적인 발판을 마련해 준 계기가 되었다고 해도 과언이 아니다. 청문회를 계기로 그는 지역적인 인물이 아니라 팬 또는 추종자를 거느리게 된 전국적인 인물이 된 것이다. 하워드 가드너는 "스토리는 고립된 상태에서는 창조될 수 없다. 그리고 다른 사람들이 그 스토리를 전파하는 일을 돕는 동안 어느 정도까지는 리더가 몸소 그것을 실천해야만 한다"고 했다. 그리고 "실천은 진실성이라는 문제를 야기한다"고 했다. 청문회가 바로 그 실천이었다.

청문회에서 나타난 노무현의 능력과 자질 즉 상대방에 대한 공격과 치밀한 논리, 적과 아군을 나누는 진영논리를 구사하는 면에서 대처를 연상케 한다. 대처의 성공비결에 대하여 당시 영국의 정치는 상대방에 대한 공격 능력이 더욱 소중한 자질로 인정받았다. 대처야말로 이에 타의 추종을 불허하는 능력을 지녔는데, 그녀는 이를 위해서 치밀한 준비와 통찰력 및 사태를 꿰뚫는 통찰력이 밑받침되어야 한다고 스스로 말했다. 노무현과 대처 간 차이점이 있다면 대처는 정책적 탁월함을 설득력으로 입증한 것이고 노무현은 이념적 정의를 진정성으로 나타낸 것으로서 그는 단순한 공격자가 아니라 국민적 아픔과 분노를 자신의 입을 통해 발산시킨 것이었다.

청문회로 일약 인기 대열에 오르지만, 그는 청문회에서 보여준 언어나 정치적 행위가 일시적 쇼가 아니라 진정성을 지닌 그의 정의에서 비롯되었음을 증명하려고 또다시 정치적 소용돌이 가운데 서게 된다. 즉 1989년 초 국회 '5공 비리·광주사태 특별위원회'의 증인 출석 여부를 둘러싼 정부·여당의 집요한 방해 책동에 항의해 의원직 사퇴서를 제출했다. 노무현은 사퇴의 변에서 "지금도 온갖 박해를 무릅쓰고 싸우는 대중투쟁이야말로 의정활동 못지않게 민주주의 발전에 기여하는 것입니다"라고 끝을 맺었다. 의원직 사퇴서를 쓴 것은 명패를 던진 행위의 또 다른 표현이었다. 다른 점이 있다면 명패는 개인적 울분이었고, 의원 사직서는 제도에 대한 도전으로 나타난 것이라고 할 수 있다.

그는 의원직을 버리고 대중투쟁을 통한 민주주의 발전을 택한 것이야말로 마치 모택동이 창사폭동長沙暴動에 실패하자 사회주의 운동을 바닥에서 다시 시작하려고 징강산井剛山으로 들어간 것과 맥을 같이한다. 즉 부산의 변호사 시절의 투사로 다시 돌아가고자 했다. 그러나 그는 주위의 간곡한 만류로 국회의원 사퇴서를 다시 거두게 된다. 훗날 노무현은 이렇게 회고하였다. "이 사건은 국회의원으로 살아가는 것에 대한 인간적 고뇌와 절망감에서 비롯된 행동이었다. 정치인의 역할과 책임이 무엇인지에 대한 고민과 성찰이 부족해서 저지른 사고였다." 앞부분은 협객의 행동이었고 이를 반성한 뒷부분의 행동은 건달의 후회에 해당한다.

이 사건 이후로 노무현의 의협적 정신과 건달적 기질은 서서히 세련된 모양을 갖추게 된다. 그것은 지혜로운 사람 노무현이 탄생한 것이다. 루신다 오월Lucinda Orwoll과 마리온 펄뮤터Marion Perlmutter는 "지혜로운 사람에 대한 연구"에서 자기 초월은 개인주의적 관심을 넘어 더 집단적인 자기 초월 또는 보편주의적인 주제들로 나아가는 능력이다"라고 했다. 노무현 지혜의 첫 번째 시험대가 '삼당 합당'과 그에 따른 노무현의 선택이었다. 당시 그가 직면한 정치적 환경은 ① 박정희 전두환 군부 권위주의 체제가 상당 부분 잔존해 있어 민주주의가 정치제도적으로나 사회경제적으로도 정착되지 않았고 ② 그동안 억압되어 있던 노동자들의 권리를 향한 요구가 폭발되었고 ③ 여소야대로 인하여 국회가 교착상태에 빠지게 되자 날치기 통과에 의존하여 비정상적으로 법안을 통과시키는 민주주의 과도기 사회였다. '3당 합당'이야말로 노무현으로서는 정의를 위한 선택과 결단이 결과적으로는 현실과 이상 사이에서 방황과 좌절 그리고 수난의 시작이었다.

1990년 1월 12일 민주정의당 노태우, 통일민주당 김영삼, 신민주공화당 김종필이 '민주자유당'을 창당하기로 선언하였다. 노무현은 이에 반대하고 그를 키워준 김영삼과 결별을 선언했다. 3당 합당의 정치학적 해석은 국민의 자율적 선택이 정치공학적으로 인위적으로 왜곡되는 정치적 야합이라는 점이다. 통일민주당 해체와 3당 합당을 결의하기 위한 회의에서 김영삼 총재가 "구국의 차원에서 통일민주당을 해체합니다. 이의 없습니까? 이의가 없으므로 통과됐음을 … ."이라고 말하는 순간 갑자기 노무현이 일어나 오른손을 번쩍 들며 "이의 있습니다. 반대 토론을 해야 합니다"라고 외쳤다. 그리고 그것이 받아들여지지 않자 3당 합당을 민주화 운동에 대한 배신이라고 비난하면서 1990년 통일민주당 잔여 세력들과 함께 소위 꼬마 민주당이라고 하는 '민주당'을 창당하였다.

이에 대하여 훗날 노무현은 그 이유를 설명하기를 "줄을 잘 서지 않으면 살아남을 수 없다는 기회주의 시대, 나는 그렇지 않고도 살아남을 수 있다는 본보기를 만들고 싶었다. 그래서 계속 떨어졌다." 훗날 대통령이 되기까지 그는 그러한 본보기를 보이기 위해 선거에서 계속 떨어지는 고통과 좌절을 맛보아야 했다. 훗날 퇴임 후의 인터뷰에서 "나는 20년의 정치 생애에서 여러 번 패했지만, 한 번도 패배주의에 빠진 일은 없습니다." 이는 초기 상원의원으로서의 오바마에 대한 평가를 연상케 한다. 즉 데이비드 멘텔은 『오바마 – 약속에서 권력으로 –』에서 선거 경쟁자들에 의해 고용된 상대편 연구가의 말을 빌려 "그는 선의의 타협을 즉시 실천할 의지가 있었지만, 선의라는 이유만으로 타협하지 않았다"라고 했다. 노무현과 오바마는 원칙이 중요한 것이지 선의를 가장한 타협은 절대 용납하지 않은 공통적인 면모를 보여주었다.

잘나가는 청문회 스타에서 소수 야당의 국회의원이 된 노무현은 국회의원 신분으로서 노동운동과 민주화 투쟁을 정치적 투쟁의 목표로 삼고 활동하고 있어 노태우 정부는 그를 요주의 인물로 분류시켜 지속해 감시하였다. 훗날 그와 지독한 악연으로 얽히게 될 보수 언론과의 악연이 시작되는 것도 이때부터 시작된다. 이는 1994년 14대 총선을 앞둔 시점에서 '주간조선'이 인권변호사로 활동하던 노무현 의원이 부동산 투기의 전력이 있고 호화로운 요트를 보유하고 있다고 하여 재산 형성 의혹을 제기한 것이다. 노무현은 명예훼손 소송을 제기하여 1년 만에 승소 판결을 받아낸다.

공자가어孔子家語 오의해五儀解에 "물은 배를 띄우기도 하고 침몰시키기도 한다水則載舟, 水則覆舟"고 했다. 이는 김영삼과 노무현에 대한 관계와도 일맥상통한다. 당시 부산에서는 김영삼이 '물'이었고 그의 의지에 따라 배가 뜨기도 하고(당선) 침몰(낙선)하기도 했다. 13대 총선 당시 김영삼은 노무현 지지 연설에서 전두환의 실세인 허삼수를 반란을 일으킨 정치군인어서 국회가 아니라 감옥에 보내야 한다고 함으로써 노무현을 국회의원에 당선되도록 도와주었다. 그러던 김영삼이 이번에는 허삼수를 향하여 그는 충직한 군인이다. 자신이 대통령이 되기를 원한다면 허삼수를 찍어달라고 하면서 허삼수를 지지하자 노무현은 낙선의 고배를 마시게 된다. 제14대 총선에서 낙선함으로써 재선에 실패하게 된다. 이러한 실패는 그 후로도 계속되는데 부산에서의 그의 정치적 장래는 더욱 암울해져 갔다. 1993년 부산광역시장 선거에서 꼬마 민주당으로 출마하여 36.7%를 획득하고도 낙선의 고배를 마시게 된다. 무소속으로 나오기만 해도 찍어주겠다는 부산시민들의 성화를 외면한 예상된 결과였다. 오로지 그의 원칙 즉 지역 분열주의와 원칙 없이 이 당 저 당 다니면서 오로지 당선만을 목적으로 하는 정치적 기회주의를 없애고자 하는 진정성으로 대결하려다 연속적으로 실패한 것이다.

1992년 12월 19일 제14대 대선에서 김영삼에게 패하자, 정계 은퇴를 선언하고 일선에서 물러난 김대중이 정계 은퇴를 번복하고 1995년 9월에 '새정치국민회의'를 창당하였다. 노무현은 이를 '전근대적 정치행태'라고 비난하면서 여기에 합류하지 않고 통합민주당을 창당하여 거기에 합류하게 된다. 그 후 민주당에서 김대중의 새정치국민회의로 빠져나간 사람을 제외한 잔류인사들과 '국민통합추진위원회'(약칭 통추)를 결성하게 된다. 통추 활동기간에 그는 대통령 출마를 선언하였다. 그러나 일주일 만에 이를 철회하는 해프닝을 벌였다. 그의 대통령 출마의 동기는 3김 체제와 삼당합당을 찬성했던 이인제가 '사정변경론'을 내세워 국민신당을 창당하면서 세대교체를 주장하면서 대통령 출마를 선언한 것이다. 이에 격분하여 노무현은 변절의 길을 갔던 사람들이 잘되는 것을 보니 더욱 견디기 힘들었고 도저히 인정할 수 없었다. 그래서 홧김에 말한 것이라고 했다. 대통령 출마를 위하여 진정으로 던진 말이 아니라는 것이다.

여기서 그의 막노동 시절 사회 밑바닥층의 생활을 하면서 고시를 꿈꾸던 극에서 또 다른 극한을 추구하던 그의 낭만적 역발상이 다시 부활하는 것 같다. 어쩌면 노가다 시절의 혹독한 고생과 생활 속에서 꿈을 꾸었던 고시에서처럼 정치에 발을 들여놓은 후 좌절과 배척의 혹독한 시련 속에서 대통령을 꿈꾸었는지 모른다. 그리고 비록 이인제에 대한 반발과 역사의 불공정한 흐름에 던진 대통령 출마의 오해는 일주일의 헤프닝으로 끝났지만, 이는 그가 가야 할 목표를 제시한 것이고 훗날 잠시 접었던 대통령을 향한 꿈을 향해 본격적으로 그 길을 걸어가게 된 실마리를 열어 준 우발적인 사건이었다.

노무현의 명패 던지기 → 의원직 사퇴서 제출 → 대통령 출마 선언 이 모두는 당시 찻잔 속의 폭풍이었다. 그러나 이는 나비효과가 되어 훗날 대통령이라는 폭풍으로 나타났다. 그러나 찻잔 속의 태풍을 연상시키는 변덕스럽고, 일관되지 못한 정치적 행태는 그가 아직은 이상만을 품은 아마추어 정치가임을 극명하게 드러낸 것이라고 할 수 있다. 즉 치밀한 협객의 심모원려深謀遠慮한 계획에 의해 움직이는 것이 아니라 건달의 즉흥적 울분과 무계획적인 반항이 작용하였다. 이는 유년 시절의 반항심과 자존감이 훗날 정치적 행위로 표출된 것이다. 즉 무대가 바뀌었는데 옛날 각본을 가지고 연극을 하는 것과 같다. 사려 깊지 않고, 즉흥적이면서, 자신만의 원칙과 정의에 사로잡혀 일단 일을 저질러놓고 보는 천둥벌거숭이식의 정치적 행태를 보인 것이다. 이로써 정치계에 잠시 반짝이다 사라져간 수많은 정치가와 같은 운명을 맞이하였고 아울러 깊은 내상을 입게 되었다. 속담에 이르길 "이름도 없는 별은 초저녁부터 나온다". 그런데도 노무현은 낙관주의자로서 수많은 상처를 입었지만, 상처에 의해 쓰러지지는 않았다. 시오노 나나미는 마케도니아의 장군이자 학자인 에우메네스(BC362?-BC316)를 "정말로 고귀하고 확고한 정신은 재난과 불운에 처했을 때도 참고 이겨낼 때 그 가치가 나타나는 법이다. 에우메네스의 경우가 그렇다"라고 평가했다. 이 시기의 노무현이 바로 여기에 해당한다. 초저녁부터 나온 이름 없는 별이 마지막에는 커다란 이름을 얻게 된 것이다.

서울 종로에서 제15대 국회의원 선거에서 신한국당의 이명박, 새정치국민회의의 이종찬에 이어 통합민주당의 노무현은 3위를 하여 또 낙선의 고배를 마셨다. 그는 낙선 후 한국의 정치 현실에서 '3김 청산'인가 아니면 DJP연합을 통한 '정권 교체'인가의 야당 내의 치열한 격론 끝에 '정권교체'를 선택하여 김대중의 '새정치국민회의'에 입당한다. 그는 첫째, 정권교체를 택했지만 '3김 청산' 역시 이룩해내야 할 과제로 보았다. 노무현에 따르면 그의 원칙은 정권교체였고 '3김 청산'은 타협할 수 있는 전략적 명제라고 하였다. 원칙과 전략이 어떠하든 '3김 정치'의 높은 벽을 실감한 노무현은 현실적인 선택을 한다. 그러한 선택과정에서 '통추위'나 '꼬마민주당' 시절의 동지들이 뿔뿔이 흩어져 어느 한쪽을 택해야 하는 위기의 순간에서 이념과 실익에 따라 보수 진영을 택할 수도 있었으나 노무현은 진보적 이데올로기에 따라 정치적 이익보다는 이념적 원칙에 따라 그의 좌표를 정하고 그렇게 행동한 것이다.

둘째, 노무현의 회고에 따르면 "수도 없이 이합집산을 했지만, 나는 어쩔 수 없는 야당 정치인이었다. 호남을 고립시켜 놓은 지역구도 정치 지형에서 고립당한 쪽을 거들지 않을 수 없었다. 그 분열에서 정치적 이익을 얻는 쪽에 가담하는 것은 어떤 논리로도 당당하게 선택할 수 없는 선택이었다."고 했다. 정치적 선택 역시 미래의 정치적 발전이나 기득권을 고려하지 않고 지역적으로 차별받는 호남이라는 지역 약자를 돕겠다는 노동운동이나 민주화 운동의 연장선상에서 장래가 불투명한 야당의 길을 선택하였다.

박근혜가 '미래연합'을 창당했다가 선거에서 참담한 패배를 맛보자, 현실을 깨닫고 다시 이회창에게로 합류했던 것과 맥을 같이 한다. 박근혜가 투항이라면 노무현은 주군을 갈아탄 것이다. 박근혜가 현실을 택한 것이라고 한다면 노무현은 이상과 정의를 택한 것이다. 이로써 이 둘의 정치적 경쟁은 공식적으로 그 막이 올랐다. 박근혜는 보수적 가치를 위하여 이회창을 지원하였고 노무현은 정권교체를 위하여 김대중을 지원하였다.

1995년 지자체 단체장 선거 당시 여론조사에서 노무현은 경기도지사 신한국당의 이인제 후보를 꺾을 유력한 후보로 거명되었고 이를 반영하듯 당시 조순 서울시장 후보는 노무현을 러닝메이트 요청하였다. 그러나 이를 거절하고 김대중의 '새정치 국민회의'의 이름으로 부산시장에 출사표를 던졌다. 그의 열렬 지지자들은 불을 보듯 실패와 낙선이 뻔한 부산시장 선거 출마를 적극적으로 만류하였다. 이에 노무현은 말한다. "사람은 자기가 설 자리에 서야 합니다. 남자는 죽을지라도 가야 할 때 가야 합니다." 설 자리를 위해 죽을 길도 마다하지 않고 그의 길을 걸어가야 한다는 결연한 의지의 출사표였다. 결과는 지역주의의 한계를 뛰어넘지 못한 실패였다. 37.58%를 획득하여 지역주의 극복이라는 노력과 희생이 어느 정도 희망의 싹을 남긴 차선의 결과였다. 노무현의 계속된 실패는 마치 공자가 그의 이상을 펼치기 위하여 천하를 주유하지만 받아들여지지 않자 양자楊子기 이를 빗대어 "많은 노력을 했어도 아무것도 이루지 못했다勞而無功"라고 한 말과 흡사하다. 이에 비하여 박근혜는 3년 뒤 보수정치의 총본산이라고 할 수 있는 대구 달성 보궐 선거에서 지역주의 타파를 위하여 당시 김대중 대통령이 모든 정치적 역량을 동원하여 지원하였던 새정치국민회의 엄삼탁 후보를 물리치고 국회의원으로 당선된다. 협객의 실패와 공주의 성공은 이처럼 극명하고도 대조적으로 이루어졌다. 아울러 개인적인 박근혜의 정치적 성공과 노무현의 실패는 그들이 지지하던 이회창의 실패와 김대중의 성공덕분에, 성공과 실패가 상호교차하게 되었다. 아울러 이 둘 모두를 대통령으로 만들게 되는 정치적 출발점이 된 것이다. 즉 김대중이 DJP연합이라는 지역연합을 통하여 대통령에 당선됨으로써 박근혜는 야당으로 노무현은 최초로 여당 측 정치인으로 정치적 운명이 교차하게 된다.

제4장

노무현과 박근혜의 대통령을 향한 정치역정

1 노무현의 정치적 부침

국회의원이 아닌 야인으로 정치의 주변부에서 외로운 투쟁을 전개하면서 야합과 이합집산을 일삼는 정치현상에 실망하고 있던 그에게 새로운 기회가 도래했다. 1998년 2월, 14대 총선에서 종로구 보궐선거에서 노무현은 새정치국민회의 소속으로 출마하여 6년 만에 재선의원으로 국회에 복귀하였다. 박근혜의 첫 국회입성이 보궐선거였는데 노무현의 정치적 재기 역시 보궐선거로 이루어졌다. 재선의원으로 국회에 복귀하기까지 노무현은 비제도권에서 과거 인권변호사 시절을 방불케 하는 노동 및 인권변호사로서의 그의 고유의 사명과 역할을 꾸준하게 실천에 옮기고 있었다. 이는 제도권에 들어선 초선 의원 시절부터 일관되게 유지해 온 그의 삶의 원천이요 그만의 사회정의를 위한 진정성에서 출발한 정치적 원동력이었다. 이제 재선의원으로서 그의 정치적 입지는 과거와 다르고, 정치 일번지 종로구에서 획득한 정치적 신망이 어떻게 전개될 것인가에 국민들은 노무현을 주목하기 시작했다.

노무현의 정치적 실험에 가까운 무모한 도전은 그동안 기득권의 포기를 통한 끊임없는 원칙과 정의의 추구와 그 실현 과정이었다고 해도 과언이 아니다. 그러한 원칙과 정의를 또다시 확인시키려는 무대가 주어졌는데 바로 2000년 4월, 16대 총선이었다. 당시 이미 국회의원에 당선되어 지명도나 인지도에서 당선 가능성이 높았던 서울시 종로구 공천을 거절하고, "지역주의 벽을 넘겠다"라는 의지를 표명하면서 부산 북·강서을 지역구에서 새천년민주당 후보로 출마한 것이다. 결국 낙선하였다. 반쪽 정권을 극복하려면 여당이 꼭 전국정당이 되어야 한다는 정치적 신념으로 그는 다시 부산을 선택했다. 그를 아끼는 주변의 친구와 동지들이 김대중의 당을 버리기만 하면 그를 찍겠다고 설득하였어도 이를 거절했다. 지역적으로 외롭게 고립되어 있고, 또 그로 인하여 개발에서 낙후된 호남을 동정하고 이해하기 때문이었고 또 실패했다.

　　노무현이 부산에서 계속 실패를 거듭한 것과 오바마가 흑인으로서의 정체성을 의심받고 공격당한 것과 어떤 유사성이 존재한다. 즉 오바마 대통령이 주 의회 의원을 거쳐서 주 상원으로 도약하기 위한 정치적 모색을 하고 있을 때 흑인 사회에서는 그의 흑인 정체성을 문제 삼아 그를 낙마시켰다. 이러한 흑인의 정체성 문제는 훗날 대통령선거에서도 문제가 되었으나 오바마는 이를 잘 극복하였다. 노무현이 부산 사람이면서도 김영삼을 거부하고 김대중을 선택한 데서도 그의 정체성을 반대하는 부산시민들에 의해 연속적인 좌절을 경험한 것과 유사하다. 대통령 선거에서도 그는 영남의 지지를 거의 받지 못하고 진보 세력의 결집된 지지를 통하여 간신히 대통령에 당선될 수 있었다. 오바마는 흑인의 정체성이 문제되었고 노무현은 지역적 정체성이 문제된 것이었다. 오바마는 흑인의 정체성을 극복하고 인정받음으로써 대통령이 되었으나 노무현은 부산에서 그의 정체성을 인정받지 못하였다. 오히려 호남지역에서 그의 진정성을 믿어준 것이다.

제16대 국회의원 선거에서 낙선을 확인하는 개표 과정을 지켜보면서 우연하게 『링컨 전기』를 읽게 되었다. 그는 링컨을 통해서 대통령이 되기 전까지 수많은 정치적 실패를 극복하고 대통령이 되어 남북전쟁의 상처를 아물게 하고, 남부와 북부 그리고 흑백 간의 용서와 화합을 주도한 링컨에 깊은 감명을 받게 된다. 여기서 노무현은 실패한 민족주의자 김구보다는 "정의를 내세워 승리하는 사람" 링컨에 깊이 매료된다. 그는 이제부터라도 지긋지긋한 실패의 악순환에서 벗어나 성공, 그것도 정치적 성공을 바라는 인간적인 소망이 생성되었으리라. 훗날 그가 대통령이 된 후의 리더십을 돌이켜보면 김구의 민족주의는 친북·반미정책에 구현되었다. 그러나 기울어진 운동장을 교정하려는 과정에서 이념적 갈등과 분란의 중심에 서 있었기 때문에 그는 링컨의 용서와 화합보다는 성공한 대통령에 더욱 무게를 두었다고 유추할 수 있다. 채근담菜根譚에 보면 "실패한 후에도 체념하지 않으면 그야말로 영웅이라고 할 수 있다末路不怠荒, 才是個眞正英雄"라는 말에 어울리는 정치적 신념과 열정을 보여주었다. 이러한 영웅적 실패는 극적인 반전을 맞이하게 된다. 노무현의 정치적 진정성을 알게 된 네티즌들이 독특한 그만의 스토리에 감동하면서 인터넷을 통해 '노사모'를 조직하기 시작했다. "버리는 신이 있으면 줍는 신이 있다"고 했다. 부산의 신들은 그를 버렸지만, 노사모가 노무현을 주워서 쓰기 시작했다. 이는 한국 정치사에 중대한 획을 긋는 사건이라고 할 수 있다. 즉 과거의 추종자들은 단지 선거에서 투표를 통하여 지지를 표명하는 수동적 지지자에 불과했다. 그러나 노사모를 기점으로 하여 선거 때만 주인이었던 민주적 대의정치의 수동적 정치 소비자가 능동적 정치적 참여 주체로 변모하게 된 것이다. 이것이 지니는 중대한 의미 두 가지 가운데 위기를 기회로 만드는 전화위복의 능력을 보여주었고, 또 다른 하나는 정치적 방관자인 청년들이 정치 동력의 주체로 등장하는 계기가 되었다는 점이다. 이는 변혁적 리더십의 핵심 요소 중의 하나인 추종자를 생성해 내는 능력과 깊숙이 연관되어 있다. 즉 즉 잠재적 추종자들을 적극적이고 능동적인 추종자로 전환해 내는 변혁적 리더십의 교과서적인 한국적 정치적 모델을 그가 최초로 만들어 냈다는 점이다.

국회의원에 낙선 한 후 노무현의 진정성과 일관된 정치적 도전을 높이 산 김대중 대통령은 그를 해양수산부 장관으로 임명한다. 비록 짧은 기간(2000년 8월부터 2001년 3월)이지만 성실하게 해양수산부 장관직을 수행했다. 장관 시절 그가 남긴 특별한 업적은 없어 보인다. 이는 그의 재임 기간이 단지 8개월에 불과했기 때문이다. 훗날 김대중이 그를 대선 후보로 점찍었다는 측면에서 보면 경력관리를 위하여 그에게 행정적 경험을 해보라는 정치적 배려였다고 볼 수 있다. 다만 주목할 점은 이 시기의 짧은 각료를 경험 삼아 대통령 선거가 한창 진행 중이던 2002년 10월에 『노무현의 리더십 이야기』를 저술하였다는 점이다. 훗날 그가 대통령이 된 후 이러한 정부 각료로서의 경험이 소중한 자산이 되어 그의 리더십에 반영되었음은 자명한 일이다. 이는 뒤에 노무현의 대통령 된 후 정부의 각료를 다루고 그들을 통하여 국가경영을 하게 되는 데에 중요한 경험과 토대가 되었음은 두말할 여지가 없다. 그 스스로 밝혔듯이 "대통령으로서 청와대와 정부를 운영할 때는 해양수산부 장관으로 일하면서 얻었던 경험과 교훈을 적극 활용했다." 상대적으로 박근혜가 정부 각료로서의 경험이 전무하다는 점에서는 노무현의 장관 경험은 약간의 차별화를 지닌다고 하겠다. 대통령 리더십의 구성요소는 각료들에 대한 행정리더십도 포함하고 있기 때문이다.

노무현이 새천년민주당의 대통령 경선에 출마할 당시는 영국의 대처 총리가 보수당의 당수에 도전한 것과 비슷한 상황에 부닥쳐 있었다. 당시 전임 당수 히스Edward Heath를 지지하는 당원과 의원이 절대다수였고, 대처는 단지 교육부 장관의 경험밖에 없으며, 여성이라는 불리한 점을 안고 당수에 도전한 것이다. 노무현도 당시 이인제가 가장 유력한 후보인 상태에서, 단지 8개월의 해양수산부 장관을 경험하였고, 정치경력이 재선에 불과한 일천한 배경을 가지고 있었다는 점에서 유사하다. 훗날 대처는 이러한 무모한 당수 도전에 대하여 "제가 진정한 보수당원이기 때문입니다. 보수당이야말로 다른 누구보다 이 나라를 잘 통치할 수 있다고 믿었기 때문입니다. … 이 나라에서 제가 출마하는 것이야말로 너무도 중요하다고 생각했기 때문입니다." 노무현은 이와 유사한 맥락에서 자신만이 그동안 인권변호사와 노동운동 및 대정부 민주화 투쟁에서 갖춰진 철학과 신념을 구현할 수 있는 당은 김대중의 철학을 구현하고 있는 '새정치국민회의'라고 생각하고 김대중의 뒤를 이어 그러한 이념을 계승하고 실천에 옮길 수 있는 인물로서 본인 가장 적합한 인물이라고 확신했다.

2 대통령 후보 확정

정치 드라마 국민경선제

　하워드 가드너는 "일반적으로 리더의 정체성 이야기는 리더 자신이 살아오며 겪은 개인적 경험에 뿌리를 둔다. 그러나 효율적인 이야기는 더 큰 무대에서도 전개될 수 있는 특징이 있다."고 했다. 노무현은 과연 그의 정체성이 큰 무대에도 전개될 수 있는지를 시험해보기 위해 대통령에 도전한다. 그의 대통령 후보 확정 과정과 대통령 경선 과정은 ① 진정성의 극한 ② 확신에 찬 도전 ③ 전화위복의 삼박자가 잘 어우러진 하나의 드라마라고 할 수 있다. 그 드라마는 '새천년민주당'이 채택한 국민경선제를 통한 대통령 후보 선출제 하에서 가능했다.

명나라 재산 장거정張居正이 쓴 권모서權謀書에 보면 "시기는 내가 결정할 수는 없지만 변화는 내게 달려 있다我不由我而變在我"고 했다. 노무현은 그동안 계속된 좌절을 겪으면서 그의 시기가 도래하지 않았으나 대통령 후보 지명전에 뛰어들면서 변화에 도전하였다. 그 근원에 '노사모'가 자리 잡고 있었다. 대선 후보 선출 과정과 대선후보로 확정된 후 대통령으로 선출되기까지의 노무현의 대선행로는 계속되는 위기의 연속이었고 그러한 위기가 닥칠수록 그를 극복해 낸 노무현의 일관성과 진정성 그리고 전화위복의 대 서사시라고 할 수 있다. 그 뒤에는 '노사모'라고 하는 한국정치사상 희대의 팬클럽이 열정을 다하여 노무현을 지지하고 있었다. 그들이 진정으로 노무현을 위기에서 구출하고 노무현이 좌절의 늪에서 허우적거릴 때 손을 내밀어 구해준 열정적 민초들이었다. 큰 나무는 쓰러져도 땅에 닿지 않는다고 했다. 바로 '노사모'가 받쳐주었기 때문이다.

일명 16부작 정치 드라마로 불렸던 새천년민주당 대통령 후보결정 국민경선제가 시작되었다. 협객 노무현의 무협 스토리와 정치가 노무현의 리더십 스토리가 복합된 감동적 스토리이기도 하다. 협객이 정의를 실현하는 과정에서 모함에 빠져 죽을 고비를 넘기고, 적의 함정에 빠져 실패할 수밖에 없는 절체절명의 위기에 처하자, 협객의 정의에 공감한 귀인 또는 무림의 정의파의 도움으로 정의의 승리를 이룩하는 것과 너무나 흡사하다.

국민경선제가 도입되기 이전에 민주당 부동의 1위는 이인제였고, 노무현은 군소후보 가운데 하나로서 지지율은 10% 미만이었다. 경선 국면이 시작되면서 노무현은 '영남 후보론' 및 이인제 후보를 겨냥한 '정체성 시비'를 내세우면서 20%대 지지율에 진입하기 시작했다. 당내 경선이 진행되는 동안 노무현의 지지율이 당 밖에서 상승세를 타면서 서서히 당내의 경선에서 주도권을 잡아가기 시작했다. 3월 『문화일보』와 SBS가 공동으로 실시한 조사에 따르면, 노무현과 이회창이 양자 대결을 벌일 경우 노무현이 41.7%로 40.6% 지지율을 기록한 이회창을 앞서는 것으로 조사되었다. 대선 주자 지지도 여론조사에서 이회창이 민주당 후보에 뒤처지는 결과가 나온 것은 대선 구도가 형성된 이후 처음 있는 일이었다. 이는 광주선거에서 대선후보를 결정짓는 중대한 분수령이 된다.

관건은 3월 16일에 실시한 광주 경선이었다. 무엇보다도 광주는 김대중 대통령의 정치적 기반이자 새천년민주당의 근거지로서 이곳의 결과가 사실상 새천년민주당 대선후보를 결정짓는다고 해도 과언이 아닐 정도로 최대의 승부처였다. 당시 이인제 대세론이 있었고, 호남 출신으로 오랫동안 김대중을 보좌해 온 한화갑의 기세가 만만치 않아 당시의 분위기는 노무현에게 결코 우호적이지 않았다. 무엇보다도 영남 출신인 데다 새천년민주당 내에서는 이렇다 할 조직이 없었다. 그러나 결과는 노무현의 승리였다. 이회창을 이길 수 있는 유일한 카드라는 여론조사 결과가 유리하게 작용했다. 거세게 불 것으로 예상했던 지역주의 투표 성향이 무너지면서 광주 경선은 지역주의 극복이라는 의미를 지니게 되었다. 1위를 장담했던 호남 출신인 한화갑 후보가 3위를 기록했고, 영남 출신 후보 노무현이 1위를 기록했기 때문이다.

이로써 김영삼과 김대중이 정치무대에서 은퇴한 이후 한국 정치사에서 광주의 선택은 대통령 선거에서 중대한 변수가 되어왔다. 지역정치의 특성상 광주 시민이 선택한 영남 출신의 민주당 후보가 대통령 후보로 될 수밖에 없다. 문재인, 이재명도 광주로 대변되는 민주당 본영이 선택한 영남권 후보다.

무엇보다도 광주가 영남 출신 후보를 선택함으로써 김대중 정부의 지역타파에 대한 열망에 광주 시민이 지지하였고, 노무현은 그러한 과업을 수행할 적임자로서 낙점되었다. 그 자신 또한 고향 부산에서 민주당이라는 이유로 세 차례 낙선의 고배를 경험한 아픔을 광주시민이 인정한 것이었다. 노무현은 당시 연단에 서서 "광주 시민 여러분들의 위대한 승리, 민주당의 승리, 한국 민주주의 승리로 이어질 수 있도록 최선을 다하겠습니다"라면서 감격적인 소감을 밝혔다. 그의 이러한 감격적인 약속은 지켜지지 않았다. 훗날 그는 전국정당이라는 명분으로 그를 성공으로 이끌어 주었던 광주와 새천년민주당과 결별하고 열린우리당을 창당한 것이다.

광주선거의 승리를 바탕으로 노무현은 지지율이 급상승하여 '노풍盧風(노무현 바람)'을 일으키면서 승승장구하게 된다. 마침내 2002년 4월 26일, 서울 경선에서 새천년민주당의 제16대 대통령 선거 후보로 공식 선출됐다. 누구도 예상하지 못했던 노무현의 돌풍으로 그리고 여론조사에서 이회창과 대등한 지지율에 민주당은 물론 노사모를 비롯하여 새로운 정치를 갈망하는 국민들 특히 젊은 세대들에게 노무현이 점차로 대통령으로 다가오기 시작했다. 이는 경선이 끝난 4월 말 노무현의 지지율은 당시 역대 대통령 후보 가운데 사상 최고치라는 60%를 기록한 데서도 잘 알 수 있다. 미국의 저명한 소설가 마크 트웨인Mark

Twain은 그의 『명언모음집』에서 "오랫동안 기대했던 일이 막상 일어났을 때 그것은 예상치 못한 형태를 하고 있는 법이다'라고 했다. 노무현이 모두의 예상을 깨고 집권당의 대통령 후보가 된 것이다.

민주진보세력 대통합론과 분당위기

노무현은 대선 후보로 선출된 직후 '민주 세력 대통합론'(대통합론)을 내놓았다. 1987년 대선에서 양김이 분열되면서 쪼개졌던 민주화 세력을 하나로 묶어 내 한편으로는 정치적지지 세력의 통합을 도모하고 또 다른 한편으로는 당선 후 민주정치를 실현해 보겠다는 일거양득의 전략이었다. 이를 위해 김영삼 전 대통령을 방문하였으나 김영삼이 냉담하게 반응함으로써 노무현의 '민주 세력 대통합론'은 국민들에게 대선 승리를 위한 정략으로 보이면서 진정성을 인정받지 못했다. 게다가 5월 들어 김대중 대통령의 두 아들 김홍업과 김홍걸의 비리가 불거지며 지지율은 본격적인 내림세로 돌아서기 시작했다.

예상을 뒤집은 노무현의 당내경선 승리는 이를 인정하지 않으려는 이인제 측과 동교동계의 반발에 직면하게 되었다. 또한 여론조사 지지율 하락은 내부적 공격의 빌미로 작용하였다. 이를 만회하기 위하여 노무현은 또 다른 승부수를 던진다. 즉 6·15 지방 광역 단체장 선거에서 영남권 광역 단체장을 한 명도 당선시키지 못할 경우 재신임을 받겠다고 배수진을 쳤다. 이회창을 능가하는 그의 잠재적 지지율을 끌어올림으로써 선거에서 이를 입증하고 이를 바탕으로 당내 반대 세력의 반발을 잠재우려는 이중의 전략적 노림수였다.

결과는 참담했다. 새천년민주당은 호남과 제주의 4석만 건지며 참패했다. 노무현은 약속대로 후보 재신임을 물었고, 민주당 당무 회의는 만장일치로 재신임을 의결했다. 이에 대해 친親이인제 성향의 반노反盧, 노무현의 집권 가능성에 회의적이던 비노非盧 의원들, 민주당 내 최대 계파 모임인 '중도 개혁포럼'은 집단으로 신당 창당과 후보 사퇴를 주장했다. 이것은 훗날 대통령 당선 후에 열린우리당의 창당으로 이어지는 분당의 실마리가 된다. 그리고 헌정사상 최초의 대통령 탄핵이라는 소용돌이의 화근이 되기도 한다. 즉 '굴러온 돌'에 대한 공식적 저항이다.

보수진영 역시 정권교체를 위하여 다양한 합종연횡을 모색하였다. 2002년 '한일 월드컵' 4강 바람을 타고 대통령 출마를 선언한 정몽준이 거센 돌풍을 일으켰다. 이에 반비례하여 노무현의 지지율도 반토막이 나자, 당내 의원들로부터도 배척받기 시작했다. '노무현 흔들기'는 더욱 노골화되었고, '후보 단일화론'은 물론이거니와 '후보 교체론'까지 나왔다. 이에 대한 반격으로 노무현은 정몽준을 수혈해 대선 새판짜기를 위한 정치공학적 시도를 모색하였다.

10월 들어서 상황이 악화되었다. 노무현의 낙마를 바라는 의원들이 탈당하여 후보 단일화 추진 협의회(후단협)를 만들고 후보 단일화를 주장하였다. 마침내 정몽준에 대한 공개 지지를 밝혔다. 후단협은 해체 후 일부 의원은 한나라당에 입당했고, 12명이 민주당에 복당했다. 이로써 김대중과 노무현의 새정치민주연합은 대선을 앞두고 분당 위기에 처했다. 대통령 김대중은 두 아들이 부정부패에 연루되어 레임덕에 처한 상태라 노무현을 구하지 못하고 집권당마저 분당의 위기에 놓이게 되었다. 반 노무현 세력(민주당의 동교동 구파들)이 정몽준으로의 후보단일화를 목적으로 노무현을 압박하고 있어 분당의 위기가 더욱 가속화되고 있었다.

당시의 여론조사는 1강(이회창) 2중(노무현·정몽준)으로 나타났다. 진보 진영의 정권 획득 전략은 노무현 자신을 포함하여 이미 DJP 승리에서 경험한 바 있다. 따라서 노무현으로는 대선 승리의 절박함으로 인하여 노동 및 인권운동 투쟁의 대상인 재벌그룹의 총수 정몽준과의 연합이 절실한 시점이었다. 과거 원칙을 위해서 고독하고 외로운 길을 걸었던 그가 이제 대통령이라는 거대한 도전과 싸움에서 그의 원칙을 저버린 것이었다. 그가 성서를 읽기 위해서 촛불을 훔치려 한 것인지 아니면 그는 원래 건달로서 목적을 위해서라면 수단과 방법을 가리지 않는 현실주의자인지에 대한 논쟁의 여지를 남겨 놓았다. 그런데도 그의 선택에 노사모는 흔들림 없이 그에 대한 지지를 더욱 강화했고, 여기에는 노무현의 승부사적 기질이 한몫했다.

정몽준과의 단일화 시도는 훗날 그가 대통령이 되었을 때 다른 형태로 부활하게 된다. 즉 사학법, 국가보안법, 역사 바로 세우기 등으로 박근혜의 한나라당이 장외투쟁으로 강경 투쟁을 벌이면서 정국이 마비되었다. 이에 노무현은 교착상태에 빠져있는 정국을 수습하기 위한 해법으로서 여야의 '연정론'을 제안한 것과 맥을 같이 한다. 이러한 승부수를 던짐으로써 이념과 정책의 대척점에 서 있는 상대와 협력 또는 분담할 용의가 되어 있음을 보여준 것이다. 위기 상황에서 자신을 던짐으로써 승부를 걸고 그것을 통해서 진정성과 일관성이 승리를 가져오게 하는 그의 이러한 전략이 항상 성공한 것은 아니다. 오히려 그를 더욱더 위기에 빠지게 만들기도 했다. 정몽준과의 단일화 합의가 무산된 것이나 박근혜와의 영수 회담에서 더욱 궁지로 몰리게 된 것이 바로 그러한 것을 잘 말해준다.

정몽준과의 후보 단일화

후보 단일화는 정몽준으로의 단일화를 염두에 둔 민주당 내 반反 노무현, 비非 노무현 세력의 집요한 요구에서 비롯하였다. 지지부진한 단일화 협상의 물꼬를 트기 위해서는 자신이 있거나 아니면 모험하거나의 양극단에 있는 쪽이 먼저 문제를 풀어야 했다. 노무현이 그 물꼬를 텄다. 자신에게 불리한 방식임을 알면서도 여론조사를 통한 단일화를 제의하였다. 이뿐만 아니라 마지막 쟁점인 '무효화 조항'을 전격 수용하면서 협상의 물꼬를 텄다. 민주당으로서는 받아들이기 힘든 설문 내용 변경도 단일화를 위해 수용했다. 민주당 김원기 고문은 노무현의 결단에 대하여 "이기고 지는 것을 초월한 것"이라고 말했다. 이에 따라 노무현 후보의 지지도는 더욱 반등하기 시작했다. 그야말로 죽으면 살리라는 사즉생死卽生의 철학으로 그의 부활이 시작된 것이다.

TV 토론을 거쳐 2002년 11월 24일 노무현 후보는 단일화 여론조사에서 각기 46.8% VS 42.2%와 38.8% VS 37%를 기록하여 극적으로 승리를 거두었다. 노무현 측은 이날 승리 원인에 대해 "성실하게 원칙과 정도를 지켜온 것이 국민을 감동시킨 것"이라고 말했다. 그가 승부수로 던졌던 도박과 모험은 진정성에서 우러나온 철학과 원칙에서 비롯되었기에 종종 위기를 맞게 되었다. 그 위기를 극복하고 이를 전화위복으로 삼을 수 있는 동력은 '비움을 통한 버림'에서 비롯된다. 실패를 두려워하지 않고 원칙을 추구하려는 '비움'과 이를 위하여 기득권도 포기하는 '버림'이 그것이다. 6번의 선거에서 이미 네 차례 낙선을 경험한 그로서는 도박이 실패해도 다시 시작할 수 있다는 자신감에서 모험을 멈추지 않는 것이다. 노무현의 '비움'과 '버림'에서 정의와 진정성을 발견한 열혈 지지 세력과 잠재적 지지 세력이 결집하여 도박과 모험이 그때마다 승리를 거둔 결과다.

정몽준의 후보 단일화 파기

정몽준은 대선 투표 전날인 12월 18일 저녁 10시 민주당과의 선거 공조 파기 선언을 했다. 노무현은 선거유세 도중 정몽준을 추켜세우기보다는 "정몽준만 있습니까? 정동영도 있고 추미애도 있다"라고 하여 정몽준의 심기를 건드린 것이다. 이는 비록 단일화에서 본인이 승리하였지만 일관되게 추구해 왔던 반재벌, 정경유착에 대한 생래적 거부감이 여과 없이 나타난 것이었다. '국민통합 21'은 노무현 지지 철회 발표문에서 노무현 후보가 "'미국이 북한과 싸우면 우리가 말린다'라고 표현했는데, 미국은 우리를 도와주는 우방이고, 미국이 북한과 싸울 이유가 없다는 시각을 가지고 있다"면서 이 발언을 문제 삼았다. 이념과 지향점이 서로 다른 두 집단이 대통령을 위한 정치공학적 결합이 결국 그 한계를 드러낸 것이다.

노무현으로서는 천당과 지옥은 동전의 양면에 불과할 뿐이다. 정몽준의 지지 철회로 위기감을 느낀 진보 진영이 민주노동당을 지지하지 않고 노무현에게 표를 몰아주어, 또 한 번 역전의 드라마가 펼쳐졌다. 1,201만 4,277표(48.9%)를 획득하여 2.3%의 간발의 차로 이회창을 누르고 제16대 대통령에 당선되었다. 영국의 프란시스 베이컨(1561-16260)은 "누구도 해낸 적이 없는 성취란 누구도 시도한 적이 없는 방법을 통해서만 가능하다"고 했다. 노무현의 대통령 당선이야 말로 그렇다고 할 수 있다. 이는 노무현판 협객 스토리의 완결판이었다. 온갖 위기(연속적인 낙선)에 처해서도 이를 극복하고, 모함(당내 경선 승리를 끌어 내리

려는 반대파들의 저항)을 당해서도 그 만의 정의감(일관된 진정성과 자기를
버리는 도전)으로 인해 도와주는 사람들(노사모)이 나타나고 마침내 정
의를 실현하는(대통령에 당선) 스토리다.

3 박근혜의 대통령을 향한 정치 역정

1997년 12월 10일 한나라당 이회창 후보를 지지하기 위한 TV 찬조
연설에서 박근혜가 처음으로 국민들 앞에 모습을 드러냈다. 10·26이
나던 해 29살에 청와대를 떠나 그의 어머니 육영수 여사가 문세광의
흉탄에 사망하던 나이와 비슷한 나이에 시작된 정치적인 등장이었다.
성격심리학자 이사벨 브릭스 마이어스Isabel Briggs Myers는 내향적 인
간을 보다 세분하여 설명하였는데 이를 박근혜에게 대입해 보면 그는
'내향적 감정형'에 속한다고 할 수 있다. 마이어스에 따르면 이런 성격
의 인물이 그 능력을 발휘하기 위해서는 "내면의 확신과 이상을 외적
으로 표현할 수 있는 채널을 발견하느냐의 여부에 달려있다"고 했다.
그리고 "그런 채널이 확보된 경우에는 내면의 확신이 힘과 목적을 부
여한다"고 했다. 박근혜야말로 그런 채널(이회창 지지 연설로 촉발된 정치
활동)이 확보되어 내면의 확신(애국심)이 힘(정치)과 목적(대통령)을 부여
했다고 할 수 있다.

『꽃으로 검을 베다』의 저자 김영화는 박근혜 등장의 의미를 다음의
네 가지로 분석하였다. 첫째는 IMF 관리체제라는 국가적 위기 상황에
서 정치적 등장의 계기로 삼았다는 점, 둘째, 대통령 선거에서 그 첫
모습을 드러냄으로써 박정희 대통령과 대선정국과 본인과의 어떤 유

대감 내지는 위상의 정립을 겨냥했을 것이라는 점, 셋째, 이회창 한나라당 후보를 돕기 위한 선거에 뛰어들어 자신의 정치적 정체성을 보수에 두었다는 점을 명확히 하였다는 점, 넷째, 부친의 생가인 구미에서 한나라당에 입당함으로써 부친의 적통성을 잇는 것을 국민 앞에 선포하였다는 점이다.

그가 대선정국에 뛰어든 것은 향후 그의 정치적 진로에 있어 적어도 대선급의 정치적 무게를 가지고 정치적 행보를 하겠다는 암시를 던진 것이다. 이러한 심정을 다음과 같이 표현했다. "지금 나의 가장 큰 의무, 그것은 아버지로 하여금 그리고 국민으로 하여금 아버지는 외롭지 않으시다는 것을 보여드리는 것이다." 당시는 누구도 눈치채지 못했으나 나중에 그의 정치적 행위와 투쟁을 종합해 보면 그는 이미 궁극적으로 대통령이 되겠다는 목표를 가지고 대선정국에 뛰어든 것이다. 여기서부터 이회창의 정치적 라이벌이자 진보적 좌파인 김대중을 돕기로 결심하고 새정치국민회의에 입당한 노무현과 정치적 대척점의 시작된 것이다.

이후의 박근혜의 정치역정은 그야말로 최고위 권력(같은 당의 이회창과 이명박, 다른 당의 노무현)과 권위에 대한 투쟁의 연속이라고 할 수 있다. 박근혜 자신도 수필집에 썼듯이 "나의 생은 한 마디로 투쟁이다. 가장 원하지 않는 생의 방식, 그러나 받아들일 수밖에 없는 선택의 여지가 없는 것이다"라고 했다. 당대 한국의 여야를 막론하고 최고 권력과의 투쟁 과정에서 그를 정당화시켜 주는 키워드가 있었으니 정치적 원칙, 애국심에서 빚어진 국가 발전 전략, 부당한 권력에 대한 도전과 항거 등이 주요 내용을 이룬다. 이처럼 최고의 권력들과 과감히 맞서고 이에 도전하며 투쟁도 불사할 수 있었던 것은 두 가지가 그 핵심적 요인이 자리 잡고 있었기 때문이다. 하나는 그의 영혼 깊숙이 뿌리박

힌 공주적 정체성이다. 박정희의 군부 권위주의적 철권통치 18년간 그의 부친은 황제였고 박근혜는 공주였다. 그를 퍼스트레이디로 모셨던 인물들이 같은 당의 대표이건(이회창), 대통령(이명박, 노무현)이 되었다고 달라질 것은 없다. 그들은 단지 과거 황제 밑의 분봉왕 또는 유력한 천황 치하의 다이묘[大名] 정도의 인물이었다. 따라서 그들에 대하여 잘못된 것은 바로잡아야 하고, 그만이 이러한 영혼을 지니고 있기 때문에 대등한 아니 이들보다 높은 역사적·정신적 태도를 가지고 투쟁하고 시정을 요구할 자격이 있다고 생각한 것이다.

국가와 결혼 한 공주가 사랑하는 대상은 오직 국민이고 백성뿐이다. 더구나 그들과 마찰을 빚는 것은 개인적 욕심이 아니라 누구보다도 강한 애국심이 뒷받침해 주고 있기 때문에 그것은 진정성이라는 측면에서 누구라도 받아들여야 하는 절대적 가치이기 때문이다. 무오류적 정의와 애국심의 눈으로 보면 잘못된 정당 민주화(이회창의 제왕적 총재와 친박 세력의 공천학살)나, 잘못된 국가정책(노무현의 좌파적 정책들과 이명박의 세종시 무효화 시도)에 대하여 이는 국가의 미래와 정체성에 관계된 문제이기 때문에 그가 나서야 하는 것이었다.

또 다른 하나는 대통령이라는 원대한 목적이다. 즉 공주적 정체성과 강력한 권력의지가 대통령직에 대한 도전을 결행한 것이다. 도스토옙프스키에서는 『죄와 벌』에서 라스콜리니프의 입을 통해 "힘! 힘이 필요하다. 힘이 없이는 아무것도 할 수 없다. 힘은 힘으로 얻어야 하는데 사람들은 이것을 모른다"라고 했다. 이와 같은 공주적 정체성과 강력한 권력의지로 인하여 대통령을 염두에 두었고 따라서 그의 정적은 대통령이 되려는 자나 아니면 이미 대통령이 된 자들뿐 다른 라이벌은 안중에도 없다. 이제 그가 지향해야 하는 것은 과거 퍼스트레이디의 권력과 영광의 회복뿐이다. 그것은 곧 대통령을 의미하는 것이다. 따라서 그의 담론은 자연스럽게 지엽적이거나 부분적인 것이 아니라 전체 국가를 대상으로 한 거대 담론이 전부일 수밖에 없다. 단지 국가의 제도적 절차를 밟아야 정치적 정통성을 얻을 수 있기 때문에 민주적 절차를 밟기 위한 수순으로 정당정치의 테두리 내에서 대통령이 되기 위한 첫발을 내디디기 시작한다. 그것이 바로 한나라당이다.

박근혜는 국회의원에 당선된 후 초선의원으로서 당내 부총재 경선에 도전장을 내밀었다. 여성 몫의 당연직 부총재를 거부하고 경선을 통해서 자력으로 부총재에 오르기 위함이었고 또 그렇게 됐다. 이는 첫째, 대통령으로 향한 발걸음을 보다 빨리 재촉하기 위한 정치적 행보였다고 할 수 있다. 둘째, 그의 공주적 자신감과 우월감이 작용한 것이다. 일단 선거를 통해 승리를 쟁취함으로써 실력과 정치력이 증명되는 현실에서 공주적 능력을 시험해 본 것이었고, 달성 보궐 선거에서 그것이 입증되었고 총재 선거에서 2등으로 당선된 것이 이를 말해 준다. 셋째, 그는 초선으로서 차근차근 단계를 밟아서 대권에 도전할 의사가 없었다. 왜냐하면 그는 공주였기 때문이다. 그리고 그가 가야 길은 다음 여정은 여왕(대통령)의 길이기 때문이다.

당내 부총재에 이어 곧바로 총재 경선에 뛰어든다. 『꽃으로 검을 베다』의 김영화는 그의 총재직 도전에 대하여 당내 민주화를 이회창에게 건의해도 받아들여지지 않고 당 총재 독대에 맞서 이를 바로 잡고 장내 개혁을 위하여 이회창에 맞선 것이라고 했다. 이는 절반의 진실이며 나머지 절반의 진실은 간과한 것이다. 즉 그는 직제상 및 제도상이라는 면에서 총재가 아닐 뿐 본인은 공주로서 이미 총재적 눈높이에서 총재에게 시정을 건의한 것이다. 그는 다른 초선의원으로서는 감히 엄두도 못 낼 위치에서 이미 총재와 당의 발전이라는 거대 담론과 민주적 원칙에 대하여 대등하게 당 총재와 맞선 것이다. 그것이 받아들여

지지 않자, 한나라당을 탈당한다.

여기서 노무현의 탈당과 비교해 보면 유사성과 차별성을 동시에 보여준다. 유사성은 두 사람 다 자신을 정치에 이끌어 준 최고 권력(이회창과 김영삼)을 거부하고 뛰쳐나온 점이다. 차별성은 박근혜는 당내문제이며, 노무현은 정치 이념의 문제라고 할 수 있다. 즉 박근혜의 탈당은 당내 권력투쟁의 여지가 다분하며 명분은 당내 민주화와 당 총재의 전횡에 대한 거부와 시정의 요구라고 할 수 있다. 노무현은 3당 합당에 따른 정치 이념과 원칙의 재확인이자 정치적 순수성에 대한 반동으로서 탈당한 것이다. 즉 투쟁과 반항의 차이라고 할 수 있다. 투쟁은 대등한 지위나 위치에서 갈등의 형식으로 표출되지만, 반항은 낮은 위치에서 중이 절을 떠나면서 절을 욕할 수밖에 없는 열세 투쟁을 말하는 것이다.

또 다른 유사성과 차별성은 둘 다 당을 창당했다는 점이다. 박근혜는 그만의 정치적 이상을 실현하기 위하여 2002년 '미래연합'을 창당하게 된다. 노무현 역시 꼬마민주당이라고 불리는 '민주당'을 창당한다. 여기서 두 사람 다 정치적 이상과 원칙을 확고하게 지닌 정치 지도자임이 드러난다. 그리고 아직은 최고 권력에 도달하지 못했지만 적어도 지도자로서의 비전을 지니고 그것을 실천하려고 노력했다는 점에서 향후 대통령이 되기에 충분한 자질과 능력이 있음을 엿볼 수 있다. 차이가 있다고 한다면 박근혜는 자신이 중심이 되어 공주의 당으로 대통령에 직접 승부하려는 야심을 여과 없이 드러냈다는 점이다. 노무현은 여당 의원으로서 권력의 중심축에서 권력의 단맛을 거부하고 소수당으로서 그것도 야당이라는 험난한 가시밭길을 택했다는 점이다. 박근혜는 이상과 비전을 지니고 탈당과 창당을 했지만, 노무현은 허허벌판에서 새로 시작하는 기분으로 당을 뛰쳐나와 여럿이 창당하는데 부분으로서 창당에 몸을 담은 것이다. 하나는 주체요 하나는 객체라는 점이 현격하게 다르다. 이는 같은 정치인이라도 공주와 건달이 처한 생래적 조건이 그렇게 결과한 정치적 현실이라고 할 수 있다.

　박근혜는 2002년 4월 '미래연합'을 창당한다. 공교롭게도 2002년 4월에 노무현은 새천년민주당의 제16대 대통령 선거 후보로 공식 추대된다. 박근혜가 주도하여 창당한 미래연합은 총선에서 전멸하고 만다. 심지어 대구 경북에서도 박근혜 본인을 제외하고는 단 한 명도 당선시키지 못한 참담한 결과를 낳았다. 결국 백기를 들고 항복한 채로 이회창에게로 투항하여 이회창의 대선을 돕게 된다. 같은 해 2004년에 아이러니하게도 박근혜는 '미래연합' 창당에 따른 선거 참패를 통해 최초의 실패를 맛보게 되고, 노무현은 낙선이라는 계속된 실패의 연속 속에서 여당의 대통령 후보로 공식 지명되는 최대의 성공을 거두게 된다.

제 5 장

노무현정권의 출범과 박근혜와의 정치적 경쟁

두 정치인의 과거의 대조적인 삶과 정치적 등장 과정, 그리고 정치적 목적은 근본적으로 조화하거나 화합할 수 없는 것으로서 제로섬이라는 정치적 무대에서 충돌하게 되었다. 그 시작은 노무현이 이회창을 꺾고 제16대 대통령에 당선됨으로써 그 막이 올랐다. 동시에 박근혜가 한나라당 대표가 됨으로써 협객과 공주가 한국 정치라는 무대에서 조우하게 되었다. 그리고 이 두 여야 간 영수의 피할 수 없는 진검승부는 공격하는 공주와 방어하는 협객의 경쟁과 갈등으로 점철된다.

1 노무현 정권의 출범

노무현 정부의 출범은 김대중 정부에 이어 진보좌파 정권의 10년이라는 점에서 그 중대성이 있다. 훗날 이명박·박근혜의 10년간의 보수우파 정권을 경험하게 됨으로써 보수와 진보 간의 정치적 진자운동을 가늠케 하는 가능성을 열게 되었다. 노무현은 김대중이 임기 동안 뿌린 씨앗 즉 지역감정 해소와 좌파적 사회적 평등, 개방적 대북 접근 등의 논의를 더욱 적극적으로 그리고 완성하라는 시대정신을 통해 대통령에 당선되었다. 그러나 집권하는 동안 그의 개혁에 대한 열망과 노력은 헌팅턴Samuel P. Huntington이 설파한대로 개혁이 혁명보다 어렵다는 것을 증명한 것에 불과하였다. 즉 개발도상국이나 신흥 독립국가에서 혁명은 한꺼번에 모두를 뒤집어버리면 되지만, 개혁은 기득권을 지키려는 보수층과 개혁의 속도가 느리다고 불만을 품는 신흥 개혁 세력을 모두 상대해야 하므로 양쪽에서 동시에 저항받아 좌절되기 쉽다고 했다. 노무현 대통령의 참여정부야말로 이러한 헌팅턴의 지적과 맞아떨어지는, 즉 개혁의 시도와 좌절 그리고 혼란의 연속이었다고 할 수 있다.

임기 1년 차 노무현 정권의 정치적 딜레마와 개혁정책

김대중 정부는 최초의 좌파 정부의 출범이었다. 그는 한편으로는 IMF 관리 체제를 청산하기 위하여 보수주의적 경제체제를 일정 부분 수정할 수 있었다. 동시에 관료진들을 보수와 진보 구분 없이 능력과 실력을 지닌 인물들로 구성하였다. 하층 단위에서는 진보적 인사들에게 다양한 방법으로 제도권에 진입할 기회를 제공함으로써 사회의 진보적 색채를 지닌 정치 사회적 저변의 기초를 쌓았다고 할 수 있다. 그런데도 최초의 좌파 정부라는 한계에 부딪혀 보수파들 특히 보수 언론과 우경 세력들로부터 계속된 도전에 직면해 있었다. 노무현은 이러한 정치·사회적 분위기를 물려받았다. 김대중이 좌파적 가치나 정책을 조심스럽게 전개하면서 씨를 뿌린 토양 위에 노무현은 이데올로그는 좌파이면서 정책은 우파적 정책을 채택함으로써 기존의 지지 세력으로부터 외면당하기 시작했다. 특히 그의 좌파적 이데올로기는 극보수적인 한나라당의 극렬한 반대에 부딪혀 이념적으로나 정책으로나 어중간한 형태를 띠게 되어 결국은 리더십 마비를 가져오기에 이르렀다.

노무현의 참여정부는 정치·경제적 상황이 여러 가지로 불리한 조건에서 출발하였다. 첫째, 여소야대의 문제다. 한나라당 133석, 새천년민주당 115석, 자민련 17석으로서 한나라당과 보수적 색채를 지닌 자민련과 합치면 140석에 달한다. 둘째, 계속된 경제불황으로서 김대중 정부 말년에 터져 나온 카드대란과 대기업의 설비투자율이 마이너스를 기록하였고 KIET는 세계 경제의 불확실성과 그로 인한 원화절상으로 수출의 흑자 규모가 줄어들 것으로 전망하였다. 셋째, 근소한 차로 (2.3%)로 당선되어 국정을 추진할 동력이 불안한 상태였다. 이러한 불리한 조건에서 마침내 2003년 2월 25일 노무현의 참여정부가 출범하였다.

대통령 노무현은 취임 연설에서 개혁과 통합을 바탕으로 균형 발전 사회, 평화와 번영의 동북아 시대, 북핵 포기를 통한 한반도 평화·번영정책, 임기 내 국민소득 2만 불 시대를 열 것이라고 희망찬 메시지를 국민에게 던졌다. 특히 정치 분야에서는 대화와 타협의 문화를 정착시킬 것이라고 약속했다. 이로써 불리한 여건에서 출범한 노무현 참여정부는 취임사에서 제시한 국정의 목표와 노무현의 정치적 비전을 달성할 수 있을 것인지의 시험대에 올랐다. 노무현 지지 세력들로서는 희망과 기대로, 반대 세력으로서는 불안과 관망의 자세로 참여정부의 시작을 맞이하였다.

최초의 리더십 시험대

관자管子는 패언편覇言篇에서 "천하의 대중을 얻은 사람은 왕업을 이룰 수 있고, 그 반을 얻은 사람은 패업을 이룰 수 있다得天下之衆者王,後其半者覇"고 했다. 노무현과 박근혜는 진보와 보수의 반쪽 지지를 통해 대통령에 당선되었고 이를 중심으로 기울어진 운동장을 이용한 정치를 계속해 왔다. 그들이 성공王業하지 못하고 실패覇業한 대통령이 된 것은 바로 이러한 반쪽 지지에 의지한 정치였기 때문이다. 왕업과 패업을 가름하는 최초의 시험대가 임기 전부터 제기되어 온 김대중 정권의 대북 송금 특검 문제와 취임 후 서서히 클라이막스로 치닫고 있는 미국의 이라크 침공에서 시작되었다.

여소야대의 국회에서 제출된 김대중 정부의 대북송금 특검 문제에 대하여 대통령의 권한인 거부권을 행사하지 않고 이를 승인함으로써 집권당의 내분을 초래하고 분당의 빌미를 제공하였다. 여당인 민주당이 전원 표결에 불참한 가운데 거대 여당 한나라당과 자민련만이 참여한 가운데 일방적으로 특검을 통과시켰다. 이로써 노무현은 한편으로는 진보세력을 상대로 이를 설명해야 했고 또 다른 한편으로는 여소야대의 국회에서 그마저 친노와 반노로 분열된 집권당에 의지해 각종 법안의 통과를 추진해야 하는 불리한 입장에 놓이게 되었다. 훗날 그는 대북 송금을 승인한 이유에 대해서 김대중 대통령 자신이나 이를 물밑에서 실질적으로 추진한 박지원 비서실장 두 사람 가운데 한 사람만이라도 책임을 떠맡으면 특검을 거부할 수도 있었는데 아무도 책임지는 사람이 없어서 결국 승인할 수밖에 없었다고 퇴임 직전의 인터뷰에서 밝혔다.

또 다른 하나는 미국의 요청(압력)에 따른 이라크 파병 문제에 있어서 참여정부가 파병동의안을 주체적으로 국회에 제출하였다. "반미면 어떠냐?"고 하면서 진보진영의 반미적 정서를 대변하고 자극하였던 노무현이 이라크 파병 문제에 있어서 국회의 결의를 거치기 전에 대통령이 먼저 파병안을 제출함으로써 이를 주도적으로 결정하고 추진하였다. 이에 대하여 "우리가 파병함으로써 미국과의 관계에서 발언권을 더 세게 얻자는 국익 차원에서 결정한 일"이라는 취지로 여야 원내총무들과의 대화에서 밝혔다. 노무현의 핵심 지지 세력들이 일제히 들고 일어나 이라크 파병을 반대하고 나섰다. 노사모도 그중의 하나였는데 이에 노무현은 "일사불란의 시대는 갔다. 정치적인 소속이 같다고 해도 사안별로 의견을 달리하는 시대가 온 것"이라고 전제한 후 "노사모가 대선 당시 나를 지지했다가 지금은 아니라고 해도 별수는 없다"고 하여 지지 세력의 반대를 무릅쓰고 이를 강행하였다.

이는 작은 변절小節에 불과하다. 『사기史記』 관중전管仲傳에, 관중이 그를 키워준 공자 규糾를 따라 자결하지 않았다고 비난받자 "나는 작은 변절[小節]을 수치스럽게 생각하지 않고, 공명을 천하에 드러내지 못하는 것을 수치스럽게 생각할 뿐이다我不羞小節而恥功名不顯于天下也"라고 대응했다. 이를 노무현에게 빗대어 보자면 지지 세력에 대한 작은 변절[小節]을 감행하더라도 대통령으로서 국정운영을 통한 국가 발전이 더욱 중요함을 대변한 것이다.

그러면서도 시민단체들을 대상으로 파병의 당위성을 설득하기 위한 간담회를 개최하는 노력을 보여주었다. 이라크 파병안은 찬성 179, 반대 68, 기권 9로 국회에서 무난하게 통과되었다. 찬성표 가운데 한나라 의원 118표, 민주당은 찬성 49표, 반대 43표로서 정부 제출동의안에 여당 내에서 찬성표가 반대표보다 많이 나온 것은 결과적으로 훗날 민주당의 분당을 예고하는 것이었다. 동시에 여소야대와 내부적으로 분할 된 소수 여당이라는 불리한 구도 하에서 대통령으로서의 입법리더십을 추진하기가 얼마나 어려운 것인가를 최초로 보여준 불안한 출발이었다.

노무현은 대통령으로서 의욕적으로 여러 가지 일을 좌고우면하지 않고 추진하기 시작했다. 이를 크게 나누어 보면 ① 우편향으로 기울어진 운동장의 평형추를 재조정하고 ② 대통령이 가진 권력을 줄이고, ③ 진보세력을 대변할 수 있는 인물들을 청와대는 물론 사회 각계각층에 심어줌으로써 자신의 정치적 추동력으로 삼으려 했다. 이에 부가하여 또한 반노무현 지지 세력들(특히 전교조와 노동단체)에 대하여 객관적인 중립적 정책을 기획하고, 친미적 색채를 가미하였다. 이 과정에서 보수 언론과의 적대적 갈등을 주도함으로써 지지 세력을 결집시켜 이를 동력으로 정책의 추진과 보수 언론과의 대리전을 강화하였고 이를 제도화하려고 시도하였다. 이를 보다 세분하여 설명하면 다음과 같다.

첫째, 탈권위주의적 조치를 시행하였다. 취임 전 검사들과의 대화를 통하여 이를 가시화하였고, 국정원장으로부터의 대면보고를 철폐하였다. 같은 맥락에서 국군 기무사의 대통령에 대한 보고 관행을 없애버렸다. 대통령의 지방 휴양소인 청남대를 일반에 개방하고 이를 해당 지방자치단체로 귀속시킴으로써 이를 국민들에게 돌려주었다. 그러나 오히려 기존의 기득권 권력 세력(검찰, 국정원, 국세청, 군대 등)을 한 축으로 하고 탈권위주의적 정책으로 신권력을 강화하려는 친노무현 지지 세력들을 다른 축으로 하는 양대 축이 그 칼날을 동시에 노무현 체제 자체를 겨냥함으로써 노무현의 개혁의지는 시작부터 제동이 걸리게 되었다. 이는 근본적으로 한국의 정치사회문화가 아직 권위주의적 문화에서 벗어나지 못하고 갑작스럽게 주어진 민주적 풍토에 적응하지 못한 결과라고 할 수 있다.

둘째, 파격적인 인사를 통한 내각과 인적 구성이다. 이로써 정권의 이념적 특성을 보여주고 이를 통하여 그에 따른 정책을 추진하겠다는 의지를 보여주었다. 역대 정권과 정부와도 차별화되는 인적 구성이었다. 여성 장관 4명이 입각하였고, 40대 기초단체장 출신 장관과 과거 공안사범으로 옥고를 치르거나 수배 중이었던 민주적 좌파 인물들과 시민세력을 대표하거나 활동하였던 인물들로 청와대 참모들을 충원하였다. 또한 김대중 정권의 연속성 차원에서 통일부(정세현)와 경제부총리(김진표) 같은 핵심부서의 장관들은 유임시켰다.

인사정책이 파격적이라는 비판에 대하여 노무현은 "내 인사가 파격이 아니라 파격으로 보는 시각이 타성에 젖어 있다고 생각한다"라고 하면서 이를 강행하였고 앞으로도 그럴 것이라는 점을 분명히 하였다. 파격인사 또는 코드인사의 정점은 한나라당에서 반대하는 고영구 국정원장과 서동만 정책실장의 임명을 강행하면서 결국 그 파열음이 터져 나왔다. 파격적인 인사정책과 더불어 정책의 결정을 제외한 정책의 감시 부분을 시민세력이 담당하게 함으로써 시민단체가 권력을 감시 및 견제하도록 만들었다. 아울러 그에게 반대하였던 진보세력을 끌어들임으로써 불리한 국회 정치와 당내정치를 호전시키려는 전략적 노력을 병행하였다.

셋째, 국회와 당내에서 불리한 입지를 보완하기 위한 비제도적 정치동원을 위한 조치로써 전국의 친노무현 인사 530만 명에게 이메일을 보내 '잡초 정치인 제거'를 주문하였다. 어버이날에 맞추어 발송한 메일에서 "농부는 때가 되면 밭에서 잡초를 뽑아내는데 이는 선량한 곡식에 피해를 주기 때문"이라고 하면서 잡초정치인을 4가지로 분류하였다. 즉 사리사욕과 잘못된 집단 이기주의에 빠지는 정치인, 개혁의 발목을 잡는 정치인, 지역감정으로 득을 보려는 정치인, 안보를 정략으로 이용하는 정치인들이 그들이다. 이는 한편으로는 자신의 인사를 거부하고 수적 힘으로 밀어붙인 여야의 반대 국회의원 2/3를 겨냥한 발언이며 또 다른 한편으로는 내년에 치러질 17대 총선을 염두에 둔 발언이었다고 해석될 수 있다.

넷째, 후쿠야마Francis Fukuyama는 『정치질서의 기원』에서 "민주주의 국가의 시민은 스스로 자기 이익을 지켜야 한다. 그러나 어느 수준을 넘으면 그런 '이익 지키기'가 '특권의 고수'가 되며, 다른 누구의 이익도 용납하지 않는 장벽을 세우게 된다"고 했다. 진보세력의 집단적 이익의 추구가 노무현 정부에서 노골화되었다. 이에 노무현은 노조 운동과 그들의 불법파업에 대하여 외부적으로는 중립적이고 원칙적인 대책을 강조하면서도 실제적으로는 그들에 동조하는 듯한 행보를 보였다.

그는 기본적으로 강경화 추세를 보이는 노동 운동에 대하여 "도덕성과 책임의 상실" 등의 강경 어조로 강력한 대처원칙을 밝혔다. 또한 그의 강력한 우군인 전교조의 반미교육에 대하여 "특정 교원단체가 국가적 공론이 이루어지지 않은 사안을 아이들에게도 가르쳐도 좋은 것인가를 검토하라고"고 지시했다. 그러나 막상 부산 화물연대의 항만파업이 장기화를 방치하다가 결국에는 화물연대의 조건을 거의 수용해 줌으로써 파업을 끝낼 수 있었다. 그러나 그의 지지율이 급락하고 경제적 지표가 계속 불안한 조짐을 보이자, 취임 4개월 후에 발생한 철도노조의 파업에 대해서는 공권력을 투입하는 강경책으로 선회하였다.

다섯째, 취임 전부터 그의 발목을 잡아 온 보수 언론과의 싸움을 재개함으로써 지지층을 결집하고 이를 통하여 정치적 추동력을 확보하고자 시도하였다. 이러한 노력은 세 가지로 나타났는데 하나는 공개적으로 보수 언론을 비판하는 것이다. 국정연설에서 "언론은 또 하나의 권력이다. 견제 받지 않은 권력이다. 견제 받지 않은 권력은 위험하다"고 전제한 후 보수와 진보가 공존함으로써 정정당당하게 싸우고 경쟁하자고 제안했다. 또 다른 하나는 신문사의 정부 부처 사무실 방문 취재를 제한하고 통합기자실을 설치함으로써 언론접촉의 통합과 일원화를 체계화한 것이다.

마지막으로는 신문고시 개정안을 확정하여 정부가 신문시장에 개입하여 신문사 간 경쟁을 규제함으로써 특정 언론의 시장독점과 이를 통한 횡포를 제어한다는 것이었다. 표면상의 이유는 그렇다고 하더라도 당시의 조·중·동 3사가 독점하고 있는 언론의 독점적 구조를 해체함으로써 언론의 분권화 내지는 대중화를 지향하여 자신에게 반대해 온 조·중·동의 언론 권력을 무력화시키고, 여타의 소외된 언론들을 자신의 우군으로 삼으려는 조치가 분명하다. 『채근담』에 보면 "군자는 어떤 상황에서도 자신의 소신을 지켜야 하고, 또한 지나치게 자기주장을 드러내어 상대방과 충돌해서는 안된다君子處址, 固不可少變其操履, 亦不可太露基鋒芒"라고 했다. 그는 자신의 소신을 지킨 것까지는 성공했으나 보수 언론과 거대 야당과 자주 충돌함으로써 소위 군자 정치와는 거리가 멀어졌다.

노무현 취임 후 2개월간의 리더십에 대하여 조선일보 신정록 기자는 "치밀한 계산에 바탕한 DJ보다는 육감적 승부수를 던지곤 했던 YS쪽에 더 가까운 것 같다."고 했다. 문제는 상황의 변화와 사태의 진전에 대하여 계획된 대처가 아니라 즉흥적이고 단순히 국면 돌파를 위하여 승부사적 기질로 이를 모면하려고 했다는 점에서 리더십에 문제를 남겼다. 다른 각도에서 보면 노무현 리더십은 개혁에 대한 의지는 강했으나 이를 실천하는 과정에서 전략이 부족했음이 드러난 것이다. 이러한 리더십 약점과 한계는 임기 후반으로 갈수록 수정·발전되기보다는 더욱 굳어져 결국 실패한 대통령으로 점차 빠져들어 가게 되었다. 이는 마치 한비자가 "오른손으로 동그라미를 그리고 왼손으로 사각형을 그리면 둘 다 그리지 못한다右手畵圓, 左手畵方, 不能兩成"고 한 것과 유사한 형국이다. 즉 우측방향 지시등을 켜고 좌회전하는 것과 같다.

지지율 하락과 대통령직 수행의 한계절감

노무현 정권의 초기 리더십은 그의 임기 전체를 관통하게 되는 거울이자 리트머스 시험지였다. 이는 뒤에 등장할 박근혜의 등장으로 더욱 점입가경에 접어들어 실패한 대통령이 되어가는 과정의 단초를 초기에 드러내기 시작하였다. 부당한 권력을 청산하기 위한 그의 탈권위적 리더십은 진보와 보수 사이를 왔다 갔다 하면서 그의 핵심 지지층들을 적으로 만들었고, 그의 정치적 기반인 집권당의 반쪽 지지만으로 정책의 입법을 추진해야 하는 불리한 입장에 놓이게 되었다. 여기에 핵심 지지 세력은 노무현을 통하여 자신들의 정치·경제적 이익을 극대화하는 과정에서 사회적 혼란을 부추겼고, 그에 대한 미온적 대응은 보수 세력들의 반감을 샀다. 그로 인하여 경제적 불안감이 조성되자 노무현의 임기 초 지지율은 계속 하강 곡선을 그리게 되었다.

취임 후 2달 만에 조선일보와 한국갤럽이 조사한 노 대통령 지지도는 59.6%로 아직은 높은 지지율을 보이고 있었다. 그러나 취임 100일을 맞이하여 실시한 지지도 여론조사에서는 40.2%로 대통령 선거 때 받은 득표율 48.9%보다 8.7%가 떨어졌다. 지지율 하락에 대한 질문에 노무현은 "선거 때도 그랬지만 대통령에 당선됐다"면서 "좋은 날도 있지 않겠느냐"고 낙관적으로 말했다. 4달 후 리더십 강의를 수강한 서울대 학생 457명 가운데 47%(215명)는 "스스로 권위를 실추시키고 있다", 52.5%(240명)은 "스스로 정책 혼선을 자초한다"고 대답했다. 그런데도 72.4%(331명)는 "조만간에 자리를 잡을 것"이라고 대답하여 임기 초기에 리더십이 아직 정착되지 못했으나 곧 나아질 것이라는 기대를 반영하였다. 노 대통령의 지지율이 이토록 급감하게 된 데에는 불안정한 리더십에 대하여 조·중·동이 이를 확대해 보도한 것도 한몫을 담당하였음이 사실이다.

이처럼 3개월 만에 지지율이 급락한 이유가 무엇인가? 다음의 4가지로 요약할 수 있다. 즉 ① 지지층과 반대 세력으로부터의 협공 ② 계속된 파업과 시위로 인한 사회불안과 그에 따른 경제적 쇠퇴 ③ 정제되지 못한 말의 실수 ④ 일관되지 못한 정책의 모습이 그것이다. 특히 위의 4가지 요인 가운데 일관되지 못한 정책의 오락가락은 참여정부가 아직은 집권 5년을 위한 구체적인 로드맵이 없이 시작하였음을 잘 나타낸 것이다. 공기업 민영화와 조흥은행 매각 등은 애초와는 달리 장기화될 것이라고 말을 바꾸었고, 경기 활성화를 위한 단기적 부양책은 쓰지 않겠다고 하면서 결국 추경예산을 추진했다. 낙하산 인사는 하지 않겠다고 하면서도 계속적으로 낙하산인사를 강행하였고, 토지공사와 주택 공사의 통합 방침을 철회하였다.

이러한 혼란과 국정 혼선에 대하여 노무현은 한겨레와의 대담에서 아직 정권 초기여서 대통령이 모든 것을 관장하고 해결하는 타성에 젖어 있다가 참여정부에서는 대통령이 장관들에게 권한을 위임하는 과정에서 빚어진 혼선이라고 진단했다. 따라서 6개월이나 1년 정도 조율하면 될 것 같다고 하여 앞으로 잘해 나갈 수 있는 자신감을 피력하였다. 시드니 J. 헤리스Sydney J. Harris는 『진정한 현대인』에서 "변화를 싫

어함과 좋아하는 것이 바로 우리의 딜레마이다. 우리가 정말 원하는 것은 모두 그대로 남아 있으면서도 더 나아지는 것이다"라고 했다. 노무현의 개혁에는 희망을 걸면서도 여전히 기울어진 운동장에 안주하려는 보수적 사회 분위기 사이에서 노무현의 리더십이 흔들리고 있었다.

노무현은 사회와 정치 간의 조화를 목표로 한 통합의 노력을 기울였다. 국가 조찬기도회에 참석하여 "국민 대통합의 길로 갈 수 있도록 노력하겠다"고 함으로써 스스로 사회가 분열적 구조에 함몰되어 가고 있음을 인정하였다. 이에 대한 노력의 하나로 청와대나 청남대로 4당 대표를 초청하여 국정 현안에 대하여 협조를 구하고, 관저로 청와대 수석, 장관, 민주당 인사와 학계 전문가들, 시민사회단체 인사들을 불러 민심을 청취하고 해법에 관한 조언을 구하는 모양을 보여주었다. 언론과의 전쟁을 선포하고 대립각을 세우면서도 때로는 청와대 출입 기자들과 격의 없는 술자리를 가지면서 자신의 정치적 구상과 비전 그리고 어려움을 토로하였다.

이러한 노력에도 불구하고 보수 언론, 거대 야당, 배신감을 느끼는 민주당 구파들을 중심으로 그에 대한 공격이 가속화되어 간다. 각종 여론조사에서 경제지표가 악화 되어가고 있고, 국민의 지지율은 하향 곡선을 그리고 있으며, 국회는 계속 마비 상태에 처해 있어 집권당이 추진하는 정책이나 인사 등 모든 면에서 교착상태에 빠지게 되었다. 사면초가에 처하게 된 노무현은 이를 피부로 느끼면서 스스로 자조적인 상태에 빠져들어 갔다. 취임 50일을 맞았을 때 문화일보와의 인터뷰에서 "김대중의 실패가 반복되는 느낌"이라고 하면서 구체적인 원인으로서 인사편중에 대한 지적, 개혁에 대하여 불안하다는 평가, 대통령 측근이 불미스러운 일로 조사받는 것을 들었다.

"땅이 기울어 춤을 못 추겠다"는 속담이 있다. 춤꾼이 자신의 춤 능력을 인정하지 않고 땅이 기운 것을 핑계 삼은 데 빗댄 말이다. 노무현은 한쪽에서는 개혁이 불안하다고 평가하고, 다른 쪽에서는 개혁이 물 건너갔다고 평가하는 보수와 진보 양측에서의 협공에 당혹해하였다. 이러한 와중에 그 유명한 대통령 못 해 먹겠다는 발언이 튀어나왔다. 취임 석 달째에 접어들어서 5·18 행사 추진위원들과의 만남에서 "대통령직을 못 해 먹겠다는 위기감이 든다"고 발언하였다. 한 달 뒤에는 한 대학 졸업식 축사에서 "대통령도 해보니까 괜히 했다 싶을 때 있다"고 함으로써 스스로 리더십 역량의 한계를 인정하기 시작했다. 탈무드에 "모든 물고기는 입으로 낚인다"라고 했다. 말로 인한 구설수가 드디어 시작되었다.

마키아벨리는 『군주론』에서 "새 질서를 확립하는 것만큼 어려운 사업도 없다. 왜냐하면 실행자는 현 체제 아래서 단물을 빨아먹는 모든 사람을 적으로 돌리게 될 뿐만 아니라 새 체제가 되면 '덕'을 볼 사람들로부터는 미적지근한 지지밖에 기대할 수 없기 때문이다"라고 했다. 노무현이 대통령직 수행에 어려움을 토로하고 급기야는 스스로 무너진 모습을 보이게 된 주원인은 바로 그 '덕'을 볼 사람들이 그를 방해하고 그의 국정 경영의지를 무력화하는 집단행동을 거듭했기 때문이다. 전교조의 시위, 화물연대파업과 '한총련' 학생들이 5·18 행사장에 난입하여 행사장을 난장판으로 만들어 버린 사건이 촉매제가 되었다. 노 대통령은 이러한 소란이 수습된 후의 후일담에서 "지금 강력히 정부를 비판하는 노동운동 지지자들은 제가 변호사 때 열심히 변호하고 면회 다니고 했던 분들"이라고 했다.

그럼에도 불구하고 노무현의 참여정부가 완전하게 실패만 거듭한 것은 아니다. 적어도 기울어진 운동장을 교정하는 데는 약간의 효과를 보이기 시작했다. 즉 보수층이 감소하고 이념 성향이 약간 중도로 이동했다는 사실이다. 즉 오른쪽을 밟으면 왼쪽이 올라가기 마련이다. 조선일보가 노무현 취임 1년 전인 2002년 4월 1일 실시한 국민 의식 여론조사와 노무현 취임 후인 2003년 4월 1일 실시한 국민 의식 여론조사에서 이 같은 결과가 나타난 것이다. 정치 분야 이념 성향의 평균치는 2002년 4월에 12.7로 비교적 보수였으나, 이번 조사에서는 15.9로서 약간 중도 쪽으로 이동한 것이다. 경제 분야에서는 작년 2.5에서 금번 5.2로 더 진보쪽으로 이동했다. 지난해 1.0에서 금번에 2.1을 보임으로써 더욱 진보 쪽으로 이동한 것으로 나타났다.

이는 김대중 정부의 진보 정책, 노무현 대통령 당선 과정에서 나타난 시민의식의 변화, 그리고 노 대통령 취임 후 국민들이 노무현 참여정부에 거는 기대를 동시에 반영한 결과라고 할 수 있다. 한 가지 더욱 특이한 점은 2004년 1월에 실시한 한 여론조사에서 우리나라 안보에 가장 위협적인 국가를 꼽는 질문에 북한(33%)보다 미국(39%)이 더욱 한국에 위협적이라고 응답했다. 이는 주로 20대(58%)에서 나타난 결과로써 이러한 전통적 대미관의 변화를 통해서 볼 때 한국 사회가 중도로 서서히 변화하고 있음을 반영시킨 결과라고 할 수 있다.

이념에서 정당으로 : 정치적 부패와 이를 통한 정치 리더십

임기 초의 노무현 리더십은 이념적 문제를 중심으로 그의 기본적 정치 이념, 대선 과정에서 제시한 공약, 인수위원회에서 종합된 정책 등에 기초한 노무현식 진보 정책의 초기형태를 보여주었다. 100일을 지난 노무현의 참여정부에서 나타난 국정 능력과 특징은 이념적 성향의 문제로 인한 지지층과 반대층의 동시적 반대에 직면함으로써 비롯된 불안정한 리더십을 보여주었다. 이후 집권 1년까지의 리더십은 민주당의 분당 과정에서 보여준 그의 리더십의 제도적·정치적 한계를 보여준 과정이었다고 할 수 있다. 이는 상당 부분 노무현 자신이 자초한 결과로써 노무현식 정치적 파동이었다.

분당을 통한 신당창당과 승부수

마키아벨리는 "기질이 강한 인간은 승리를 적당한 선에서 누르기가 어려운지도 모른다"라고 했다. 노무현 역시 대통령 당선이라는 절반의 승리에 만족하지 못한 것이다. 성공한 대통령이 됨으로써 대통령 리더십을 완성하려는 기질을 발휘하였다. 분당(민주당)과 신당창당(열린우리당)이 그것이다. 집권당 내부에서는 꾸준하게 분당이 진행되고 있었다. 그 최초의 징후가 2003년 4·24 보궐 선거에서 나타났다. 참여정부 의원들이 내각으로 진입함으로써 공석이 된 지역구 3곳에서 2곳을 '한나라당'이 차지하고 한 곳에서 민주당 내에서 친 노무현계 유시민이 당선되었다. 이를 노무현에 대한 지지로 해석한 민주당의 신당파들에 의해서 분당이 더욱 가속화된다. 노무현은 대통령 후보지명 과정에서 자신을 비토해 온 민주당 구파(주로 친 DJ 동교동파)에 대한 반감을 잊지 않고 있었다. 그 연장선상에서 호남에 기반한 지역정당이 아니라 전국적 지지를 기반으로 하는 전국정당이라는 구상을 두고 일찌감치 민주당의 분당에 잠정적 지지를 보내고 있었다. 이는 노무현을 중심으로 한 개혁 세력이 뭉친 전국정당의 창설로 나타났다.

보궐 선거 이후 여야 불법대선자금과 측근 비리 문제가 터져 나왔다. 먼저 '굿모닝 시티' 비리 사건으로 촉발된 민주당의 대선자금 200

억 수수설에 대하여 노무현은 "여야 대선자금을 모두 국민 앞에 공개하자"고 하자고 맞받아침으로써 민주당 대선 자금 문제를 정치개혁이란 명분으로 정치권 전체의 문제로 확대·전환 시키려는 전략을 구사하였다. 이런 와중에 김대중 정부 시절 동교동계 구 주류인사들이 각종 비리에 연루되어 20명이 처벌을 받음으로써 민주당의 도덕성이 흠집을 입었다.

이혼의 전 단계는 별거라고 했던가. 9월 19일 민주당에서 떨어져 나온 개혁파 44명이 선도 탈당하여 '열린우리당'의 전신인 '국민참여 통합신당'이라는 교섭단체를 구성했다. 이로써 내부에서 갈등 속에서 치고받던 민주당의 두 세력 즉, 친노무현의 진보개혁세력과 동교동 구파가 중심이 된 원조 민주당 간의 분열이 마침내 분당으로 귀결되었다. 그러나 분당 한 달 전에 민주당 대의원 1,021명을 대상으로 한 설문조사에서 내년 총선에서 노무현을 앞세우는 것(35.6%)보다 민주당을 앞세우는 것(56.7%)이 유리할 것이라는 결과가 나왔다. 이는 전체 진보세력을 위한 분당이 아니라 노무현과 친노세력들만의 반민주당 거부감에서 비롯된 명분이 약한 분당이었음을 말해 주는 것이다. 키케로는 "행한 사람은 잊어버린다. 당한 사람은 기억한다"고 했다. 노무현의 분당으로 당한 사람 민주당에 의해서 노무현이 탄핵 되고, 마침내 임기 말 노무현의 탈당에 결정적인 역할을 하게 되는 악연의 또 다른 시작이었다.

노무현은 속으로 분당을 통한 신당의 창당을 지지하면서도 겉으로는 '당-청 분리' 즉 행정부의 수반으로서 소속당의 문제는 알아서 해결하라는 방임적 태도로 일관하면서 물밑에서 신당 창당을 지원했다. 결국 노무현은 때가 성숙하게 되자 신당을 공개적으로 지지하였다. 그는 "(분당으로) 힘이 약해지는 측면이 있지만 차제에 새로운 정치 질서로서의 변화의 동기가 될 수 있다"고 하면서 이대로는 전국정당이 될 수 없다고 하면서 정치개혁과 전국정당이 그 중요목표라고 하였다. 그러면서도 대북송금 특검과 민주당의 분당에 대하여 김대중에게 기대어 비리를 저지르고 기득권을 누리던 민주당 잔류파들과 분리하자는 분리론으로 이를 정당화시켰다. 그러고는 민주당을 탈당하였다. 그러나 열린우리당에 합류하는 것은 전략과 원칙에 의거하여 보류하였다. 한국 정치사에서 최초로 임기 초 자진 탈당을 함으로써 무당적 대통령이 된 것이다.

존 발도니는 『위대한 리더들의 7가지 성공 포인트』에서 혁신가는 삼중의 부담을 진다고 했다. 첫째는 상속자들과 결별해야 한다. 둘째는 추종자들을 동원해야 한다. 마지막으로 자기의 의도를 미래 추종자들의 그것에 적응시켜야 하는데 원래의 본질적인 목표를 손상해서는 안 된다고 했다. 노무현에게 있어서 열린우리당의 창당이야말로 삼중의 부담을 극복해 나갈 수 있는 돌파구라고 할 수 있다. 첫째, 노무현으로 말하면 그를 전폭적으로 지지한 호남의 유권자들과 결별하였다. 둘째는 노사모와 사회진보세력을 동원하였다. 문제는 마지막 자기의 의도를 미래 추종자들의 그것과 연결시켜야 하는데, 거기서 실패함으로써 그의 혁신가적 열망은 좌절되고 말았다. 그것은 원래의 목표를 손상한 결과에서 비롯된 것이다.

마침내 11월 11일 원내 의석 47석의 '열린우리당'이 창당된다. 노무현은 축하 메시지에서 "특정 정당이 특정 지역을 독식하는 잘못된 정치 구도에 마침표를 찍고 국민통합의 정치 시대를 열어야 한다"고 함으로써 전국정당과 이를 통한 국민통합의 정치를 희망하였다. 이로써 한나라당(149석), 민주당(60석)에 이은 제3당으로서 새롭게 출발하였다. 노무현은 불리해도 감수하고 도전하는 그의 정의와 원칙은 달성했을 지라도 국정 장악력은 더욱 떨어질 수밖에 없었다. 원내 의석수에서 소수당일 뿐만 아니라 여당에서 야당으로 입지가 좁아진 민주당과의 경쟁과 갈등으로 인하여 노무현 참여정부가 입법을 통한 정책의 추진, 국회비준을 통한 인사의 충원과 대외정책의 비준 등 모든 문제에서 거부됨으로써 노무현 정부는 국정운영에서 운신의 폭이 상당히 좁아지게 되었다.

그리스 속담에는 "생선은 대가리부터 썩는다"는 말이 있다. 이런 와중에 설상가상으로 노무현 대통령 측근들의 비리가 한꺼번에 쏟아져 나오기 시작했다. 또한 중국 속담에는 "한솥밥 먹고 송사한다同室操戈"는 고어가 있다. 과거 자신을 대통령으로 만들어 옛 동지 민주당이 제기한 측근 비리로 인하여 또다시 정치적으로 사면초가에 몰리게 되었다. 즉 집권 7개월밖에 되지 않았음에도 불구하고 노무현의 최측근 인사들 염동연, 안희정, 최도술, 양길승, 이광재 등이 각종 비리에 휘말려 들었다. 이에 책임을 느낀 노무현은 긴급 기자회견을 자청하여 이러한 사태에 책임을 묻기 위한 재신임 투표를 제안했다. 즉 20%대로 떨어진 지지율과 더불어 "도덕적 자부심이 훼손된 상태에서 어떻게 많은 어려움을 극복해 나가겠는가. 언론환경, 국회 환경도 나쁘고 지역적 민심의 환경도 나쁘다"라고 함으로써 자신을 둘러싼 불리한 환경을 타파하려고 승부수를 던진 것이다. 하지만 대법원에서 "대통령의 재신임을 묻는 국민투표는 위헌"이라고 판결함으로써 없던 일이 되었다. 열린우리당에서는 정권 임기 초에 측근 비리가 터지게 된 것은 노무현 정부가 출범부터 감찰 3권(국정원, 검찰, 국세청)을 포기한 대가라고 합리화시켰다. 다른 정권의 임기 초와 비교해 볼 때 일면 일리가 있다고 하겠으나 진보정부로서 도덕성에 치명타를 입은 것은 분명하다.

노무현은 측근 비리규명을 위한 특별검사 임명을 받아들이겠다고 하였다. 국회는 재적의원 2/3가 넘는 찬성으로 '노무현 측근비리 특검'을 통과시키자 특검을 받아들이겠다고 하였던 노 대통령은 말을 바꾸어 거부권을 행사하였다. 거대 야당들이 힘을 합하면 무엇이든 통과시킬 수 있는 구조에서 노무현의 거부권 행사는 무위에 그치고 국회의 재의결을 거쳐 특검이 발효되었다. 이는 노 대통령의 대 국회리더십의 한계와 좌절을 보여주는 구조적인 한계로 작용하게 된다.

이때 노무현의 재신임 정국을 돌파하게 만들어 주는 '차떼기 불법 선거자금 스캔들'이 사건이 터졌다. 한나라당이 선거자금으로 1억씩 담은 쇼핑백 20개씩 5차례 100억을 승용차로 전달한 사건으로서 불법 대선자금 비리가 세상에 드러났다. 이로써 검찰은 대통령 측근 비리 특검과 한나라당 대선자금 비리 수사라는 이중의 칼을 휘두르게 되었다. 결국 행정과 입법이 결국 사법권의 칼 아래에 놓이게 되는 삼권분립의 불균형한 국면이 조성되었다. 이를 방증하듯 국제투명성 기구는 한국의 부패지수를 조사 대상 133개 국가 중 50위라고 발표하였다. 코스타리카와 그리스 등과 공동 50위로서 OECD 국가에서는 헝가리 뒤를 이어 24위에 해당한다.

그리스 시대 스파르타의 입법자 리쿠르고스Lycurgos는 "나랏일을 맡아보는 정치가는 세상의 악평을 두려워하지 않을 각오가 있어야 한다. 그리고 자신의 위대함으로 악평을 극복하고 다른 사람들의 질투를 누를 줄 알아야 한다"고 했다. 노무현은 그런 생각을 한 것 같다. 한나라당의 100억 불법 선거자금 수수 의혹이 불거지자 12월 14일 청와대에서 열린 4당 대표 회동에서 노무현 자신의 불법 선거자금 규모가 한나라당의 1/10을 넘으면 (대통령)직을 걸고 정계를 은퇴할 용의가 있다"고 하였다. 측근 비리에 따른 문제를 대국민 신임으로 묻겠다고 하는 것과 연관하여 또 다른 승부수를 던졌다. 여론의 비난이 폭발하자 그만큼 한나라당 보다 불법 선거자금에서 자신이 있다는 자신감을 말한 것이지 진짜로 대통령직을 걸겠다는 것은 아니었다고 변명함으로써 또다시 말에 의한 분란을 자초하였다.

본격적인 리더십 발휘

2003년 7월 30일 노무현 정부는 자체적으로 상반기 업무평가를 발표하였다. 결론적으로 대형 사회갈등이 분출됐으며 관계부처 간 역할분담과 협조체제가 구축되지 않아서 범정부 차원에서의 체계적이고 일관된 대응이 미흡했다고 했다. 또한 경제 분야에서 소비와 투자위축, 내수 부진, 수출증가세 둔화, 카드 문제, 주 5일 근무제에 관해서 시급하게 해결해야 한다고 평가하였다. 이는 상당 부분 객관적이고도 냉정한 평가라고 할 수 있다. 이를 바탕으로 노무현 대통령은 모든 정치·행정적 역량을 총동원하여 내년 4월에 있을 총선에서 승리를 위하여 그의 모든 역량을 결집한다.

거대 야당에 막혀 정책과 인사 등에서 힘을 발휘할 수 없게 되자 과반수 의석을 확보하기 위하여 대통령이 지닌 화력을 총동원하기 시작했다. 이를 위한 조치로써 ① 말실수로 인하여 떨어진 대통령에 대한 지지율을 회복하고 ② 야당이 요구하는 민생경제를 추스르고 ③ 아직 미진한 정부의 각종 정책을 재점검하고 이에 대한 대책을 수립하는 등의 조치를 하는 것이었다. 그러나 노무현이 직면한 현실은 녹녹하지 않았다.

첫째, 지지부진한 국책사업의 문제점을 파악하였다. 노무현 정부의 국책사업은 일부분 김대중 정부로부터 계속되어 왔던 것이거나, 계획은 수립되었는데 시작을 못 했거나, 사업이 중단된 것들이 대부분이다. 이를 추진하여 완성 시켜 국가 발전의 동력으로 삼아야 하는데 막대한 국가 예산을 낭비하면서 버려진 채로 남아 있었다. '새만금개발사업'은 법원에서 불가로 판결이 내려져 그동안 쏟아부었던 공적자금이 허비되었다. 이 외에도 고속철도 경주 - 부산, 서울 외곽순환도로 북한산 터널, 경인 운하 등의 수조 원 규모의 초대형 사업들이 방치되고 있었다.

또한 노정부의 대선공약인 행정수도 이전 역시 마찬가지로 지지부진하면서 행정수도를 둘러싼 여와 야의 향후 정치적 입지를 고려한 힘겨루기에 갈팡질팡하고 있었다. '부안 방폐장 사업' 무효화 검토 결정에서 보듯이 노무현 대통령은 환경단체의 힘을 과소평가했다는 말로서 리더십 부족을 인정하였다. 민간의 힘이 국가의 힘을 압도하는 민주체제에서 대통령이 리더십을 발휘할 공간이 제한되어 있다고 표현함으로써 그의 리더십의 한계를 스스로 인정한 것이다.

국책사업은 시민단체와 반대 세력의 조직적이고 격렬한 저항의 결과라고 한다면 시급한 민생법안 또한 국회에 계류되어 국회에서 잠자고 있었다. 2003년 7월 30일 현재로 795건의 법안이 계류되어 있었고 정부가 시급하게 처리해달라고 요구한 민생관련법안도 61건이 처리되지 못하고 있다. 소수당으로서 대국회를 설득할 레버레지나 어떤 리더십을 발휘하지 못함으로써 행정 리더십마저 비효율적으로 운영되고 있었다. 이에 부가하여 신행정수도 건설마저 표류하여 국정 초기에 행정부와 청와대가 주도적으로 문제를 풀어나가지 못하고 청와대의 지휘소의 기능이 제대로 작동하지 못하여 노무현 리더십은 총체적인 위기에 빠지게 되었다.

둘째, 그럼에도 불구하고 다른 측면에서 이를 타개하기 위한 노력을 전개하였다. 즉, 재정·세제개혁 로드맵을 공표하였다. 기본적인 내용은 김대중 정부 시절에 발표한 것을 기초로 하여 노무현 정부의 공약과 정책목표에 초점을 맞춘 것이라고 할 수 있다. 특이한 점은 '계획사안'과 '검토 사안'으로 구분하여 구체적인 추진 일정을 제시하였다. 또한 진행 중인 예산사업의 성취도를 평가해서 다음 연도 예산에 반영한다는 방침을 수립하였다. 전체적으로 소득 재분배를 통한 경기 안정화, 대국민 행정편의와 국정의 분권화 및 효율화를 목적으로 한 로드맵이라고 할 수 있다.

이것이 얼마나 잘 이행되었는가를 판단할 수 있는 평가가 존재하지는 않는다. 그동안 노무현이 보여준 리더십 패턴은 외부적 환경의 변화와 정치적 환경의 열악함에 대하여 임기응변식의 대응으로 난관을 극복하고자 했다. 또한 진보 이념을 관철하기 위하여 보수적 언론과의 투쟁이라는 무형적이고도 정치적인 분야에 그의 정치력을 집중하였다. 이러한 점을 고려한다면 정부가 주도하여 체계적이고 실현할 수 있는 정책적인 로드맵을 제시하였다는 점에서 그 의의가 있다고 하겠다.

셋째, 경기회복의 조짐이 보이기 시작했다. 정치면에서는 리더십의 한계를 보임에도 불구하고 경제적인 측면에서는 서서히 경기가 살아나는 조짐이 보이기 시작했다. 전반기 경제적환경은 이라크 전쟁, 치솟는 유가, 북핵 문제 등의 문제로 내수와 투자의 부진, 수출 부진 등으로 청년 실업률이 계속 증가하고, 부동산이 급등함으로써 빈부격차가 더욱 가속화되는 등의 경기 침체가 지속되었다. 후반기 경제회복의 조짐은 외부적인 요인 즉 미국의 경제회복에 따른 높은 경제 성장률, 중국경제의 고공행진, 일본경제의 활성화 등에 힘입어 수출이 회복되기 시작하였다. 이에 따라 설비투자가 증가하고 고용이 증가할 것이라는 기대가 경기 활성화를 가져온 것이다.

여기에 노무현 정부가 인위적인 경기 활성화를 위한 추경을 쏟아붓지 않겠다는 방침을 변경하여 추경을 통한 경제회복을 시도한 것과 맞아떨어져 경기 침체에서 약간의 반등이 가능하게 되었다. 다만 높은 가계부채와 카드빚으로 인한 신용불량자 증가로 인하여 소비수준의 활성화로 이어지기에는 한계를 지닌 한시적 경제회복이라고 할 수 있다. 이를 반영하듯 한국은행은 "내년 상반기엔 수출이 증가세를 지속하는 가운데 설비투자가 회복되어 경제 성장율이 4.8%대로 높아지고 하반기에는 민간 소비가 회복되면서 5.6%의 성장율을 이루리라 전망했다.

넷째, 이라크 파병과 한-칠레 FTA라는 두 개의 뜨거운 감자의 국회 통과를 추진하였다. 전투병의 파병이라는 민감한 문제를 맞이하여 노무현 정권은 이미 파병을 결정하였으나 어느 규모로 어느 지역에 어떤 부대를 파병하느냐를 결정하지 못한 채 미국의 눈치를 보면서 미국과 조율을 시도하고 있었다. 한-칠레 FTA는 피해를 볼 것이 명확한 농민들의 눈치를 보느라 국회에서 처리를 보류하고 있어 정부와 국회로서는 모두 뜨거운 감자였다. 더구나 약세에 있는 노무현 신당은 거대 야당연합을 상대하고, 정부의 정책조율 부재가 서로 맞물려 국정난맥상을 보임으로써 노무현 리더십은 더욱 혼란에 휘말리게 된다. 청와대는 중요한 정책을 내각에 알리지 않고 일방적으로 발표함으로써 행정부와 청와대가 손발이 맞지 않았다. 여당은 여당대로 파병문제를 기정사실로 하지 말고, FTA도 연기하자고 주장함으로써 지역구의 이익에 따라 청와대와 엇박자를 내고 있었다. 양대 야당은 사사건건 법안 통과를 반대하면서 청와대를 무력하게 만들었다. 소수 여당과 거대 복합 야당 간의 치열한 정치적 갈등으로 인하여 노무현은 대통령으로서의 통합적 리더십이 부족함을 노정하고 있었다.

데오도어 루스벨트 대통령은 "나의 급진주의가 지니는 훌륭한 장점은 필요하다면 보수주의 편에서 급진적으로 될 준비가 완벽하게 되어 있다는 점이다"라고 했다. 노무현으로서 보수주의자 편에서 급진적이 될 수 있는 두 개의 뜨거운 감자는 바로 이라크 파병과 한-칠레 FTA 라고 할 수 있다. 이라크 파병은 1개 특전여단 1,400여 명, 공병과 헌병으로 구성되는 1개 여단 1,400여 명, 사단 사령부와 직할대를 포함하여 총 3,200명을 파병하는 것으로 결정하였다. 한-칠레 FTA에 관하여 노 대통령은 무역진흥확대회의에서 "대외통상을 활성화하기 위해 우리 스스로 시장개방에 대한 전향적 자세를 가져야한다"고 하면서 FTA(자유무역협정)을 적극 추진할 것을 다짐했다. 정부의 의지와는 별개로 우여곡절 끝에 한-칠레 FTA는 2003년 7월 8일 국회에 제출된 이래 7개월 동안 세 번 무산시킨 끝에 2004년 2월 17일 국회를 통과함으로써 그 효력을 발휘하게 되었다.

노무현 참여정부 중간평가와 1년의 공과

대통령에 대한 지지율은 여러 가지 의미와 기능을 지닌다. ① 대통령 리더십에 대한 일차적인 평가기능 ② 국정 추동력에 대한 참고 자료 ③ 과거 정책집행의 단기적 평가 ④ 향후 대통령 정책추진의 정당성 또는 반대의 근거 등으로 요약할 수 있다. 임기 초 취임 5개월(7월 30일) 만에 실시된 여론조사에서 노무현의 지지율이 23.4%로 나타났다. 이는 그동안 북문제에서 비롯된 안보 위기, 집단이익에 따른 사회적 분란, 경제불황 등이 그 주요 원인이었다. 이러한 지지율은 취임 1주년 동안 지속해 20%대에 머물러 있었다. 1년도 안 되어 대통령 당선 시 획득한 득표율에 반토막이 난 원인을 몇 가지 들자면 다음과 같다.

첫째, 코드인사를 대거 등용함으로써 청와대 참모진들이 전문가들보다는 이념적 운동가들로 채워져서 위기 대응 능력이나 전체적 로드맵의 작성 및 거시적 국정에 대한 시각이 결여된 것이다. 이에 대하여 노무현은 "노무현 개인의 코드가 아니라 이 시대 가치관의 문제다"라고 하면서 "전문 분야에서는 그런 분들을 찾아 존중하되, 우리 사회의 원칙과 가치를 지켜나가야 할 부분에 관해서는 타협하지 않고 개혁적 성향의 인물들을 일관되게 관철해 나갈 것이다"라고 하였다. 중국의 간부 정책이 능력을 지닌 재才와 사회주의 사상에 충실한 홍紅과의 관계에서 홍紅을 더욱 중시한다는 의미로 해석될 수 있다. 일본속담에 "쇠망치가 물에 떠내려간다"고 했다. 코드인사를 통하여 여태껏 보수 정권 하에서 비주류 세력으로 소외되었던 사회의 주변부 진보세력이 제도권 안으로 편입되기 시작한 것이다.

둘째, 뉴턴은 "자기 실패를 남의 탓으로 돌리면 자기 성공 역시 남의 덕분이라고 해야 옳다"고 했다. 노무현의 성공은 노사모를 비롯한 진보세력의 덕분이다. 그런데 이제 그의 지지 세력인 사회시민단체와 노동세력이 그를 실패로 만들어 가고 있었다. 노 대통령 취임 후 6개월 후에 행한 여론조사에서 가장 낮은 점수를 받은 것은 노사관계를 잘못 처리했다로 나타났다(71.2%).

셋째, 계속 지속되는 경제하락이 그 원인이다. 청년실업이 계속 증가하고 빈부격차가 더욱 벌어지고, 국제경쟁력은 나날이 하락하고, 중국의 계속되는 추격, 치솟는 부동산 가격 등의 악재들이 경제성장의 발목을 잡아 왔다. 이를 반영하듯 취임 1주년을 맞이하여 실시한 여론조사에서 응답자의 61%가 경제정책이 잘못되었다고 답했다. 구체적으로 1년 전보다 가정의 살림살이가 나빠졌다는 응답이 49.8%였고 좋아졌다는 응답은 3%에 그쳤다. 분야별 조사에서도 가장 심각한 사회 분야에서 빈부격차가 73.1%로 나타났다.

넷째, 계속되는 말실수였다. 시오노 나나미는 『로마인 이야기』에서 로마 황제 하드리아누스(Hardriaanus)에 대하여 "원만한 인격을 가진 사람이 대개혁의 추진자가 된 경우는 하나도 없다"고 했다. 노무현의 말실수가 그것이다. 보수언론과의 전쟁을 선포한 상황에서 작은 말실수도 커다란 공격의 빌미로 작용하여 대통령에 대한 부정적 인식을 가중할 수 있는 정치적 환경에 놓여 있다. 그런데도 계속되는 부적절한 언행과 말실수로 분란을 일으킴으로써 국가 분열의 중심에 서 있었다.

▌노무현의 말실수 기록

때와 장소	발언 내용
2003년 4월 15일 문화일보 인터뷰	겉으로 드러나는 여러 가지 평가를 종합해보면 국민의 정부가 겪었던 과정을 비슷하게 가고 있다는 불안한 느낌을 갖고 있다
5월 21일 5·18 행사관련 간부면담	전부 힘으로 하려고 하니 대통령이 다 양보할 수도 없고, 이러다 대통령 못해 먹겠다는 생각이, 위기감이 든다
6월 11일 일본 공산당 시이가즈오 위원장과 대담	나는 한국에서도 공산당 활동이 허용될 때라야 비로소 완전한 민주주의가 될 수 있다고 생각한다.
6월 25일 산업기술대 강연	때때로 남의 밥의 콩이 굵어 보인다고, 대통령도 해보니까 괜히했다 싶을 때가 있다
6월 28일 여성공무원 대상 특강	내가 머리가 모자라도, 재주가 모자라도, 성질이 더러워도 알아달라. 마음에 안들어도 대통령은 대통령이다
10월 11일 긴급기자회견	측근비리와 관련하여 국민의 재신임을 받겠다
12월 15일 청와대 4당대표들과의 회동	불법대선지금이 한나라의 10%를 넘으면 대통령 물러나겠다

마지막으로 대통령 자신을 포함하여 측근들과 친척들도 비리에 연루되어 대통령의 도덕성에 치명상을 입힘으로써 대국민 신뢰를 상실하게 된 것이었다. 이는 정의와 도덕을 무기로 부정한 권력과 재벌에

대항하고 그럼으로써 사회경제적 약자들을 대변해 온 노무현 자신과 그의 정권에 심대한 손상을 가져왔다.

취임 1주년 평가는 대체로 부정적인 평가가 주를 이루었다. 조선일보와 한국갤럽의 여론조사에 따르면 경제정책을 잘못했다(61%), 대통령 잘한 일이 없다거나 모르겠다(69%), 국정 지지도(25.1%)로서 전체적으로 낙제점에 가깝다. 그런데도 긍정적인 답변 가운데 가장 잘한 일은 정치개혁에 대한 노력을 꼽았고 가장 잘못한 일은 부적절한 언행을 꼽았다.

2 탄핵정국과 여당의 길

노무현 참여 정권의 출범은 기대와 희망을 안고 출발하였다. 120년 전 조선의 국운을 바꾸려고 개혁을 시도하였다가 실패한 갑신정변의 역사적 실패와는 달리 정권 출범 1년을 앞둔 2004년 갑신년甲申年 윤년의 출발은 기대와 희망과는 정반대로 가고 있었다. 열린우리당과 한나라당 모두가 대선 과정에서 불법으로 자행된 불법 정치자금의 윤곽이 드러나기 시작했다. 이로써 대통령의 국정철학이 법과 제도와 대통령 자신만의 리더십 능력을 통하여 발휘되기보다는 검찰의 수사 결과에 따라 국정의 내용과 방향이 심각하게 영향을 받게 되었다. 2004년의 출발은 바로 이러한 정치권에 대한 검찰의 수사가 어느 정도 윤곽이 드러나기 시작함으로써 몇 달 남지 않은 총선에 중대한 영향과 변화를 초래할 수 있는 환경에서 시작하였다. 수사 결과에 따라 여소야대의 지형이 바뀔 수 있는 상황에서 노무현의 최대 관심사는 다가오는 총선에서 어떻게 하면 여소야대의 국면을 타파하고 자신이 세운 열린우리당이 제1당으로 우뚝 설 수 있는가에 모든 초점이 모아졌다.

측근비리와 야당의 불법정치자금법 위반

대통령 측근 비리와 한나라당의 불법 선거자금에 대한 수사 결과가 발표되었다. 하나는 노무현 최측근 강금원과 안희정이 이들과 대선전 경영했던 생수 회사에 불법 정치자금과 회사자금을 합쳐 30억 원을 장수천의 빚을 갚는 데 쓴 것은 불법 정치자금법 위반에 해당한다고 발표하였다. 상처 난 곳에 소금을 뿌리듯 형 노건평 씨의 땅 투기 의혹사건이 밝혀졌다. 또한 그의 사돈이 47명의 개인으로부터 사용처가 불분명한 투자금 명목으로 653억 원을 모은 것이 금감원을 통해서 포착되었다.

또 다른 하나는 소위 '안풍 사건' 즉 한나라당의 전신인 민자당과 신한국당이 안기부 예산 선거자금 940억 원을 유용한 사건으로써, 결국 2004년 7월 항소심에서 문제의 자금출처가 김영삼 전 대통령이었다고 당 사무총장이었던 강삼재가 폭로하였다. 이로써 여당과 야당 그리고 노무현 자신을 포함해서 정치권 전체가 부정부패의 혼탁한 소용돌이에 빠지게 되었다. 그러나 야당의 불법 선거자금이 여당에 비하여 엄청난 액수라는 점에서 반사효과를 거두어 총선에 대한 전망을 가늠하는 정당 지지도 여론조사에서는 열린우리당 23.6%, 한나라당 19.4%, 민주당 10.4%로 나타났다. 노무현의 측근과 친인척이 비리에 연루되어 도덕성이 땅에 떨어졌음에도 불구하고 국민들은 거대 야당 한나라당에 대하여 더욱 엄격한 잣대를 보여주었다.

최초의 대통령 탄핵가결

취임 3주년을 맞이하여 노무현은 기자들과 등산하면서 솔직한 3년의 소회를 밝히면서 "지난 3년도 시끄러웠지만 남은 2년도 시끄러울 것"이라고 예고했다. 즉 양극화 해소와 한·미 FTA 협상 문제로 정국이 더욱 시끄러워질 것임을 예고한 것이다. 그러면서 원만하고 문제를 일으키지 않고 조화롭게 이끌어 온 지도자는 대과大過 없는 결과로 끝난다. 그러나 보다 조금 시끄럽고 소란을 일으켜 비난받기도 하는 지도자가 시간이 지나고 보면 쌓은 업적이 더욱 많다는 일종의 지도자론도 제시하였다. 소란을 일으키는 유능한 지도자가 임기 두 번째 해에 나타났다. 그리고 그것은 한국 정치사상 최초의 대통령 탄핵으로 나타났다.

마키아벨리는『피렌체사』에서 "필요에 쫓겨서 한 대담하고도 과감한 행위는 깊은 사려에 의한 행위와도 같다고 해도 된다"고 했다. 노무현식 소란의 정치의 압권이 곧 펼쳐진다. 노무현의 참여 정권은 곧 다가올 4·13 총선에서 집권당으로서 제1당이 되지 않으면 안 될 절박한 입장에 처하게 되었다. 따라서 2004년을 맞이하여 모든 방법을 동원하여 그의 정치력을 최대한으로 여기에 집중시킨다. 먼저 노사모에게 그 시동을 걸었다. 2003년 12월 19일 노사모가 주최한 모임에 참석하여 "노사모 여러분의 혁명은 아직 끝나지 않았다. 시민혁명은 지금도 계속되고 있다"고 하면서 노사모의 결집을 통한 자신의 국정 추진 동력으로 삼고 동시에 총선에서의 역할에 대한 암시를 던졌다. 여기에 한발 더 나아가 총선 출마를 위하여 청와대를 떠나는 비서진 9명과 오찬을 하는 자리에서 "내년 총선에서 민주당을 찍는 것은 한나라당을 도와주는 것으로 인식될 것"이라고 하면서 한나라당에 대한 강한 거부감을 토로하면서 동시에 선거전략으로도 연상될 수 있는 발언을 하였다.

이러한 노무현의 조급한 심정은 더욱 확대되어 2004년 2월 19일 경기·인천 지역 언론과의 합동 회견에서 세 가지 주요 골자를 발언하였다. 첫째 자신은 (열린우리당) 입당을 되도록 늦게 함으로써 불가피한 시점에 입당하여 정치적인 활동을 통하여 선거를 돕고 싶다. 둘째, 총선의 지난 일 년여의 집권 기간 참여정부의 공과가 총선으로 나타날 것으로 보고 그것을 재신임에 대한 국민적 평가라고 인식한다. 마지막으로는 열린우리당에 개헌 저지선인 의석수의 1/3이 되도록 도와달라는 것으로서 본인이 직접 나설 수도 있다는 의미였다. 당연하게 민주당과 한나라당의 강한 반발이 뒤따랐다. 이러한 노무현의 계속되는 열린우리당을 위한 선거 발언에 대하여 중앙선관위는 노 대통령에게 선거법 위법이라는 경고를 발하였다. 비록 선거법 위반에 해당하지만, 야당들이 주장하는 탄핵 추진 사유에 대해서는 선관위의 권한 밖이라고 하면서 신중한 입장을 나타냈다.

이러한 노무현의 노골적인 선거 개입 발언에 대하여 민주당의 조순형 대표가 노 대통령의 선거법 위반 탄핵발의 가능성을 언급하면서 노 대통령의 사과를 요구하였다. 며칠 후 한나라당과 민주당 의원 159명의 서명을 받아 탄핵안을 발의하였다. 대 국민 여론조사는 탄핵에 반대(54%), 하지만 사과를 해야 한다(61%)였다. 노 대통령은 이에 굴하지 않고 총선의 결과와 자신의 신임을 연계한다는 방침을 다시 강조하면서 그의 대통령직을 총선에 거는 승부수를 던진 것이다. 청와대 참모와 각료들을 대거 총선에 차출시키고, 외곽세력을 모두 동원하며 총선에 올인함으로써 자신의 지지 세력을 결집시킴으로써 한나라당과 열린우리당의 양강구도로 만들기 위한 내심을 노골적으로 나타냈다.

총선을 약 1달 남겨둔 시점에서 국회의원 195명(한나라당 129명, 민주당 53명, 자민련 8명 기타 무소속 5명)이 투표한 가운데 찬성 193명, 반대 2명으로 열린우리당 의원단의 격렬한 반대에도 불구하고 탄핵안이 가결되었다. 이제 대통령의 권한은 고건 총리에게 위임하고 대통령은 법원의 최종 판결을 기다리는 처지에 놓이게 되었다. 노무현은 "헌정질서의 중단"이라고 강력하게 반발하였다. 탄핵에 따른 국민적 여론은 거대 야당들의 의도와는 다르게 오히려 그들에게 불리하게 돌아가고 있었다. 탄핵 가결에 반대하는 여론이 60~70%에 이르고 따라서 열린우리당에 대한 지지율이 급상승하여 한나라당을 31% 앞서게 되었다. 부동층 41%가 열린우리당으로 향한 것이 결정적이었다. 야당의 책임(55%)이 노 대통령의 책임(보다 21%)보다 높다는 국민적 인식이 그것이다.

이러한 여론조사 결과 때문에 총선에서 참패의 위기를 느낀 한나라당 내부에서는 젊은 공천자와 현역의원들 사이에서 '탄핵 사과론'이 제기되면서 탄핵의 역풍에 따른 다양한 논의가 백가쟁명百家爭鳴으로 난무하였다. 유독 박근혜 한나라당 의원은 "인제 와서 탄핵 철회를 거론하는 것은 책임지는 정당의 모습이 아니다"라고 전제한 후 "헌재의 평결을 기다리며, 탄핵의 정당성을 국민에게 당당하고 차분히 설득해야 한다"고 원칙주의적 입장을 견지하였다.

노무현의 탄핵정국으로 인하여 4·15총선 대역전의 드라마를 연출한다. 47석이었던 열린우리당은 그 3배가 넘는 152석으로서 과반수를 넘는 제1당이 되었다. 선거에서 지지 후보를 결정하는 데 영향을 준 요소로서 탄핵 가결(51.1%)을 가장 많이 꼽은 데서도 알 수 있다. 이는 마치 그가 약세에서 대통령 후보로 지명되고 마침내는 대통령에 당선된 역전의 드라마를 연출한 것을 연상시킨다. 이에 비해 보수당인 한나라당은 121석, 자민련은 4석으로서 의석수 합은 125석으로 주저앉았다. 진보정당인 민주노동당의 10석을 합하면 진보정당은 162석으로서 노무현은 운동장이 왼쪽으로 기운 상태에서 그의 리더십을 발휘할 수 있는 유리한 여건과 국면을 맞이하게 되었다. 특히 민주당 시절의 개혁세력, 친노세력, 운동권 세력들의 국회 진출이 두드러져 이 세력들은 노무현의 리더십을 확고하게 뒷받침해 주는 기반이 된다는 점에서 그의 정치리더십은 가속도가 붙게 된 것이다. 4석을 얻은 데 책임을 지고 김종필은 정계 은퇴를 선언했고 민주당의 조순형 대표도 사퇴하였다. 한나라당 최병렬 대표 또한 대표직을 사퇴함으로써 야당에는 거물 정치인들의 사퇴가 줄을 이었다.

3 박근혜의 등장과 정치적 갈등

이회창의 잇따른 대선 실패로 한나라당은 10년 동안의 진보정권 치하에서 권토중래를 해야만 하는 입장에 처하게 된다. 최병렬 대표가 탄핵정국에 따른 책임을 지고 사퇴하였다. "신에게 아직 12척의 배가 있습니다臣尙有十二"라는 이순신 장군의 말을 인용한 박근혜(51.8%)가 2위에 그친 홍사덕(28.8%)을 커다란 차이로 물리치고 한나라당 당 대표에 당선된다. 대선에서 실패하고, 국민으로부터 차떼기 당으로 낙인찍힌 한나라당을 위기로부터 구해내는 것이 박근혜로서 시급한 과제가 되었다. 취임 연설에서 박근혜는 "한나라당은 오늘부터 부패 정당, 기득권 정당에서 벗어나 새롭게 출발했음을 선언한다"고 하면서 클린정당과 클린선거 및 클린정치를 구체적으로 제시하였다. 특히 안정세력으로서 노무현의 열린우리당이라는 급진 모험세력을 견제할 수 있게 한나라당을 도와달라고 국민을 향해 직접 호소하였다.

한나라당 대표 박근혜와 잠정적 상생의 정치

박근혜는 당 대표가 된 다음 날 천막당사로 출근하면서 "들판에 세워진 천막 속에서 생활하는 야당의 모습을 보여주겠다"는 약속을 실천에 옮겼다. 주목할 점은 그가 "경제 현황판을 만들어 회의 시작 전 실업률, 외환보유고 등 경제 수치를 챙기겠다"고 함으로써 경제·민생을 우선시하는 정치적 의지를 보여주었다. 이러한 위기 상황에서 박근혜의 도전과 승부수를 통하여 한나라당은 50석도 못 건질 거라는 세간의 전망을 뒤엎고 121석을 획득함으로써 기사회생했다. 이는 영남의 보수세력을 재결집시킨 선거의 여왕으로 박근혜의 참모습이 그대로 드러난 결과였다. 이는 총선을 지휘했던 각 당의 사령탑에 대한 호감도에서 박근혜는 가장 높은 36.4%를 받음으로써 열린우리당의 정동영(26.1%)을 크게 앞서는 데에서도 잘 나타나 있다. 이로써 박근혜는 야당에서 유력한 차기 대권주자로서의 입지가 분명해졌고 동시에 한나라당을 통한 정당 리더십을 발휘함으로써 대통령이 될 수 있는 능력을 검증받을 수 있는 시험대에 오르게 되었다.

총선 결과 열린우리당이 과반의석을 넘게 되어 노무현으로서는 리더십에 탄력을 받게 된다. 물이 들어오면 배를 띄우는 것水到船浮처럼 그는 여대야소의 국면을 맞이하여 새로운 의욕을 가지고 본격적으로 대통령 리더십을 발휘하였다. 첫째, 정치는 당에 맡기고 자신을 중심으로 한 청와대는 국정개혁에 주력한다. 둘째, 당이 총리와 각료를 추천함으로써 책임총리제의 헌법정신을 살리겠다는 점을 재차 강조한다. 셋째, 정부조직을 재편하고 넷째, 대화와 개혁을 통하여 민생과 경제에 집중하는 정치를 하겠다는 요지를 언급하였다. 좌경향의 이념적 정책을 유보하고 대화를 통한 정치를 통하여 개혁을 점진적으로 추진해 나가겠다는 의지의 표명이라고 할 수 있다. 박근혜 역시 여당 대표 정동영과 대화정치를 통해서 국정을 공동으로 책임지겠다는 상생의 정치를 천명하였다. 구체적으로 민생경제 우선, 부패정치 청산, 국회 중심의 의회정치에 합의하였다.

헌재는 국회에서 통과시킨 대통령의 탄핵을 기각하였다. 이로써 여대야소의 노 대통령은 더욱 공고한 입지를 확보할 수 있었다. 노무현은 과거 거대 야당들의 연합된 힘으로 번번이 좌절되었던 경험을 되새기면서 임기 초 약속했던 국정의 기본목표 추진에 보다 박차를 가하기 시작하였다. 문제는 상생의 정치와는 거리가 먼 갈등의 정치의 시작이었다. BC 3세기경 한니발의 기병대장 마하르발이 로마 점령을 눈앞에 두고 한니발이 진격을 멈춘 것에 대하여 "당신은 승리할 줄만 알지 승리를 이용할 줄은 모릅니다"라고 한니발을 비난하였다. 노무현과 박근혜 역시 대통령 선거에 승리할 줄만 알았지, 그 여세를 몰아 자신을 지지한 세력들을 규합하여 자신의 정치리더십의 든든한 자원으로 활용하여 이를 상대 진영으로 확장하는 리더십을 보여주지 못하였다. 노무현은 4개의 진보적인 법안을 추진함으로써 총선 승리와 여대야소와 대통령 탄핵 기각의 승리를 이용하지 않았다. ① 국가보안법 ② 사립학교법 ③ 과거사 기본법 ④ 신문법 등 언론관계법이 그것이다. 이러한 법안들은 기울어진 운동장을 바로잡기 위한 대표적인 법안들이자 동시에 노 대통령의 이념과 정책을 상징하는 법안이기도 하다. 이러한 법안의 추진을 중심으로 노무현 - 박근혜를 대표로 하고 열린우리당 - 한나라당을 또 다른 축으로 하여 정국은 서서히 갈등으로 치닫게 된다.

상생을 약속한 양당의 합의에도 불구하고 실제로는 보다 복잡한 갈등의 시작이었다. 첫째, 좌측으로 기울어진 운동장을 더욱 공고화하려는 여당 의원들의 과도한 의욕과 둘째, 이들에 의하여 강력하게 추진하는 좌경적 진보 색채를 띤 각종 법안의 통과, 셋째, 대통령의 추인을 통하여 이를 더욱 공고히 하고 사회 전반에 확산시키려는 삼중의 요인들로 인하여 상생의 정치는 대결의 정치로 치닫게 된다. 양측의 충돌과 갈등은 이후 각종 보궐 선거에서 집권당이 여소야대의 불리한 환경에 처하면서 노 대통령의 임기 말까지 지속되었다. 그리고 과반수가 넘는 의석수를 통한 유리한 입법 리더십 환경과 대화를 통한 상생의 정치를 약속한 야당의 협조적인 태도를 적절하게 활용하여 민생경제를 발전시키고 국가안보를 공고히 할 기회를 살리지 못한 열악한 리더십을 보여주었다.

노무현과 박근혜의 갈등의 시작

먼저 불을 붙인 것은 노무현이었다. 그는 연세대 특강에서 "보수는 힘센 사람이 마음대로 하는 것이고, 진보는 더불어 살자는 것"이라고 하면서 그 이념논쟁에 불을 붙였다. 이에 박근혜는 이에 정면으로 반박하면서 "여야가 상생의 정치를 위해 힘든 발걸음을 내딛고 있는데 노무현 대통령의 발언이 상생의 분위기를 깨고 국론분열을 일으키는 것 같아 우려된다"고 하면서 먼저 민생을 챙기라고 주문하였다. 이에 더하여 박근혜는 "상생의 정치는 무조건 안 싸우는 것이 아니라, 잘못된 것은 따끔하게 비판하고 협력할 것을 협력하겠다는 의미"라고 하여 대여투쟁과 협력의 강온전략을 동시에 동원하겠다는 전략과 원칙을 표명하였다.

4개 쟁점 법안을 추구하는 과정에서 이를 둘러싸고 여당과 야당은 동시에 내분을 겪으면서 당의 정체성과 법안 통과를 위한 전략 등에서 갈등과 분열을 겪게 된다. 먼저 열린우리당 내부에서 실용파와 개혁파 간의 대립이다. 실용파는 경제와 민생을 우선하자는 입장이지만 개혁파는 정치, 사회, 경제 분야의 개혁을 서둘러야 한다는 입장이다. 실용파[專]는 구민주당에서 의정활동 경험이 많은 제도권 출신 인물들이 주축이 되었고 개혁파[紅]는 구민주당의 개혁 세력과 재야 시민운동을 통해 국회에 등원 된 운동권 출신 인물들이 주축이 되었다. 4개 법안에 대하여 실용파는 경제와 민생을 우선시하면 쟁점 법안은 속도를 조절하자는 의견이다. 이에 비하여 개혁파는 먼저 쟁점 법안을 통과시킴으로써 국가사회적 기조를 공고히 한 후에라도 경제와 민생을 챙겨도 늦지 않다는 입장이다.

총선 승리와 헌재의 탄핵 기각을 통해 기사회생한 노 대통령은 세 가지 조치를 했다. 하나는 청와대와 내각을 다시 개편한 것이다. 노 대통령은 정부 출범 초기의 내각 발표 당시 각 부처 장관은 2년 이상 임기를 같이할 것이라고 하였다. 그러나 새 정부 출범 첫 조각 이후 1년 4개월 동안 11차례 개각을 단행하였고, 그 사이에 국무총리 1번 장관은 16명이나 교체되었다. 이는 내각을 통한 리더십의 효율적 운영이라는 대통령 행정리더십의 기본과는 동떨어진 것이지만 탄핵을 통하여 총선에 올인하기 위하여 취한 불가피한 측면도 있다. 둘째, 이를 보완하기 위하여 청와대와 장·차관을 대상으로 참여정부 이후 추진한 정책을 취합하여 성공과 실패를 연구·검토하는 학습을 주문한 것이었다. 마지막으로 당이 청와대 운영에 불필요한 논란이나 간섭을 최대한 자제해 달라고 주문하였다. 이는 노무현이 아직 열린우리당 당원으로 입당하지 않았다는 점을 부각하고 동시에 당의 갈등에 휘말리지 않고 무당적無黨籍 대통령으로서 중립적으로 국정을 수행하겠다는 일시적 중립적 태도에서 비롯된 리더십 의욕이었다고 하겠다.

한나라당 내부에도 반 박근혜파가 박근혜의 리더십을 공격하였다. 이들은 박근혜 대표가 강경한 대여투쟁보다는 상생이라는 이름으로 여당의 좌경진보 정치에 대하여 타협하고 있다고 비판하였다. 또한 박정희 유신 정치의 후광과 연계시켜 유신 정치의 억압과 탄압에 대한 사과와 정수장학회 이사장 퇴진을 요구한 것이었다. 야당의 내분은 과거 민주화 운동 경력을 지닌 인사들을 한 축으로 하고 박근혜의 차기 대권 가능성이 커지면서 이를 견제하려는 야권 강경파들을 다른 축으로 하여 전개되었다. 이에 대하여 박근혜는 여와 야를 향해서 네가티브 전략은 정치발전과 상생의 정치에 맞지 않는다고 하면서 조목조목 이를 반박하였다. 이러한 박근혜의 당내리더십과 대여 리더십은 국민들에게 환영받아 갤럽 여론조사에서 야당 대표로서 잘하고 있다는 평가가 67.1%까지 올랐다.

여당은 4·15 총선에서 승리를 쟁취한 이후 불과 51일 만에 치러진 6·5 재보선에서 참패하였다. 여기에는 개각 파동, 경제침체, 여당 내의 분파적 갈등, 거대 여당에 대한 견제 심리 등이 복합적으로 작용한 결과였다. 아직까지 노무현 리더십이 정착되지 못했음을 보여주는 징표였다. "벼락부자는 벼락거지"라는 말이 있듯이, 탄핵정국으로 예상 외의 과반수 의석을 획득했으나 서서히 그것을 까먹고 마지막에는 분당으로 가게 되는 단서가 된다.

조선일보와 한국갤럽이 조사한 바에 따르면 총선의 결과 열린우리당의 과반수 의석 확보가 경제에 미칠 영향이 좋을 것(56.8%), 별다른 변화 없을 것(17.4%), 좋지 않은 영향을 미칠 것(16%)이라고 희망을 가진 것으로 나타났다. 그러나 총선 3개월 후에 실시한 경제지표 조사에서는 수출기업의 체감경기가 악화되었다. 제조업 기업경기실사지수 (70)가 100을 기준으로 떨어졌고, 향후 전망에서도 수출기업(77)과 내수기업(71)으로 부정적인 결과를 나타냈다. 국제유가는 계속 상승세를 보여 수출에 부정적인 영향을 보이고 있고, 대기업 경기 전망도 하락하여 수출과 내수, 중화학공업과 경공업 부문의 양극화 현상이 심화하였다. 특히 가계부채의 부실이 외환위기 이후 최고치를 경신함으로써 경제침체에 대한 위기감은 물론 체감경기가 계속 추락을 거듭하고 있었다. 이를 만회하기 위하여 참여정부는 잇따른 경기 부양책을 내놓았다. 즉 재래시장 활성화, 부동산 규제 완화, 투기지역 일부 해제, 금리인하, 재정 조기 집행과 재정지출 확대 등 종합적인 대책을 내놓았다.

노무현 정부의 우왕좌왕 리더십은 그가 당과 정을 확고히 장악하지 못한 데서 비롯되었다. 그 대표적인 것이 바로 '아파트 분양 원가 공개'와 '이라크 추가 파병 동의안' 문제였다. 총선 전에 아파트 분양 원가를 공개하겠다고 약속하였다가 총선 후 이를 무효화시켰다. 노무현 대통령은 이러한 혼란에 대하여 침묵으로 일관하다가 민노당 의원들을 만난 자리에서 불쑥 분양원가 공개는 장사의 원리에도 맞지 않다고 이를 뒤집었다. 이라크 추가 파병안에 대해서도 여당 의원의 절반 이상이 시민단체와 함께 반대를 일삼자 마지막에 이들을 압박하여 통과시키게 되었다. 이는 청 - 정 - 당 간의 채널이 제대로 작동하지 않은 결과라고 할 수밖에 없다. 이러한 혼란과 불협화음은 신행정수도 문제에 이르러 절정을 이른다.

노무현은 대선공약 당시 행정수도 이전 문제를 국민투표로 결정하겠다고 하다가 여야 합의가 우선이라고 말을 바꾸었다. 그러면서 국민투표 결정론에서 후퇴하였다. 이에 따라 신행정수도 특별법이 4당 합의로 국회를 통과하였다. 후속 조치로 공주·연기를 후보지로 발표하였다. 헌법재판소는 노무현 대통령의 탄핵 기각에 이어 수도이전 특별법이 재판관 9명의 만장일치로 위헌이라는 결정을 내리자, 여와 야 동시에 불똥이 튀겼다. 노무현으로서는 국회를 끌어들여 서울, 인천 등의 광역시의 반발을 잠재우는 데는 성공했으나 대국민 대선공약을 지키지 못하게 됨으로써 대국민 신뢰 특히 충청권 지역에서 격렬한 반대에 직면하게 되었다. 이에 노무현은 헌재의 결정에 승복하면서도 국가 균형발전을 계속 추진할 것이라고 총리를 통해 발표하였다. 야당인 한나라당 역시 충청권의 표를 의식하여 법안 통과 당시 이에 찬성하였는데 역시 곤경에 처하게 됐다. 박근혜는 이를 계기로 정치권이 모두 자성의 계기로 삼아야 한다고 하면서 사과와 더불어 공동책임이라고 하였다. 특이한 점은 당시 서울시장으로서 서울시를 대체하는 거대 신행정수도가 충청도 지역에 세워지는 것을 반대해 온 이명박이 박근혜의 대항마로 부각되는 계기가 되었다는 점이다.

여당 내의 실용주의파들의 소극적 태도와 한나라당의 강경한 반대로 4대 쟁점 법안의 추진은 소강상태로 접어든다. 대법원이 판결문을 통해 국가보안법 폐지에 반대한다는 입장을 피력하였음에도 불구하고 과거사 문제, 노동운동 및 언론 횡포 문제 등을 언급하면서 노 대통령은 쟁점 법안의 추진 의지를 강조하였다. 이를 위하여 노무현은 일차적으로 당정을 분리하겠다는 이전의 방침을 바꾸어 당을 장악함으로써 당내의 반대 목소리를 잠재우고, 집권 여당은 국보법을 다시 재추진하겠다고 결의하였다. 한나라당은 압도적인 표 차로 박근혜를 다시 당 대표로 선출하였다. 이에 박근혜는 "내 모든 것을 걸고 국보법 폐지를 막겠다"고 하여 양측의 충돌은 일촉즉발의 상태로 진입하였다. 이런 가운데 조·중·동을 겨냥한 언론관련법 즉 한 언론사가 신문시장의 30%를, 3개 언론사가 합쳐서 60%를 초과하는 경우 시장 지배적 사업자로 규정하여 규제할 수 있는 정부 측 법안을 발표하였다.

이러한 노 대통령의 이념투쟁에 치중한 일방적 밀어붙이기식 리더
십과 경제정책과 정치안정을 위한 리더십에서 보여준 우왕좌왕 리더
십이 일관성을 상실하면서 그의 임기 중 지지도는 계속 하강 곡선을
그리고 있었다. 지지도는 24.4%로서 국정 수행 정도가 취임 전에 비하
여 기대 이하라는 응답 역시 73.4%에 달했다. 이는 여론을 정책에 반
영한다(36.4%)가 반영하지 않고 있다(60%)보다 낮은 것에서도 알 수 있
다. 이러한 노 대통령에 대한 부정적 평가는 결국 10·30 재보선에서
기초와 광역 단체장에서 열린우리당 1석, 한나라당이 7석을 얻어 또다
시 참패로 나타났다. 각종의 보궐 선거에 패하기 시작함으로써 노무현
은 결정적인 강펀치보다는 잔 펀치에 쓰러지게 된다.

한나라당 박근혜 대표는 대학생들이 가장 좋아하는 정치인으로서
노무현 대통령(15.9%)보다 높은 지지(18.5%)를 받아 차기 대권을 향해
순탄하게 진행하고 있었다. 그런데도 한나라당 내부에서는 4대 쟁점
법안과 노선 갈등으로 인하여 박근혜로서는 이들을 통합시켜 한편으
로는 대여투쟁을 강행하고 또 다른 한편으로는 자신의 대권 기반을 안
정적으로 관리해야 하는 문제에 직면하였다. 박근혜는 국회 등원거부
투쟁을 포함하여 대여 강경 투쟁을 선택하였다. 또한 노 대통령의 친
북적 발언을 기회로 삼아 보수단체들과 연합하여 4대 쟁점 법안의 입
법 저지에 힘을 합치기로 하였다. 이러한 야당의 강력한 저항에 직면
하여 여권 내부에는 '개혁속도 조절론'이 대두되어 쟁점 법안의 추진
은 어느 정도 소강 국면에 접어들었다.

노무현 정부는 좌파적 쟁점 법안의 추진이 국민적 지지를 확보하지
못하는 이유로서 지지부진한 경제침체에 있다고 판단하고 경제부총리
가 한국형 뉴딜정책을 실시하겠다고 발표하였다. 즉 2005년 상반기 재

정을 조기 집행하고, 연기금, 공기업 사모펀드, 외국자본 등 공공사업에 민간기금을 끌어들여 경기를 활성화하겠다는 의지를 표명하였다. 이는 국내외 각종 경제단체 및 기관들이 한결같이 2005년 한국의 경제성장률을 3%로 진단하자 이에 대하여 위기감을 느낀 이유기도 하다. 노 대통령 집권 후 경제가 계속 하강 국면을 그린 것만도 아니다. 5월 중순에는 IT(정보기술) 제조업 분야 경쟁력이 OECD 국가 중 1위를 기록하였다. 2004년 수출 총액은 2,542억 달러로서 전년도에 비하여 31.2% 늘었고, 이에 따른 무역흑자 역시 297억 달러로서 1998년 이어 두 번째 높은 흑자를 기록하였다.

노무현은 11월 미국 방문에서 대미 관계를 통한 대북 관계에서 친북입장을 재차 확인함으로써 한나라당과 보수우파들을 자극하였다. 대통령 당선 직후의 미국 방문에서는 반미적 입장을 유보하면서 한미 관계의 공고함을 과시하였다. 그러나 일 년이 훨씬 지난 후 이루어진 방미에서는 그의 민족주의적 자주노선의 본색을 보다 강하게 드러냈다. 즉 ① 미국의 대북 선제공격 반대 ② 북핵의 자위권 인정 ③ 미국의 대북 테러국 지정 불가 ④ 북한의 핵 포기 낙관론 ⑤ 미군을 한 곳에 묶어 두지 않고 전략에 따라 유연하게 이동하고 배치한다는 주한미군 전략적 유연성 반대가 그것이다. 이에 한나라당은 북한의 핵개발이 자위적 수단이라는 노 대통령의 발언을 문제 삼아 이의를 제기하였다. 한술 더 떠 노무현은 폴란드를 방문한 자리에서 북한의 붕괴 가능성이 적다고 하면서 북한을 흔들지 말 것을 간접적으로 주문하였다. 이러한 노무현의 대북관련 발언과 태도는 2차 남북정상회담을 염두에 둔 제스처로 읽힐 수 있는 여지를 남겨주었다.

11월 25일 청와대에서 노 대통령과 4당 대표 간의 영수회담이 열렸다. 박근혜는 민생을 챙기라고 주문하면서 연기금을 동원한 경기부양책의 위험을 경고하였다. 특히 국보법을 중심으로 한 4대 쟁점 법안을 포기하라고 주문하였는데 이에 대하여 노 대통령은 당과 정이 분리되어 있기 때문에 국회에서 여야의 합의를 존중하는 방향에서 국회가 결정할 문제라고 하며 국회에 이를 떠넘겼다. 경기 활성화 문제도 국회에서 경기 활성화 법안을 합의해 오면 정부는 이를 성실하게 추진하겠다는 입장이었다. 북핵 인정의 문제는 미국에 대하여 북핵을 빌미로 대미관계를 주도하기 위한 전략적 의도라고 한 발 뺐다. 회담 분위기는 화해적이었으나 노무현은 곤란한 문제는 국회로 공을 떠넘기면서 자신이 계획하고 준비한 정책을 계속 추진할 것임을 간접적으로 나타내 보였다.

노 대통령은 12월 말 여권 핵심 인사들과의 만찬에서 국가보안법을 천천히 추진할 것과 내년에는 경제에 올인하겠다는 말로서 그의 2005년 국정 의지와 목표를 밝혔다. 이를 반영하듯 노무현 대통령의 지지도가 반등하였다. 즉 20%대에서 30%대에 진입하기 시작한 것이다. 이는 ① 그동안 그 특유의 말실수가 줄어들었고 ② 미국방문에 다른 국가원수로서의 활동 ③ 대야와의 대화를 통한 국정운영의지 ④ 농민·노동계에 의한 극렬시위의 감소 등으로 정국이 어느 정도 안정기에 접어들었음을 나타낸 것이다. 그러나 경제침체에 대한 불안과 4대 법안에 대한 갈등이 여전히 복병으로 숨어 있었다.

임기 3년차 노무현의 도전과 시련

2005년을 여는 새해 을유乙酉년은 몇 가지 특징으로 시작하였다. 첫째는 경제에 대한 낙관론으로서 노무현 대통령 역시 경제회복에 총력을 다할 것임을 다짐하였다. 임기 말까지 국민소득 2만 달러 진입을 재차 다짐하였고, 기업에 대해서는 사업하기 좋은 환경을 만드는데 최선을 다하겠다고 공언하였다. 기업들 역시 이에 호응하듯 600대 대기업들은 올해 67조를 신규 투자할 것이라고 화답했다. 작년에 비하여 17% 증가한 수치다. 둘째는 그런데도 국보법 폐지와 과거사를 규명하는 것은 계속 추진하겠다고 함으로써 양당 간의 마찰이 불가피함을 노정 시켰다. 박근혜 한나라당 대표는 당시를 '민생 파탄의 비상사태'로 규정하고 이를 바로잡기 위하여 민생을 위하여 정쟁 없는 정치를 제안하였다. 셋째, 참여정부는 정부대로 정부 규제 개혁 종합계획을 발표하고 34개 부처 450여 개 규제를 손질하기로 하였다. 특기할 점은 신년에 행해진 차기 대통령을 선호하는 여론조사에서 고건(46.9%), 박근혜(32.5%), 이명박(29.4%)으로 나타남으로써 야권 내에서 박근혜와 이명박의 대권 경쟁이 가속화될 것이라는 점이 명확해졌다.

이제 집권 3년 차에 들어선 노무현의 정치리더십은 대내외적으로 유리한 환경하에서 안정적인 리더십을 행사할 수 있게 되었다. 지난 집권 2년에 대한 평가에서 "잃어버린 세월" vs "근본적 개혁의 기초" 또는 "이념으로 국민 편 가르기를 통한 분열의 시기" vs "권위주의와 정경유착의 청산"이라는 양극적 평가 속에 임기 3년 차를 맞이하였다. 즉 문 분출기(취임에서 재신임까지) → 대 혼란기(대선자금 수사에서 탄핵까지) → 세력 안정기(총선부터 수도이전 위헌결정까지) → 노선 조정기(자이툰부터 경제 올인까지)를 거쳐 초기의 미숙함과 급진적 진보 정책에서 탈피하여 안정적인 국정운영의 기반을 맞이하였다.

노무현 참여정부 중간평가 학술회의에서 양승함 교수는 "참여정부는 과거의 사고방식과 행동으로는 존립할 수 없다는 개혁의식을 국민에게 심어주었지만, 사회통합의 측면에서는 실패했다"고 평하였다. 정윤재 교수는 직설화법은 개혁 의지를 명확히 표현했을지 모르겠으나 국민에게 짜증과 분노를 유발했다. 그러면서도 토론문화를 새롭게 만드는 데에 기여했다고 했다. 이러한 긍정과 부정이 공존하는 평가에서 노무현은 집권 초기를 돌이켜 보고 이념을 통한 국민 편 가르기를 자제하고 권위주의와 정경유착 청산을 통하여 직접 경제를 챙기려는 의지를 보여주려고 노력하였다. 그럼에도 불구하고 그가 청산하려던 권위주의의 누수와 정경분리가 주변 인물 차원에서는 지켜지지 않아 더욱 혼란에 빠졌다.

아무튼 노무현은 임기 초에 그와 코드를 같이 하는 비전문적 인사들 특히 운동 세대인 386들을 전문가로 대체하면서 본격적인 국정 수행 진용을 갖추기 시작하였다. 노 대통령은 탄핵이 기각된 후 비서진들과 장·차관 등의 내각들에 시행했던 학습운동(지나간 정책을 재검토하여 긍정적인 것과 부정적인 것을 분류하여 정책 수립과 추진에 참고한다는 것)을 부활시켜 청와대와 행정부를 장악함으로써 그의 리더십 역량이 발휘될 수 있도록 다양한 조치를 강구하였다. 학습 운동은 그의 대통령 리더십에도 적용되어 지난 2년의 리더십 결과를 종합하고 잔여 임기의 국정운영을 위한 새로운 발전된 리더십을 모색하였다. 집권 2년을 경과한 후 비로소 나타나기 시작한 각종의 긍정적인 변화를 어떻게 그가 더 발전적으로 만들 수 있는가는 전적으로 그의 리더십 몫이었다. 이러한 노 대통령의 리더십을 총체적으로 평가하는 시점이 다가오고 있었는데 바로 4·30 재보선이 그것이다.

이기면 관군, 지면 적군 또다시 여소야대로

4·30 재보선이야말로 관군과 적군을 구분 짓는 선거가 되었다. 선거지역 6곳에서 '열린우리당'은 한 석도 못 건지고 '한나라당'에 4곳을

내주어 대참패를 맛보게 되었다. 이로써 열린우리당은 146석으로서 과반수 의석에 못 미치게 되었고, 야당은 무소속을 합치면 153석이 되어 또다시 여소야대의 국면을 맞이하게 되었다. 결론적으로 재보선 결과는 대통령에 대한 지지율이 집권당에 대한 지지율로 연결되지 않은 데서 비롯되었다. 즉 청와대에서 자체 조사한 노 대통령 국정 지지도는 52%까지 치솟았으나 이것이 ① 여당 견제 심리와 ② 청년층의 투표 참가 저조 및 ③ 농촌지역 위주여서 보수층의 투표가 가능했다는 열린우리당의 해석도 어느 정도 일리는 있다. 이를 뒷받침하듯 통계청이 3월에 발표한 자료에 따르면 국민들의 소비 심리 회복 속도가 빨라지고 있으며 200만 원대 중산층의 소비 기대지수가 102.8을 기록함으로써 소비 심리 회복이 고소득층에서 중산층으로 확산하는 것으로 나타났다. 이러한 추세를 반영하듯 주택거래가 급증하고 있다고 발표하였다.

일본속담에 "살쪄가는 호박에 바늘 찌르기"라고 있다. 계속 승승장구하던 박근혜는 집권 여당의 과거사 공격으로 인하여 당내(당노선의 우경화, 당명 개정의 반대, 당권 대권 분리론)와 당외(독재자의 딸, 박정희 대통령에 대한 과거사 포함)로부터 동시에 시달리고 있었다. 이러한 와중에 4·30 재보궐 선거를 승리로 이끌어 당내의 분란을 일시에 안정시킬 수 있게 되었다. 여당에서는 선거의 패인으로서 박근혜와 같은 전국적 지지를 받는 대중스타의 부재라고 분석하여 박근혜의 대중적 인기도를 실감케 하였다. 이를 증명하듯 호남지역에서 박근혜에 대한 지지율은 51%이지만 한나라당에 대한 지지율은 5%에 그친다는 여론조사 결과가 이를 잘 말해 주고 있다. 이로써 박근혜는 차기 주자로서의 입지가 더욱 강화되었으면서도 동시에 소위 '재보선 전문당'이라는 한계와 우려를 하게 하였다. 가장 중요한 대선에서는 연거푸 패배하면서 재보선에서만 승리함으로써 차기 대선을 겨냥하면 안심하고 즐거워할 일만은 아니라는 자성론과 내부 경계론이 동시에 일어났다.

4월 재보선으로 노무현과 여당은 심기일전하여 국정의 주도권을 다시 잡고 차기 대선에서의 승리를 위한 계기로 삼았다. 노무현은 무엇보다도 경제의 중요성을 깊이 인식하여 그가 직접 경제문제 전반에 걸쳐 관여하였다. 청와대 경제정책 수석이 발표한 바에 따르면 취임 후 1년 동안 노 대통령은 경제정책 방향 점검 관련 회의 8회, 중소기업 지원 육성 관련 회의 7회를 포함하여 85차례의 회의를 주재하거나 민생현장 방문 일정을 소화했다고 밝혔다. 이러한 노력은 임기 중반까지 일관되게 이어져 왔다.

문제는 경제를 전문가에게 일임하지 않고 역설적으로 너무나 많은 것을 챙기는 데서 오히려 경제가 꼬여가게 됐다. 정치 리더십은 경제리더십과 별개의 것이 아니라 정치 리더십을 통하여 경제리더십을 통할하고 관장함으로써 이의 성공을 통하여 정치 리더십의 효율성을 극대화시키는 것이다. 노무현의 정치 리더십은 경제리더십에서 성공적이지 못한 데서 정치 리더십마저 상처를 입는 악순환이 그의 임기 내내 계속되었다. 박근혜 역시 유사한 악순환 즉 정치 리더십과 경제리더십 사이의 커다란 괴리로 인하여 경제는 깊은 수렁에 빠지고 정치는 교착상태에 빠지는 리더십 무능을 결과하였다.

노 대통령의 직접 경제챙기기 노력에도 불구하고 경제 현황은 나아지지 않고 더욱 악화일로를 걷게 되었다. 자영업자 폐업률은 19.7%로 역대 최고치를 경신했고, 국내 GDP 1분기 성장률은 2.7%로서 집권 후 최저를 기록하였다. 수출은 둔화되고 소비회복 속도(특히 민간 소비 증감률이 -3.0)가 느린 데 기인했다. 이를 반영하듯 1분기 경제 성장률은 1.6%로서 대국경제인 미국(3.5%)과 일본(5.3%), 중국(9.5%)에 비하여 현

저하게 낮은 것이다. 이는 수출주도형 경제성장 모델을 지닌 한국으로
서 주변국들의 비약적인 경제성장을 활용하지 못한 참여정부의 경제
리더십의 무능력을 잘 보여준다. 그래도 거시적인 수치는 비교적 긍정
적이다. 스위스 IMD가 발표한 국가경쟁력 지수는 60개국 가운데 29위
로 지난해보다 6단계 올랐다. 특히 광대역통신망 가입자 비율(1위), 광
대역 통신비용(2위), IT부문과 특허 생산성(2위), 환율 안정성(2위)에 올
라 있어 안정적인 지표를 보여주었다. 이는 거시경제와 미시경제 간의
불일치를 잘 나타낸 것이다.

　노무현 대통령은 여소야대 정국으로 대통령을 임기를 시작한 이래
그는 거대 야당으로 인하여 국정의 주도권을 잡지 못하고 번번히 그의
국정 계획이 좌절된다고 인식하였다. 그러자 탄핵정국을 통하여 기사
회생함으로써 여대야소를 만들었으나 4·30 재보궐 선거를 통하여 다
시 여소야대가 되었다. 그럼에도 불구하고 오히려 중대한 법안을 무리
없이 통과시킬 수 있었다.[1] 이는 향후 한국정치에 중대한 의미를 던져
준다. 즉 여와 야의 이념과 노선을 중심으로 한 극렬한 대치정국에서
소수의 여당이 거대 야당의 협조를 통하여 중대한 법안들을 상당 부분
통과시킬 수 있었다는 점이다. 첫째, 집권 여당이 의석수의 불리함을
인정하고 사안에 따라 여당에 협조하였으며, 둘째, 야당의 정책 가운
데 국가 발전에 부합되는 정책은 야당적 색채가 강한 정책이라고 할지
라도 이를 수용하고 추진하는 것이며, 셋째, 사안에 따라 집권 여당과
다른 목소리를 내고 심지어는 당-청간의 갈등을 감수하고서라도 이
를 강력하게 추진하려는 대통령의 의지가 작용했기 때문이었다.

　이 사실이 향후 한국 정치에 던져주는 중요한 함의는 한국 정치가

---

1) 조선일보, 2005년 7월 7일.

여소야대 정국에 처하게 되더라도 노무현이 잠시 보여준 타협적 리더십이야말로 정국의 교착 내지는 장외투쟁이나 날치기 통과 등으로 얼룩진 한국 정치사에 어떤 중대한 의미를 주고 있다. 이는 구두닦이에서 예일대 경제학 박사를 취득한 멕시코의 에르네스토 세디요Ernesto Zedillo 대통령을 연상케 한다. 그는 멕시코 대통령 선거 사상 가장 낮은 득표율로 당선했고 여소야대의 상황에서 집권당 '제도혁명당'의 기득권을 양보하고 야당과 반대 세력의 지지를 얻어 개혁에 성공할 수 있었다. 그의 집권 기간 대대적 국가 개조를 실현하고, 민영화를 주도하였으며, 고율의 인플레를 10% 이하로 줄이는 데 성공할 수 있었다. 아쉬운 점은 노무현의 타협적이고 유연한 대 국회리더십이 더는 발휘되지 않고 진보적 이념정치에 더욱 매몰되기 시작하면서 정국이 더욱 꼬이기 시작했다는 점이다.

토끼를 보고 개를 풀어주다.
: 참여정부의 위기와 열린우리당의 지지율 하락

노무현은 임기 중 가장 심각한 위기 상황을 맞이하게 되었다. 과거의 위기는 측근 비리 또는 탄핵 등 노무현의 리더십과는 별개로 조성된 된 것인데 반하여 이번의 위기는 노무현 리더십이 지닌 자체적 한계로 인하여 조성되었다는 특징을 보인다. 세 가지 방향에서 왔다. 첫째, 동북아 중심 국가론 논쟁이다. 3월 육군 제3사관학교 졸업식에서 앞으로 한국이 어떤 선택을 하느냐에 따라 동북아의 세력 판도가 변화될 것이라고 전제한 후 "한·미·일의 '남방 3각'과 북·중·러의 '북방 3각'이라는 냉전 구도를 탈피해야 한다"고 하였다. 따라서 한국이 균형자적인 지정학적 위치와 높아진 국력을 바탕으로 균형자적인 역할을 자임함으로써 더 이상 냉전체제의 유산으로 남아 있지 말아야 한다는 민족주의적 외교관을 피력하였다. 터키 방문에서는 한국 교민들과의 간담회에서 미국 사람보다 더욱 친미적인 사고방식을 갖고 이야기하는 사람들이 대하기가 어렵다고 하여 반미와 친북을 동시에 겨냥한 민족주의적 사고의 단면을 보여주었다. 이에 주변국 특히 미국은 한국을 견제하기 시작했고, 중국은 한국을 경계하기 시작했고, 대일본 강경노선으로 인하여 한일관계는 경색되었고, 북한은 핵실험을 감행함으로써 동북아에서 고립되는 결과를 가져왔다.

둘째, 당-정-청 불협화음이다. 집권 세력 내부에서는 취임 첫해인 2003년 재신임 국민투표 제안, 2004년 탄핵에 이어 세 번째로 가장 심각한 위기에 처해 있다고 평가하였다. 청와대를 중심으로 당-정-청의 시스템이 제 기능을 못한 원인이 구조적이고 복합적이라는데 그 문제가 있다. 열린우리당에서는 청와대 보좌진과 자문위원회를 중심으로 아마추어 국정이 운영되면서 당의 주도적인 역할과 기능이 무시되어져 가고 있다고 청와대를 향해 목소리를 높였다. 따라서 당이 청와대와 정부를 이끌어야 한다고 주장하였다. 정부로서는 당이 일치단결해서 정부를 전폭적으로 지원하기보다는 실정失政이라고 비판만 한다고 불만을 제기하였다. 또한 청와대를 향해서는 위원회가 너무 많고 청와대가 관여하게 되면 정책이 정치 논리에 영향을 받게 된다고 하였다. 청와대로서는 당·청 분리를 이미 천명한 상태에서 총리가 모든 것을 관리하고 책임지는 상태에서 청와대에 문제를 제기하는 것은 맞지 않다고 당에 대하여 불만을 표출한 것이다. 예를 들면 정부 정책 가운데 청와대가 극찬한 '영세 자영업자 대책'이 여론과 당의 공격받아 발표 1주일 만에 철폐되었다는 사실에서도 잘 나타나 있다.

셋째, '행담도 문제'다. 참여정부는 대통령 직속, 국정과제위원회에

12개 자문위원회를 설치하였다. 그 외에도 정부 내 각종 350여 개의 각종 정부위원회자문위를 설치하여 정부의 각종 정책의 수립에 관여하는 체제로 국정을 운영하였다. 마치 "망치의 쇠보다 자루가 더 굵다"는 일본속담을 떠올리게 한다. 여기에 속한 동북아 위원회가 행담도 사건에 연루된 것이다. 발표된 수사 결과(2005.6.17)에 따르면 동북아 시대 문정인 위원장과 국민 경제회의 정태인 사무차장, 인사 수석이 연루되었다. 싱가포르의 가짜 편지와 개발회사 대표의 가짜 이력을 믿고 500억 불 프로젝트를 추진한 대국민 사기극이었다. 감사원의 발표에 따르면 노무현 대통령은 개략적인 보고를 받았으나 자세히는 몰랐고, 단지 주변에 관심을 가져달라는 말만 했다는 것이다. 청와대는 동북아위가 'S프로젝트'의 선도사업으로서 행담도 사업을 추진한 것은 잘못되었다고 선을 그음으로써 국책사업은 그대로 추진되고 행담도 사업은 취소됨으로 끝을 맺었다.

노무현의 경제 올인 정책이 제대로 실효를 거두지 못하고, 행담도 비리가 터지고, 당·정·청의 불협화음이 계속되자 그와 집권당의 지지도는 계속 떨어지기 시작했다. 열린우리당은 17.5%로 떨어져 호남과 청년층의 이탈이 심각하게 진행되었다. 더불어 노무현의 지지율 역시 일본에 대한 강경발언으로 47%까지 치솟았던 지지율이 27%대로 동반 추락하였다. 서울대 리더십 수강생은 19.5%만이 지지를 보냈다.

이러한 상황에 직면하자 노무현은 당원들에게 편지를 보내 도덕성 상실에 따른 여당의 위기라고 진단한 후 행정수도 위헌결정, 4대 개혁법안 저지, 보궐 선거 패배를 거치며 정국의 대세를 놓쳐버렸다고 자체 진단했다. 이로써 당이 흔들리고 나라 전체가 어려움에 빠지게 되었는데 그 이유로서 신뢰의 상실, 대세의 상실, 당의 구심력 부재를 꼽았다. 따라서 중앙당이 다시 구심력을 세워 지도력을 행사할 수 있도록 지도부를 지지하고 그에 힘을 실어주어야 한다고 했다. 이러한 위기를 타개하기 위하여 노무현 대통령은 또다시 충격요법을 통한 위기극복을 시도한다. 즉 '연정론聯政論' 카드를 다시 꺼내 들었다. 토끼를 보고 개를 풀어준다고 했다. 계속되는 실패와 위기에 대하여 자신만의 개(연정론)를 풀어놓은 것이다.

연정과 민생, 연정론을 통한 위기 돌파

노무현은 조선일보 기자에게 4·30 재보궐 선거에서 참패하자 구체적으로 연정을 구상하기 시작했다고 토로했다. 이대로 가다가는 식물대통령이 될 것에 대한 우려에서 비롯된 것이었다. 여소야대 대통령이 경제와 부동산을 다 해결하라는 것은 비정상이라고 말하면서 '연정론'을 꺼내 들었고 이를 추진하기 위하여 국민들을 상대로 '편지정치'를 시작하였다. 노 대통령으로서는 연정론은 정치적 돌파구이고 대국민 편지는 제2의 노사모를 규합하여 이를 통해 제 2의 정치혁명 또는 시민혁명을 시도한 것이었다. 인도의 현인 라즈니쉬는 "성공만 한 실패는 없다"고 성공의 역설을 갈파하였다. 과거 비움과 내놓음의 절박함으로 승부를 걸어 성공했던 경험을 되살려 '연정론聯政論'을 제시하였다. 노무현에게 있어서 연정론은 다음의 여러 가지 목적과 기능을 지닌다.

첫째, 연정론은 여소야대의 국면에서 집권당이 주체적으로 정책을 추진하기 어렵고, 그러한 여소야대는 소선구제 하에서 구성된 지역 대표성 정당구조에서 비롯되는 것이기 때문에 여와 야가 정부를 공동으로 운영하고 책임을 지자는 특수한 형태의 권력구조라고 할 수 있다. 대통령중심제 하에서 권력에 보장된 국무총리의 행정부 통할권을 보장함으로써 권력을 분할하자는 의미라고 할 수 있다. 이를 위하여 거대 야당에서 국무총리를 영입함으로써 청과 당 및 행정을 일관되게 만들기 위하여 야당과 더불어 분할 내지는 공동으로 국정을 운영하자는 것이다.

둘째, 연정론과 재신임 투표와의 연관성이다. 그가 야심적으로 일일이 챙기는 경제정책이 실효를 거두지 못하고 있고, 그가 중간평가로 삼겠다고 승부수를 건 각종 중간 선거에서는 집권당이 참패를 거듭함으로써 그에 대한 국민적 지지와 신임이 떨어져 가는 악순환이 거듭되는 실정에 놓여 있었다. 이에 유럽과 일본과 같은 내각제 국가에서처럼 대통령 신임에 대한 투표라는 극단적 방법을 통해서 탄핵정국에서 재신임받은 것과 같은 어떤 극단적 조치를 염두에 둔 발언이었다고 할 수 있다.

셋째, 노무현은 연정론이야말로 "저의 전 정치 인생을 최종적으로 마감하는 총정리의 노력"이라고 하면서 당에 대하여 그의 진정성에 대한 이해를 구하였다. 그러면서 신임을 받지 못하면서도 자리에 연연하는 것은 적절치 않다고 하면서 사임 카드라는 초강수를 던졌다. 그러나 지역 분할 구도 타도를 위한 법과 제도가 마련된다면 집권당이 선거에 진다고 해도 이는 역사적인 업적으로 남길 수 있다고 하면서 그의 정치적 진정성과 버림의 정치를 다시 표출하였다. 그러나 국민의 72.9%가 이를 반대하였다.

노무현의 연정론 제의에 대하여 박근혜 대표는 "모든 권력은 국민으로부터 나온다"는 헌법 제1조와 "대통령은 헌법을 수호할 책무를 진다"는 조항을 들어 즉각적으로 거부하였다. 연정론은 자연적으로 헌법개정과 연관되기 때문에 노무현은 자신의 권력을 축소하는 형태로 이러한 연정을 먼저 실험적으로 실시할 수도 있고 임기라도 줄여서 법으로 확정할 수 있다는 그만의 확고한 결심이었다고 할 수 있다.

2005년 9월 7일 청와대에서 대통령 노무현과 야당 한나라당 대표 박근혜 대표 간 영수 회담이 성사되었다. 당시 노무현 참여정부가 '역사 바로 세우기', '사학법 개정', '국가보안법 개정' 등을 추진하고 있는 가운데 이를 저지하기 위하여 한나라당은 박근혜 대표를 중심으로 장외투쟁에 뛰어듦으로써 정국이 교차하고 국정은 마비된 상태였다. 이에 정국의 돌파구를 마련하기 위한 노무현 당시 대통령의 제의로 성사된 것이다. 노무현은 "비판만 하지 말고 한번 (내각을) 맡아서 해보라"고 했다. 그러나 박근혜는 "연정이 핵심이 아니라 민생을 챙겨야 한다"고 이를 거절하였다. 노 대통령이 불을 지핀 '대연정론'은 이후 힘을 잃었고, 박근혜는 국가원수에 맞선 강인한 '지도자'의 이미지를 한층 더 굳히게 됐다. 여론조사 결과에서도 박근혜에게 공감이 48%로서 노무현에게 공감한다 18%보다 배 이상의 공감을 받아 노무현 대통령의 입지가 더욱 어렵게 되었다.

나쁜 일은 쌍으로 온다. 보선 참패와 당내 반 노무현 정서의 폭발

노무현은 집권 이후 그의 노력과는 달리 주변과 측근의 비리 문제, 대선 불법 자금으로 인한 비리 문제, 그가 속한 집권당의 부정부패 문제, 그리고 과거의 동지였던 민주당으로부터의 불리한 유산들이 그의 말실수와 파격적인 정치적 도박 등과 합쳐져서 그의 리더십 동력을 자주 약화해 온 것이 사실이다. 나쁜 일은 단독으로 오지 않고 친구를 데리고 온다고 했던가福無雙至, 禍不單行. 노무현은 그의 리더십의 직접적인 결과가 아닌 문제로 인하여 또다시 위기에 처하게 된다.

첫째, 전시작전권 환수 문제로 야권의 극심한 반발을 불러일으켰다.

서광을 보인 북핵 문제를 틈타 대미 군사 자주권을 주장함으로써 다시 이념적 논쟁을 불러일으켰다. 9월 29일 6자 회담에서 200만 kw의 전력 공급과 1차 핵 포기 이후 중단된 경수로 재건설을 한국 측이 약속하고 북한이 이에 답하면서 핵 포기를 약속하였다. 그러나 북한이 1차 제네바 합의에서 이루어진 핵 포기 약속을 지키지 않아 노무현은 보수진영으로부터 집중적인 포화를 맞았다. 즉 대북 퍼주기를 통하여 일시적인 한반도의 안정과 평화를 구걸했다는 격론을 다시 불러일으킨 대북 퍼주기 외교를 즉각 중단하라고 노무현의 대북정책을 압박하였다.

둘째, 국정원 도청 파문으로 말미암아 민주 세력과 진보정권의 정치적 도덕성이 심하게 손상되었다. 특히 김영삼, 김대중 두 민주인사가 대통령이 된 후에 이루어진 권위주의 정치행태여서 국민적 배신감이 더욱 컸다. 김영삼은 정치적·도덕적 책임에서는 자유롭지 못하지만, 공소시효 만료로 법적 책임에서 자유로운 상태였다. 그러나 김대중은 공소시효가 살아있어 동교동계와 DJ측으로부터 대북 송금에 이어 김대중을 또다시 어렵게 만든다고 비난받았다. 진보 진영 특히 호남지역에서의 반발을 불러일으켜 노무현 대통령은 더욱 어려운 입장에 처하게 되었다.

세 번째, 친북 발언과 방명록 사건으로 이념논쟁의 중심에 놓인 강정구 교수 문제로 검찰총장이 법무부 장관의 지시를 거부하고 사표를 낸 것이다. 이에 대하여 노무현은 검찰 집단의 대정부 항명 사건으로 규정하고 검찰 권력을 방치한 결과라고 이를 해석하면서 검찰을 비난하였다. 한나라당 박근혜 대표는 만경대 정신을 품고 가겠다는 노무현 정부의 정체성을 문제 삼으면서 그동안의 대여 공격 수위를 조절해 오던 태도를 바꾸어 공격을 퍼부었다. 청와대는 야당에 대하여 독재정권의 뿌리 정당이고, 인권유린을 서슴지 않았던 수구세력이라고 비난을 가하기 시작했다.

이러한 리더십 위기는 직간접적으로 노 대통령의 시국관과 그의 정책들에 대한 평가적 성격과 맞물리게 되었다. 결국 10.26 보궐 선거에서 열린우리당은 0:4로 또 패배하였다. 일본속담에 "산에는 안 넘어지고 개미총에 넘어진다"라고 했다. 대선에는 승리하였으면서도 작은 보궐 선거에서 지속해 패배함으로써 노무현 리더십을 갉아먹기 시작했다. 계속되는 보선에서 실패에 위기감을 느끼게 된 노무현과 집권 여당 열린우리당으로서는 이제 내년 5·30 지자체 선거에서 승리가 시급한 과제로 다가왔다. 열린우리당으로서는 지자체 선거에서의 승리를 쟁취함으로써 서서히 한나라당에 넘어가는 정국의 주도권을 다시 확보해야 할 절박한 입장에 놓이게 되었다. 또한 내 후년에 다가올 대선에서 진보정권이 계속 집권할 수 있는 토대를 마련하기 위해서는 아직은 노 대통령과 한배를 타야 하고 그의 도움이 절실한 입장이었다. 대통령으로서는 진보 세력들로부터 반대에 부딪혀 추진이 어려운 각종 친우파적 정책 즉 이라크 파병 연장과 한미 FTA, 및 제주도 강정마을 해군기지 건설 등의 문제에서 추진력을 얻어야 할 입장에 있었다.

프랑스 문학가 모리스 바레스Maurice Barres(1862-1923)는 『바레스의 스파르타』에서 "정치가는 줄타기 곡예사이며, 자기 행동과 정반대되는 말을 하며 균형을 유지한다."고 했다. 노 대통령은 이전에 경제에 올인하겠다는 말을 뒤집어 그것은 선동정치라고 비난하면서 정치의 많은 분야에서 경제만 있는 것은 아니라고 하면서 정치에 올인할 것을 표명하였다. 그 일환으로서 청와대의 정무 기능을 대폭 강화하였다. 비서실장이 주재하였던 정무 관계 수석회의를 대통령이 직접 주재함으로써 정치문제에 관하여 직접 관여하겠다는 의지를 보였고, 정무 점검회의를 비서실장이 직접 담당케 함으로써 대통령이 청와대 내의 정무 관계를 직간접적으로 총괄하겠다는 것이다. 아울러 국민과 집권당을 향해서 연정 논의를 중단하고 더 이상 임기를 단축하거나 대통령직을 담보로 한 정치 도박과 같은 일은 하지 않겠다는 약속함으로써 안정적인 정국운영 의지를 강조하였다. 아울러 그의 정치적 염원인 지역 분권 정치를 타파하기 위한 선거구제 개편안을 국회에서 여야 합의로 통과시켜 달라고 당부하였다.

보선에서의 참패는 지금껏 서서히 가동하기 위한 내년 5·30 지자체 선거의 중간단계에서 중대한 문제가 있었음을 알게 된 것이다. 즉 첫째, 보선에서 패배할수록 그에 비례하여 노 대통령과 열린우리당에 대한 지지율이 동반 하락하는 현상을 보여주었다. 이는 결국 대통령과 집권당의 국정 추진동력이 계속 떨어지게 되는 결과를 가져왔다. 둘째, 계속되는 보선의 실패에 위기감을 느낀 집권당의 실용적 노선의 의원들은 보선 실패의 책임을 노무현에게 돌리며 노무현의 탈당을 거세게 압박하였다. 셋째, 당이 계속 선거에서 실패를 거듭할수록 민주당과의 합당을 통한 과반수 의석의 확보와 민노당과의 연정을 통한 국회 주도의 요구가 거세져 갔다.

여기에는 내년의 5·30 지자체 선거에서마저도 실패할 수 있다는 불안이 내재해 있고, 그 연장선상에서 후년의 대선에서의 패배와 연결될지도 모른다는 불안감이 깊숙하게 자리 잡고 있다. 따라서 여당은 대통령에게 책임을 전가하고 대통령 역시 집권 여당에 대한 불신감이 더욱 커지게 되었다. 10·26 보선에서의 참패를 계기로 집권당에서는 노 대통령의 탈당 요구가 더욱 노골화되었다. 민주당은 노 대통령의 탈당이 열린우리당과의 합당의 전제조건이라고 하면서 노무현의 2선 후퇴를 압박하였다. 일본속담에서처럼 민주당은 "범 잡는 담비"로 되어갔다.

지난 3년의 평가와 2005년의 경제성적표

계속되는 리더십 위기와 그로 인한 보선에서 연속적인 패배에도 불구하고 2005년 한 해의 경제지표는 노무현 임기 동안 가장 긍정적인 것으로 나타났다. 그와 각을 세우는 조·중·동은 노무현 정부의 경제정책이 실패하였다고 계속 몰아세우며 그 근거로서 주변 국가들의 경제성장과 비교하면서 경제가 실패하였다고 몰아세웠다. 한나라당과 박근혜 대표는 참여정부에 대하여 경제에 올인하라고 주문하면서 정치적이고 이념적인 정책을 통하여 투쟁이나 분란을 야기시키지 말라고 하면서 경제문제로 압박을 가했다.

그러나 각종 거시적 경제지표가 보여주는 바는 이들의 공격과는 정반대의 지표를 보여주었다. 2005년 GDP 성장률이 1분기 2.7%, 2분기 3.3%, 3분기 4.4%로 계속 상승해 가고 있으며, 잠재 경제성장률은 4.7%로 한국은행과 외국의 경제평가 기관의 예측을 뛰어넘는 성적을 보였다. 주가 수치는 11년 만에 1,110선을 넘어 1,138선에 근접하였고, 서울 증시의 시가 총액도 2005년 3분기까지 109조 원이 더 늘었다. 그럼에도 불구하고 부동산정책의 실패와 세금의 증액, 청년실업의 급증, 자영업자들의 체감경기가 살아나지 않아 이것을 계속 지적한 보수언론들과 야당의 집중적인 공세에 시달리게 되자 이러한 경제적 성과도 국민들의 지지를 확보하는 데 커다란 영향을 미치지 못하였다. 거시경제의 지표가 상승했음에도 불구하고 이를 민생경제로 연결해 내는 정치경제적 리더십이 그 한계를 드러냈기 때문이다.

사회 각 분야에서 노무현의 지난 3년에 대한 다양한 평가가 내려졌다. 서울대 박효종 교수는 "한 마디로 일하고 싶은 마음은 있었으나 일하는 법을 몰랐던 3년"이라고 평가하였다. 경제 분야에 대하여 명지

대 조동근 교수는 추경예산 편성, 금리인하, 한국형 뉴딜정책 등을 펼치면서 실질적인 경기부양정책이 있었으나 저성장이 계속되었고, 그렇다고 저성장을 대가로 지속 성장의 틀이 마련되지도 않았다고 평가하였다. 이재웅 성균관대 교수는 "경제는 정치를 위한 보조수단인 듯하다"고 하여 정곡을 찌르면서, 경제가 정치에 종속된 리더십이었음을 밝혔다. 결과적으로 국민통합에 실패하였고, 지역주의를 타파하지도 못했고 분배를 성장에 우선시하여 결과적으로 빈부격차를 더욱 심하게 만들어 중산층이 붕괴하고 있다고 총체적 평가를 나타냈다. 이러한 각종 부정적인 평가는 다가오는 지자체 선거를 더욱 암울하게 만드는 전조였다.

4 노무현 집권 후반기의 정치리더십

2006년도는 노무현 집권 4년 차로서 자신의 임기를 마무리하고 그 업적에 대하여 되돌아보는 해라고 할 수 있다. 2006년 1월에 각 언론사에서 행한 차기 대선 후보 선호도 여론조사에서 고건(28%), 이명박(27.5%), 박근혜(17.3%)로서 수위를 모두 야권에서 차지하였고 열린우리당은 정동영(5.9%), 이해찬(3.2%), 김근태(2.8%) 정도여서 정권 재창출의 희망이 거의 없어 보였다. 이는 집권당으로서 차기 대선에서 진보세력의 정권재창출이 어려워질 것이라는 위기의식으로 나타났다. 이러한 불리한 상황을 맞이하여 노 대통령은 성공한 대통령이 되기 위하여 마지막 승부수를 띄우고자 하였다. ① 코드 인사를 통한 리더십의 공고화 ② 당정분리를 통한 탈당 ③ 5·30 지자체 선거에서의 승리가 그것이다.

코드 인사를 통한 리더십 공고화

유시민을 보건복지부 장관으로 임명함으로써 내각으로 불러들였다. 당으로서는 국회의원들을 차출하여 내각에 기용함으로써 한편으로는 당의 대여 정치적 경쟁을 약화시키고, 당의 내분만 일으키게 된 결과를 가져온다고 노무현을 비판하였다. 그런데도 이를 무시하고 유시민의 임명을 강행한 것이다. 노무현으로서는 그와 코드가 맞는 인물을 꾸준히 내각으로 불러들여 한편으로는 그의 뒤를 잇는 후계자를 양성하는 것이고, 동시에 그들의 당에 대한 영향력을 통하여 대통령의 행정리더십을 보다 효율적으로 만들게 하기 위한 다목적 포석이 있는 것이다. 그러나 이는 결국 당의 강력한 반발에 부딪혀 갈수록 대통령과 집권당은 틈새가 벌어져 임계점을 향해 가고 있었다. 이때 골프 문제로 여러 번 도마에 오른 적 있는 이해찬 총리에 대한 비판이 높아져 가는데도 불구하고 계속 그를 감싸려던 노 대통령은 여와 야 및 국민적 비판에 직면하여 할 수 없이 그의 사임을 받아들이고 전격적으로 한명숙을 총리로 임명하였다.

당정분리를 통한 탈당

노무현은 1월 중순 열린우리당 지도부와의 오찬에서 그는 수많은 위기와 고난을 겪었지만, 역설적 전술로 이를 극복·성공하였다고 하면서 당과의 관계에서 역발상을 통한 청 - 당 관계를 주문했다. 즉 그는 대통령으로서의 원칙과 의무를 다하기 위하여 당과는 별개의 길을 가더라도 국가의 미래를 위하여 대통령의 길을 갈 수도 있다고 말한 것이다. 이는 정당 분리의 원칙을 재확인한 것이다. 즉 계속 당 내부의 잡음과 계파 간의 갈등, 이에 따라 집권당이 청와대의 정책을 보조해 주지 못하고 오히려 국민의 불만과 당의 지지율 하락을 대통령의 잘못으로 돌리고 있다는 것이다. 특히 5월에 있을 지자체 선거에만 몰두하여 대통령으로서의 구상과 정책을 당의 입맛에 맞게 돌리려는 때로는 도전적인 행위와 발언에 대하여 노 대통령은 별도의 역발상을 생각한 듯하다. 탈당이 그것이다.

결국 노무현은 열린우리당 지도부와의 청와대 만찬에서 이러한 구상을 피력하기에 이른다. "당과 청와대가 생각이 다르면 떨어져 있는 것이 낫다"고 함으로써 이를 표면화시켰다. 그는 대통령으로 인하여 당의 지지도가 떨어진다고 하는데 대통령 역시 자신의 구상대로 대통령의 직무를 수행하는 것이 당의 지지도를 떨어지게 한다면 탈당이 또 다른 방법이라고 생각한 것이다. 그러면서 5·30 지방선거 전까지는 유보한다고 밝혔다.

이와 동시 탈당에 대한 대안으로서 포털 사이트에 '청와대 블로그'를 개설하여 국민들 특히 그의 지지 세력들을 대상으로 한 직접 정치를 기획하고 실천에 옮기기 시작했다. 그는 자신이 기대고 믿을 수 있는 세력은 당이나 지역 민심이 아니라 그를 알고 지지해 주고 대통령으로 만들어 준 자발적 정치조직 노사모와 같은 형태의 시민 운동적 지지층을 결집하고, 이들을 바탕으로 이를 더욱 확장하고자 시도하였다. 이를 통하여 ① 자신의 정치 이념을 홍보하고 ② 대국민 설득을 병행하며 ③ 자신의 업적에 대한 홍보 및 ④ 변형된 제2의 노사모 운동의 재현을 도모한 것이다.

박근혜 대표는 신년사에서 노 대통령의 아픈 곳을 계속 자극하였다. "공공기금 20조 원 넘는 천문학적 손실을 당했고, 선거에서 떨어진 사람들 챙기느라 장·차관 자리 늘리고, 각종 위원회도 계속 만들고 있다"고 하면서 "국민을 위하여 정부가 존재하지 않고, 정부를 먹여 살리기 위해 국민이 존재한다"고 하여 정부의 공적자금 운용의 실패와 작은 정부가 아닌 비대정부로 바뀌어 가면서 대통령의 리더십이 엉뚱한 곳으로 가고 있음을 지적하였다. 박근혜의 대 노무현 정부와의 투쟁에는 좌파적 이데올로기에 대한 반감이 기본이겠으나 그가 대통령이 되는 것을 못마땅하게 여겼던 민주당 쪽의 생각과 유사한 것으로서 공주의 눈으로 보면 천하에 근본도 없던 사람(굴러온 돌)이 대통령이 된 것을 참을 수 없었기 때문이었는지도 모른다.

국회에서는 한나라당이 계속 등원을 거부한 상태에서 집권당은 민주당과 민노당의 협조를 얻어 반년 동안에 세 번이나 날치기 통과를 강행하였다. 문제는 날치기 된 법안 가운데 노 대통령이 재고를 요청한 사립학교법 재개정 문제도 포함되었다. 이는 박근혜 임기 후반부에 새누리당과 민주당이 각종 법안을 통과시키면서도 박근혜가 줄기차게 요구한 경제 5법은 통과시키지 않은 것과 같은 맥락이다. 이로써 노무현과 집권당 간의 간극은 더욱 벌어졌고, 거대 야당인 한나라당은 집권당과 대통령을 동시에 공격함으로써 그 책임이 모두 노무현에게로 집중되었다. 이를 반영하듯 시민단체인 행정개혁시민연합이 발표한 노 대통령의 국정운영은 인사의 적절성은 지난해에 비하여(2.52 → 2.25), 국정운영의 민주성(3.19 → 2.99), 국정운영의 효율성(2.37 → 2.22)으로 각각 떨어진 수치를 나타내 보였다.

5·30 지자체 선거에서의 대참패

5·30 지자체 선거가 다가오면서 양당은 그야말로 생사를 가르는 혈투를 벌이기 시작했다. 5·30 지자체 선거는 계속된 보궐 선거에서의

연패의 사슬을 끊고 그동안의 열세를 단번에 만회시키려는 집권당과 그동안의 연전연승을 계속 이어 나가 이를 바탕으로 새로운 정권 창출로 연결시키려는 두 정당 간의 전쟁이었다. 평택 미군기지 이전 예정 지역에서 범대위의 폭력시위가 발생하여 국민들의 눈을 찌푸리게 했다. 여기에 반복되어 온 여당의 일방적 날치기 통과, 청 – 정 – 당의 불협화음이 그렇지 않아도 추락해 가는 대통령과 열린우리당의 지지율과 맞물려 선거는 서서히 여당에 불리해져 가고 있었다. 이런 와중에 오세훈 후보를 지지하던 박근혜 대표가 열린우리당 진성당원에 의해 테러당해 병원에 입원한 일이 발생하였다. 조금만 비켜났어도 목숨을 잃을 뻔했던 습격을 당한 박근혜 대표는 의식에서 깨자마자 '대전은요?' 한마디로 모든 대세를 한 번에 바꿔버렸다.

일본속담에 "바둑에서 지거든 장기에서 이겨라"라고 했다. 5·30 지자체 선거는 23 : 223으로 노무현과 여당의 대참패로 끝났다. 열린우리당으로서는 국회의원 보궐선거(바둑)에서 연속적으로 패하였으니, 지자체선거(장기)에서라도 이겨야 하는데 이마저 패하였다. 조선일보 홍준호 기자는 열린우리당의 패인을 4가지로 분석·요약하였다. ① 집값폭등, 세금폭탄, 경기 침체로 민심이 떠났고 ② 민주당과의 분당으로 전통적인 지지층이 떠났고, 그나마 민주당과의 합당에 대통령이 제동을 걸었고 ③ 정치개혁을 내세웠음에도 불구하고 확실한 지지지역, 지지 계층, 지지 세대를 확보하지 못하였고 ④ 중간평가가 아니라고 하여 대통령이 올인하지 않고 뒤로 숨어버린 까닭이라고 하였다. 한 가지 주목할 점은 선거는 상대적이어서 한나라당이 성추행, 부패정당, 당의 내부분열 등에도 불구하고 압승했다는 점이다. 이는 열린우리당의 참패는 한나라당의 승리가 아니라 열린우리당 그리고 노무현 대통령에 대한 심판과 그를 통한 패배의 성격이 더 강하다고 하겠다.

이로써 노 대통령의 레임덕이 도마 위에 오르게 되었다. 선거 패인에 대하여 16.9%가 노 대통령이 마음에 들지 않아서라고 이유를 꼽았다. 당시 신문 기사를 몇 개 인용해 보면 다음과 같다. "모든 게 말뿐이고 실천이 없다", "책임을 안 지고 남의 탓으로 돌린다", "포용력이 없이 편 가르기만 했다", "인사에 있어서 자기식구만 챙긴다", "국민을 무시하고 너무 독선적이다" 등의 이유가 거론되었다.

노 대통령은 이에 대하여 몇 가지 반응을 보였다. 첫째는 국민에 대하여 "민심의 흐름으로 받아들인다"고 했다. 그러면서 "그동안 추진해 온 정책과제를 충실히, 최선을 다해 이행할 것"이라고 함으로써 대통령으로서의 일관된 리더십을 행사할 것임을 확인하였다. 둘째는 당을 향해서 "한두 번 선거로 국가가 잘되고 못 되거나, 어느 당이 흥하고 망하는 것이 민주주의는 아니다"라고 변명함으로써 대통령이 책임을 지지 않고 원론적인 이야기만 한다고 열린우리당 내부에서 격렬한 비판을 받았다. 이에 대하여 청와대는 선거에 졌다고 관행에 따라 무조건 장관을 바꾸고 국정 기조를 바꾸기보다는 정확하게 진단하고 차분하게 보아야 한다는 의미였다고 한발 물러섰다. 마지막으로 이러한 인식은 그의 국정에 대한 인식을 총체적으로 보여주게 되었다. 즉 1993년 캐나다 보수당 정권이 소비세 인상 공약을 걸었다가 2석만 얻고 풍비박산이 났으나 결과적으로 재정위기를 해결하고 경제성장에 기여했다고 함으로써 대통령의 멀리 보는 비전과 그로 인해 당하게 되는 집권당의 불리함은 국가를 위하여 감수할 수 있음을 나타낸 것이다. 아울러 그가 구상하는 증세 정책, 즉 20% 상위계층에 대하여 부과하려는 증세 정책 역시 장기적으로 국가 발전에 유익할 것이라는 암시를 던진 것이다. 그로서는 당을 위하여 정책을 변경하지 않고 정책을 통하여 당의 희생을 무릅쓰고라도 국가를 위한 정책을 추진하겠다는 대통령으로서의 리더십 의지를 보여준 것이었다. 물론 어느 정도 당의 공격에 대한 반론의 성격도 지니고 있으며 자기 합리화의 색깔도 무시할 수 없다. 그러나 궁극적으로 당과 결별하더라도 성공한 대통령으로 남아 진보적 가치를 계속 유지 시킬 수 있는 유일한 방안임을 설득한 것이라고 할 수 있다.

레임덕의 극복을 위한 노력들과 대내외적 위기들

지자체 선거에서 참패를 수습하기 위하여 노 대통령과 열린우리당 지도부는 노 대통령이 말한 바처럼 정확하게 진단하고 차분하게 바라보는 작업에 착수하였다. 데이비드 헨더슨과 찰스 후퍼는 『판단력 강의 101』에서 "상황을 인식할 때는 변화를 야기한 원인을 파악하는 것이 가장 중요하다. 전에는 괜찮았는데 지금은 문제가 생겼다면 변화가 있었기 때문이다. 그리고 문제해결의 첫 단계는 변화의 원인을 밝혀내는 것이다"라고 했다. 노무현은 심기일전하여 변화된 민심의 근본을 살피며 다시 국정에 전념한다.

먼저 임기 말에 대통령이 탈당하는 악순환의 고리를 끊는 의미에서 탈당은 하지 않겠다고 약속하였다. 아울러 당에 대하여 청와대를 비판만 하지 말고 발전적인 대안을 제시해 달라고 주문하면서 고건 등과 같은 외부 인물 영입을 통한 정계 개편이 아니라 열린우리당이 중심이 되는 정계 개편을 주문했다. 또한 부동산정책의 실패에서 패인을 찾았고 서민경제 회복은 당장 해결될 것이 아니기 때문에 내년 대선에 맞추어 하반기 정도에 가시화될 수 있도록 점차 개선하고 피부에 와 닿는 정도로 끌어올리자고 다짐했다. 노무현 정권이 말기를 향해 달려가면서 레임덕을 예방하기 위하여 다양한 조처를 했으나 오히려 더욱 레임덕을 재촉하였다.

첫째, 외교적 위기와 대북정책이다. 노 대통령의 리더십에 치명타를 가하는 충격이 외부 즉 북한으로부터 가해졌다. 즉 북한이 한국은 물론 주변국에서 경고를 보냈음에도 불구하고 미사일 7발을 연속적으로 발사한 것이다. 참여정부가 일관되게 친북 정책을 유지하면서 미국과의 갈등을 감수하면서도 북한의 핵 보유 자위론, 북한 붕괴 보호론, 민족자주 대화론 등을 통하여 북한을 설득하고 식량과 전력 등을 제공하였으나 이것이 일거에 실패로 돌아간 것이다. 따라서 대북정책(안보)과 민생경제(경제)의 양대 축이 동시에 위협을 받게 되어 노 대통령의 리더십 약화를 더욱 가속화하게 된다. 유엔은 북한의 미사일 발사에 따른 대북 제재를 결의하였다. 미국과 일본은 유엔 제재에 추가하여 한국도 제재에 동참해 달라고 요청하자 노 대통령은 "과도하게 대응해 불필요한 긴장과 대결 국면을 조성하는 일각의 움직임은 문제해결에 도움이 되지 않는다"고 하면서 반대 의사를 표명하였다.

한국은 유엔 제재에 부응하여 대북 쌀과 비료 지원을 중단하자 북한은 이산가족 상봉과 금강산 면회소 건설 등을 중단하겠다고 위협하여 남북 관계가 경색되었다. 동시에 중국과 러시아, 미국과 일본에 의해서 추진되고 있는 대북 제재에도 소외되어 동북아 주변의 유관국가에 따돌림 당하고 북한에 비난받음으로써 외교적 고립을 자초한 결과가 되었다. 이로써 노 대통령은 외교적 성과와 자부심에서 커다란 상처를 받게 되었다.

둘째, 내부적 도전이다. 또 다른 충격이 내부에서 가해 졌다. 즉 노 대통령은 미국에 대하여 정경분리 태도를 취하여 대북정책에는 미국과 불협화음을 보이지만 경제에 대해서는 집권당 내부에서조차 반대의 목소리가 있는 한 - 미 FTA를 적극적으로 추진하였다. 그러나 한미

FTA는 임기 초 이라크 파병 문제에서 보여준 진보좌파 진영의 거센 반발에 직면하였고, 심지어 이전에 청와대에서 경제정책의 뼈대를 구축하였던 청와대 정책실장은 한미 FTA 협상 중단을 요구하는 서명에 참여하였다. 더구나 경제비서관을 지낸 한 인물은 반FTA 진영에서 핵심으로 활동하고 있어 한미 FTA는 내부적 반대에 직면하여 노무현을 더욱 어렵게 만들고 있었다.

셋째, 보궐 선거 패배와 이명박의 상승이다. 7·26재보선에서 국회의원 4석에 대한 재보선에서 열린우리당은 또다시 전패하였다. 3석은 원래 한나라당 의석이어서 의미가 크지 않으나 여당 몫의 한 석은 노 대통령 탄핵 당시 민주당 대표로서 탄핵에 가장 앞장섰던 민주당의 조순형 씨가 당선되었다는 점이다. 조순형의 당선은 임기 초 노 대통령에 대한 탄핵을 임기 후반에 이르러 그러한 탄핵을 간접적으로 추인하는 의미를 지님으로써 노무현의 레임덕을 더욱 가속화하게 되었다.

노 대통령의 국정 장악력은 중간 선거의 계속된 패배에 반비례하여 약화 되어갔고 그에 비례하여 집권당과의 갈등은 더욱 증폭되었다. 이로써 열린우리당은 과반에 훨씬 못 미치는 139석이 되어 국회 내에서 정부와 여당의 정책을 추진하기 위한 동력이 더욱 약해졌다. 이러한 갈등의 추세는 더욱 확대되어 집권 여당 내부에서는 노 대통령에 대한 탈당 요구가 가시화되기 시작하였고 당 내부는 민주당과의 합당 필요성에 대한 요구가 더욱 거세졌다. 향후 노무현의 레임덕 또는 리더십 약화는 이러한 당과 노무현과의 갈등이 그 중심에 자리 잡게 되었으며, 이를 만회하려는 노무현의 노력은 오히려 더욱 집권당의 내부적 반발과 야당의 공개적 반대에 부딪혀 더욱 어려워졌다.

열린우리당이 계속 자중지란에 빠져들고 대통령과의 갈등으로 여권의 국정 장악력이 약화되어 가는 와중에 한나라당은 수뇌부 리더십 교체가 이루어졌다. 박근혜는 불출마 선언을 하면서 당 대표는 박근혜와 이명박의 대리전으로 전개되었다. 결과는 박근혜가 지원한 강재섭이 대표로 당선되고 최고위원 5명 가운데 친박근혜계가 3명을 차지함으로써 박근혜의 완승으로 끝났다. 이로써 한나라당은 내분에 휩싸이게 되는데 차기 대통령 지지율에서는 이명박이 앞서가는데 당권은 박근혜 내지는 친박근혜 세력에 의해 장악됨으로써 당권과 대권 간의 불일치로 인하여 당의 분열 가능성까지도 제기되었다.

노무현의 점차적인 리더십 실패와 집권당의 계속적 재보선 및 지자체 참패, 나아지지 않는 민생경제와 체감경기, 외교적 고립과 대북정책의 실패 등이 복합되어 임기 초 일 년 정도 후에 보여준 국민적 이념적 좌표가 약간 좌로 이동한 것을 다시 우클릭하도록 만들었다. 이는 결과적으로 기울어진 운동장을 더욱 고착화시키는 결과를 만들게 되었고 훗날 한나라당에 대통령을 물려주게 되는 결과로 이어졌다. 중도좌파지식인 모임인 '좋은정책포럼'은 노무현 정권의 무능과 실패가 진보세력 전체를 위기에 빠트렸다고 결론지었다.

사면초가의 리더십 형국과 10·25 재보선

인사 코드 밀어붙이기와 더불어 한-미FTA, 한-미 전시작전통제권, 대거 광복절 사면 등에 의해서 노무현 리더십은 임기 말에 갈수록 사면초가에 빠지게 된다. 즉 대통령으로서 국가의 이익을 극대화하고 정권의 정치적 목표를 위하여, 때로는 보수우익 정책을 지향하는 정책과 진보 편향의 정책 사이에서 균형을 유지하려고 큰 노력을 기울였다. 이는 정치사회적으로는 진보적 성향의 정책을 기본으로 하고 이를 세부적으로 밀어붙이지만, 또 다른 측면에서는 국익을 위한 대외적 문제 특히 대미·대북 정책에 있어서는 대통령으로서 국익에 기준을 두고 균형을 유지하려고 하였다. 결과는 임기 초와 유사하게 좌와 우, 보수와 진보 양측에서 동시에 공격받는 형국이 조성되었다.

여기에 잊혀 질만 하면 다시 나타나는 노무현 참여정부의 도덕성 문제가 '성인오락실' 게이트로 다시 불거졌다. 노무현 정권의 실세들과 행정관, 친조카가 깊숙하게 관여된 것으로 보도되었다. 김대중 정권의 '바다이야기' 게이트의 연장이자 후속적 게이트의 성격을 지닌 문제가 터진 것이다. 노무현은 "도둑이 들려면 개도 짖지 않는다고 하더니"라고 이를 변명하였다. 이러한 대형 부패 스캔들과 만성적 경제 침체가 복합적으로 작용하여 노무현의 지지율은 결국 14%로 급격 하락하게 된다. 그런데도 노무현은 경제와 민생은 별개로 봐야한다고 민생 체감 경기의 어려움을 합리화시켰다. 즉 거시적인 경제지표는 계속 좋아지고 있는데 실질적으로 느끼는 민생경제는 악화되는 현실에 대하여 노무현은 "경제가 좋아도 민생은 어려울 수 있다"고 하였다. 실제로 노무현 정부가 임기 내 목표로 삼았던 1인당 국민소득(GDP 국내 총생산 기준) 2만 불의 달성을 눈앞에 두고 있었다. 2006년 9월 기준으로 18,000불로서 임기 마지막 해인 2007년 중반에 달성할 수 있는 것으로 전망되었다.

10·25 재보선에서 열린우리당은 또다시 전패를 면치 못했다. 이로써 2005년 4·30 재보선 이후 네 차례에 걸쳐 실시된 재보선에서 0:40으로 모두 패한 것이다. 이에 굴복하지 않고 노무현은 거시경제의 호조에 힘입어 다시 정치의 중심을 잡고 정치에 올인하기 위하여 이해찬을 중심으로 대규모 정치특보단을 꾸렸다. 그러나 창당 3주년을 맞이하는 열린우리당의 지도부에서는 10·25 재보선에서의 실패를 계기로 열린우리당의 창당은 잘못된 것이라는 자조적인 분위기가 만연하게

되었다. 더구나 노골적으로 대통령을 향하여 안보와 경제에만 몰두하고 정치에서 손을 떼라고 주문하였다. 이는 기본적으로 노무현 당의 이미지를 실패로 규정하고 노무현 당 색깔을 벗기 위한 수순이라고 할 수 있다. 여론조사 결과 열린우리당의 지지율은 한 자리 숫자인 8.8%로 바닥으로 떨어졌다.

노무현의 심리적 특성은 쉽게 포기하거나 물러나지 않는다. 노사모 회원들에게 "정치와 언론 문제는 임기가 끝난 후에도 손을 놓지 않겠다"고 하여 여야로부터 동시에 공격받았다. 여당으로부터는 남은 임기 동안 정치에서 손을 떼고 외교와 안보에만 전념해달라고 다시 요구받고 야당으로부터는 "퇴임 이후를 걱정할 것이 아니고 재임 중에 안보와 경제 등 국정 현안이나 정신 차려 잘 챙기기를 바란다"는 핀잔을 들어, 여와 야로부터 협공받았다. 실제로 노무현의 지지율은 한 자리 숫자인 9.9%까지 떨어졌다. 이런 안팎의 비난과 지지율이 바닥을 치자 약발이 다한 그만의 승부수를 던진다. 즉 국무회의에서 "대통령의 정치적 자산은 당적과 대통령직뿐이다. 당적을 포기하는 것은 불행한 일이지만 그 길밖에 없는 경우도 있을 수 있다. 임기를 다 마치지 않는 첫 번째 대통령이 안 됐으면 좋겠다"고 함으로써 '임기 발언'과 '당적 문제'을 통해 현상타파를 모색하였다.

노무현의 리더십의 계속적 실패는 덩샤오핑에게서 어떤 교훈을 얻을 수 있다. 덩은 사회주의 국가라는 바탕에 개혁과 개방을 통하여 친자본주의적 정치 즉 '중국특색사회주의'를 정착시키는 데 탁월한 리더십을 발휘하였다. 이는 사회주의라는 기본구조 속에 친자본주의를 기능적으로 분리·통합시키는 덩샤오핑만의 리더십이 발휘되었기 때문이다. 노무현 역시 보수우파라는 기울어진 운동장이라는 구조에서 진보적 이념과 정책을 어떻게 기능적으로 결합하느냐에 그의 정치 리더십의 초점이 두어졌어야 했다.

덩샤오핑 리더십의 탁월성은 모순을 통합시켜 상승적 시너지를 만들어 낸 것에 있다고 한다면 노무현 리더십의 실패는 모순을 통합시키지 못하고 갈등만 조장하여 정치적 통합을 이루어 내지 못하였다는 점이다. 덩샤오핑은 개혁과 개방을 이념으로 접근하지 않고 실용적으로 접근하였는데 노무현은 기울어진 운동장을 실용을 통해서 이념적 결과로 승화시켜야 하는데 그렇지 못했다. 덩샤오핑 리더십이 이러한 모순의 통합이 가능했던 것은 강력한 권위, 확고한 비전, 국민적 통합으로 이를 일관되게 추진하였다는 점이다. 노무현은 먼저 강력한 권위가 부족했고, 국민들에게 확고한 비전을 제시하지 못한 채 분열과 갈등으로 일관되어 결국 자신이 만든 당에서 조차 탈당의 압력과 스스로 임기와 연결해 대통령직 포기를 자주 언급하게 된 것이다.

니체는 『권력에의 의지』에서 "수동적이란 앞으로 나아가지 못하고, 두려워서 역행하는 것이다. 능동적이란 힘을 얻으려고 노력하는 것이다"라고 했다. 집권 4주년을 얼마 남겨두지 않은 시점에서 노무현은 레임덕을 거부하고 힘을 얻기 위하여 마지막으로 능동적인 노력을 기울인다. 먼저 강력한 국정 의지를 표명한 것이다. 즉 "할 일도 열심히 하고 할 말도 다 할 생각이다", "터질 때 터지더라도 다르게 할 것은 다르게 하겠다" 등으로 그의 임기 말의 국정 수행 의지를 나타냈다. 둘째, FTA 문제를 마무리하고, 양극화 관련 복지예산 증액을 실현하고, 신행정 복합수도 착공을 무리 없이 진행하겠다는 정책 의지를 보였다. 또한 임기 내에 계속 실패한 부동산정책을 성공으로 마무리 짓겠다고 공언한 것이다. 셋째는 집권 여당의 신당창당이나 정계 개편에 방관자로 있지 않고 적극적으로 개입하여 그의 정치적 의지를 관철하겠다는 것이다. 넷째, 이미 국민적 평가는 한 자리 숫자로 떨어진 지지율에서 확인된 만큼 국정에 대한 '자체평가'를 실시하여 참여정부 스스로 계획했던 일, 수행한 일, 앞으로 남은 일과 이 시기에 있어서 그 일의 국가적 의미 등을 종합적으로 평가하여 국정을 마무리 하겠다는 것이다. 이는 지난 9월 청와대와 각 부처에 이전 정부에서 야당의 반대로 개혁과제가 좌절된 사례를 취합해서 올리라는 지시를 내린 것에 비해 더욱 진지한 접근이다.

5 노무현의 탈당과 대통령 리더십의 종언

2007년은 대선으로 인하여 노무현 참여정부가 실질적으로 끝나는 해이다. 이 한 해 동안의 그의 리더십은 결국 차기 대선에서 진보정권의 3연속 창출이냐 아니면 보수우파들에게 정권을 넘겨주어야 하는가를 결정짓는 해라고 할 수 있다. 그러나 대세는 이미 기울었다. 한나라당의 연이은 재보선 승리와 차기 대선 지지율에서 박근혜와 이명박이 열린우리당의 정동영과 김근태를 커다란 차이로 앞서나가고 있어 이것을 반전시킬 만한 뚜렷한 대안이 없는 상태다. 자신의 리더십 실패에 기인한 것임을 잘 인식한 노무현으로서는 위에 제시한 4가지 노력에 덧붙여 대통령 4년 중임제를 골자로 하는 원포인트 개헌 카드를 전격적으로 빼 든다.

그의 개헌 카드에 대하여 세간의 여러 분석을 종합해 보면 기본적으로 정국을 흔들어 레임덕을 막겠다는 포석에서 비롯되었는데 세부적으로는 ① 신당 창당 문제로 사분오열된 여당을 다시 장악 ② 지지층의 재결집을 노리고 ③ 자신의 리더십 실패를 야당에 책임을 돌리고

④ 이슈를 선점하여 정국의 주도권을 잡기 위한 포석으로 요약할 수 있다. 그러나 한나라당에서 극렬하게 이를 거부하였고, 열린우리당 내에서도 개헌하기 위해서는 먼저 당적부터 포기했어야 한다는 냉소적 반응만 되돌아왔다. 국민의 반대 여론도 만만치 않아 결국 없던 일이 되었다. 이제 노무현은 "물속의 흙부처는 오래가기 어렵다"는 처지가 되었다.

위기 돌파를 위한 개헌론의 제기

노무현은 위기를 맞이할수록 끊임없이 예상을 깨는 위기 돌파를 위한 돌파구를 제시한다. 노무현이 제시하는 돌파구는 ① 제도적 범위를 벗어나는 파격적인 형식을 취한다 ② 주로 자신의 희생을 통한 진정성을 담보로 한다 ③ 자신과 집권당의 기득권 유지를 위한 꼼수가 아니라 정치권 전체를 포함하는 논쟁적 제안을 제시한다 ④ 개인적으로는 노사모와 같은 자신의 전통적 지지 세력을 통한 비제도적 해결을 염두에 두는 방안이다. 노무현은 그동안 측근 비리를 보궐 선거에서 자신의 신임과 연결한다거나, 탄핵을 통해서 기사회생하거나, 연정론과 같은 파격적인 행보를 통하여 위기를 돌파하기 위한 모험을 감행했다. 개헌론은 마지막 승부수였다. 물론 그는 이것이 받아들여지지 않을 것을 알았다. 그래도 시도하고 노력해 봐서 안 되면 할 수 없이 포기하는 것이다. 그의 죽음에서 알 수 있듯이 그는 언제나 저항하고 도전했던 인물이다. 미리 자포자기하지 않는다.

위기 타파를 위한 개헌론 제안을 계기로 여당과 야당은 노무현의 국정 동력이 다 소진되었다고 판단하였다. 여당은 분당을 통하여 민주당과 합당함으로써 정권 재창출의 기반을 마련하고 동시에 노무현과의 거리 두기를 가속해 나갔다. 야당인 한나라당은 노무현 대통령과 집권 여당을 공격함으로써 이미 대세로 기울어 버린 차기 대권의 승리를 위하여 당내 대권 경쟁에 몰입하게 되었다. 노무현은 이에 굴복하지 않고 시민단체 대표들과의 만찬에서 12월 대선에서 "또 한 번 승리하자"고 결의를 다졌다. 또한 "대통령 한 번 했다고 편안하게 일생을 보낼 생각은 없다"고 하여 왕성한 정치 의욕을 보이면서 퇴임 후의 정치적 열망은 시민단체와 노사모와 함께하겠다는 의지를 피력하였다. 고달프고 괴로우며 심신이 지쳐있을 때면 으레 고향을 찾는 것이 인지상정이다. 이제 시민단체, 노사모, 진보적 단체들이야말로 그의 고향이자 마지막으로 기댈 수 있는 언덕이었다.

노무현의 탈당과 총체적 리더십 평가

노무현의 마지막 불꽃은 그가 창당한 열린우리당에 의해서 서서히 빛을 잃어가기 시작한다. 민주당과 합당을 하는 것은 도로 새천년민주당으로 되돌아가는 것이자 이는 결국 지역당으로 회귀하는 것이라고 강력하게 반대해 왔다. 그러나 노무현으로는 정권 재창출이 어렵다고 판단한 열린우리당은 한편으로는 노무현의 탈당을 종용하고, 또 다른 한편으로는 당을 해체하여 민주당과의 재결합을 준비하고 있었다. 배가 떠날 때 사공을 기다리지 않듯이, 노무현이 계속 분당을 반대하자 열린우리당의 일부가 먼저 선도 탈당을 하고 뒤따라 민주당과의 합당을 위한 탈당이 계속되었고, 고립된 노무현은 결국 열린우리당을 탈당하게 된다.

미국의 최초의 민주당 대통령이자 7대 대통령 앤드류 잭슨Andrew Jackson은 "내 진실로 말하는데, 고귀한 노예의 신분이 바로 내가 처한 상황이다"라고 대통령직의 어려움을 토로했다. 끊임없는 여론의 압박과 집권당의 탈당 권유, 야당의 공격 등에 둘러싸여 당시 그는 대통령이라는 노예의 신분 그 자체였다. 노 대통령은 탈당과 관련하여 "임기 말에 과거처럼 당에서 밀려나는 대통령은 하고 싶지 않았다. 그러나 구조적 정치문화의 한계를 극복하지 못했다. 나쁜 선례를 끊지 못하고 당적을 정리하는 네 번째 대통령이 된 어쩔 수 없는 현실을 수용한다"고 했다. 그러면서도 "비록 당적을 정리하지만, 언론의 페이스로 나를 공격하는 것은 대응하겠다. 진보 진영에 대해서도 마찬가지다"라고 하여 예상되는 열린우리당과 진보 진영과의 마찰과 비난을 경고하면서 자신만의 길을 가겠다는 의지를 표명하였다.

하워드 가드너는 "일부 리더는 자신의 목적을 달성하는데 오랫동안 사회적으로 용인된 방식을 거부하고 마침내 보란 듯이 성공을 거두었다. … 때로는 그것이 궁극적으로 자신을 파멸의 길로 이끌 것이라는 사실을 깨닫지 못한다"고 했다. 노무현은 역사의 도도한 흐름에 거역하면서 그리고 자신이 뿌려놓은 씨앗이 꽃피운 정원에서 스스로 물러나야 하는 비극적 결말을 맞이하게 되었다. 임기 초에 타의에 의해 탈당하는 일은 없을 것이라는 자신의 다짐에도 불구하고 피동적인 탈당을 맞이하였다. 갖은 몸부림과 저항을 시도하면서도 개인의 희생과 당이 가야 할 원칙과 정의를 외치면서도 결국 그가 뿌려놓은 씨가 덫이 되어 그의 발목을 잡아 오다가 거기에 굴복하고 말았다. 케사르는 "아무리 나쁜 사례라 일컬어지는 것이라도 그것이 시작된 동기는 훌륭하다"고 했다. '부림사건'에서 시작된 정의의 투쟁이 허무하게 탈당으로 끝을 맺고 있었다.

노 대통령의 탈당은 취임 4년 차와 맞물려 있었다. 취임 4년을 총결산하는 각종의 리더십 평가가 다양한 기관에서 총체적으로 내려졌다.

대체로 모두 부정적인 평가 일색이라는 데서 노무현의 4년을 총결산하는 리더십 성적은 초라하기 그지없다. 첫째, 경제 분야에서 부정적인 평가가 가장 많다. 경제 분야에서의 부정 평가(74.1%)는 임기 내내 일관되게 지적되었던 것으로 주로 부동산정책에서의 실패와 민생 체감 경제의 악화가 주원인이다. 둘째, 그러나 노무현 정부의 각종의 부패 스캔들에도 불구하고 도덕성에서는 가장 긍정적인 평가가 이루어졌다. 즉 부패가 상대적으로 많이 줄었다(42.1%)가 그렇지 않다(25.6%)는 것에 비하여 훨씬 높은 평가를 받았다. 셋째, 교육 문제에 대한 평가(68.4%)는 경제문제에 이어 두 번째로 불신을 받았다. 넷째, 대북정책(42.1% vs 23.8%)과 외교정책(47.7% vs 25%)은 거의 비슷한 정도로 부정적인 평가가 높았다. 다섯째, '참여민주정부'라는 정부의 특성을 추진함으로써 국민의 참여 폭발 특히 지지 기반인 노조와 전교조 등의 불법폭력 시위로 인하여 사회가 자주 혼란에 빠졌고, 여섯째, 동북아 균형자론을 주장하고 추진하다가 대외적인 고립만 자초하게 되었다고 평가했다.

이제 정국은 대선정국으로 급격하게 빨려 들어가고, 노 대통령은 탈당함으로써 당을 통한 정국의 운영과 통제라는 지렛대를 상실하였고, 임기 4년 동안에 대한 부정적인 평가로 인하여 대통령으로서의 실질적인 리더십을 발휘하지 못하게 되었다. 즉 대통령으로서의 적극적인 리더십이 발휘될 공간과 여지가 사라지고 남은 것은 국가수반으로서의 상징적 존재를 통하여 자동으로 움직여 가게 되는 최소한의 제도적 리더십만 남게 되었다. 즉 능동적 리더십은 무력하게 되었고 수동적인 제도적 리더십만 남아 이를 바탕으로 남은 일 년을 보내게 됨으로써 노무현의 리더십은 이로써 일단락을 짓게 된다. 한 가지 특이할 점은 그가 북한을 방문하여 김정일과 회담하였다는 점이다.

대통령 재임 기간 정치를 요동치게 만들고 국가를 불안하게 만들었으며 파격으로 새로운 돌파구를 시도하였으나 그럴수록 더욱 늪으로 빠져들어 가는 이념 지향적 정치리더십은 결국 실패로 끝났다. 그리고 그의 개인적 삶만큼이나 파란만장했던 정치적 삶에 걸맞은 정치적인 삶을 죽음으로 마무리했다. 인도의 사상가 라즈니쉬는 "알맞은 때에 죽어라. 인간이 할 수 있는 단 하나의 지성적인 행위는 자살하는 것뿐이다"라고 했다. 아테네의 웅변가 데모스테네스는 그리스와의 전쟁에서 패해서 망명 생활을 하던 중 그에게 가르침을 청한 청년들에게 정치는 하지 말라고 하면서 "정치가는 공포와 시기와 중상모략과 배척이 뒤섞인 몹쓸 생활을 해야 한다. 만약 누군가가 나에게 정치와 죽음 중 무엇을 택하겠느냐고 묻는다면 나는 차라리 죽음을 택할지언정 정치가는 되지 않을 것이다"라고 했다. 노무현은 정치가도 되었고 죽음도 택했다.

소설가 사무엘 베케트Samuel Barclay Beccett는 그의 희곡집 『독백 한마디A Piece of Monologue』에서 "탄생은 곧 그의 죽음이었다"라는 명대사를 남겼다. 이는 노자의 "화禍 속에 복福이 있고 복속에 화가 있다"와 맥을 같이 한다. 대통령 노무현의 정치적 탄생[福]은 곧 그의 생물학적 죽음[禍]이었다. 노자는 "달이 진다고 하늘을 떠나는 것은 아니다月落不離天"라고 했다. 비록 그는 갔어도 그가 남긴 리더십의 성공과 실패는 고스란히 차기 보수정권 이명박과 박근혜에 과제로 남겨졌다.

맥그리거 번은 "문제는 변화의 본질이지 정도가 아니다"라고 했다. 이는 비전적 리더에게 해당하는 말로서 비전적 리더는 임기 내에 어떠한 구체적 성과에 얽매이지 않고 그가 뿌려놓은 비전의 씨가 훗날 더욱 커다란 열매로 나타나 궁극적으로 국가와 민족의 발전에 긍정적으로 작용하게 되는 원대한 리더십을 말한다. 노무현은 본질에서나 정도에서도 실패했다. 단지 그 씨앗만 뿌렸던 것이다. 김대중이 뿌린 진보적 씨앗을 더욱 급진적으로 확대하고 이를 정착시키려다가 그 어느 것도 성공하지 못한 채 김대중과는 다른 씨만 뿌려 놓았다. 즉 그것은 진정성의 정치와 권력을 사유화하지 않음으로써 권력을 민중에게 돌리려는 노력, 그리고 노사모라고 하는 자발적 정치 지지 세력의 창출이라는 새로운 정치문화의 시작이라는 점이다. 또한 개인의 외교안보적 이념과 국가적 현실이 조우할 때는 개인의 이념을 버리고 국가적 현실을 우선시하는 실용주의적 정치리더십을 보여주었다는 것으로 족하다.

　노무현의 임기가 끝나고 그의 핵심 측근이었던 이광재는 친노무현계를 스스로 '폐족'이라고 했다. 그 정도로 참담하게 실패한 노무현 리더십은 화려하게 재조명 받게 된다. 하워드 가드너는 "전형적인 리더는 임기를 마친 후에는 즉시 비효율적인 인물로 인식되기 시작한다. 하지만 먼 훗날 그는 장기적인 성과를 일궈낸 일련의 사업들을 실행한 리더였다는 사실을 인정받을 수도 있다. 그렇게 된다면 이런 리더들이 지니고 있던 낙관론이 증명되는 셈이다."라고 했다. 2016년 말에 여론조사기관 '리얼미터'가 실시한 여론조사에서 역대 대통령의 국가 발전 기여에 대한 국민인식을 조사한 결과 노무현 전 대통령이 2015년의 조사에서 1위를 했던 박정희를 대통령을 물리치고 35.5%로 1위를 차지하였다. 이로써 당시에는 실패한 노무현의 낙관론은 박근혜의 몰락과 맞물려 다시 새롭게 인정받는 것이라고 할 수 있다. 니체는 『권력에의 의지』에서 "있는 것은 사실뿐라고 하지만 그렇지 않다. 사실은 절대로 존재하지 않는다. 있는 것은 해석뿐이다"라고 했다. 니체의 명구에 따르면 노무현이 실패한 대통령이라는 것은 사실이 아닐 수도 있다. 여론조사가 보여주었듯이 그것은 단지 잘못된 해석에 불과할 수도 있다.

제 6 장

박근혜정권의 출범과 정치리더십 과정

1 박근혜와 이명박

차떼기 정당이라는 국민적 비난에 직면하여 천막당사로 이러한 위기를 극복해 내고, 50석도 못 건질 것이라는 세간의 예상을 완전히 뒤집어 여소야대의 정국을 만들어 낸 그의 정치력과 국민적 인기를 감안할 때 박근혜로서는 당연히 차기 한나라당의 대선 후보는 자신일 거라는 확신을 두고 있었음이 자명하다. 실제로 차기 대권후보로서의 여론조사에서 그는 줄곧 선두를 유지해 온 것에서도 충분히 짐작할 만하다. 『꽃으로 검을 베다』의 김영화는 당시 이명박과 손학규 등이 일찌감치 대선 후보 운동을 위한 준비를 하고 있음에도 박근혜는 국감 준비에 몰두하고 있다는 것은 원칙에 충분한 박근혜로서 국회의원으로서의 원칙에 충실한 모습을 보였다고 했다. 그러나 다른 각도에서 보면 이는 차기 야당 대선 후보로 본인이 낙점될 것이라는 확신에서 비롯된 방심이라고 할 수 있다. 그러나 경선에서 이명박에게 패했다.

시대는 바뀌는 데 사람의 생각은 변하지 않아
한나라당 대통령 경선의 실패와 실질적 1인자

마키아벨리는 실각한 대통령 소데리니에게 보낸 편지에서 "시대는 바뀌고 주위 환경도 어지럽게 변하는데 사람의 생각과 방법이 변하지 않는다면 그 사람은 어떤 때는 행운을 만나도 어떤 때는 비운에 울게 됩니다."라고 그와 자신의 비운을 동시에 위로하였다. 박근혜 역시 시대는 변하고 있는데 그 자신은 변하지 않아 비운에 울게 되었다. 김영화는 『꽃으로 검을 베다』에서 박근혜의 실패를 여러 각도에서 인용하고 있다. 즉 ① 그의 마키아벨리즘을 철저하게 배제한 원칙주의적 정도정치, ② 또는 난세에 신뢰와 원칙에 입각한 왕도정치를 꿈꾸었다거나, ③ 그는 당의 선거에서 항상 승리했지만, 단지 이미지 정치에 국한된 한계가 드러난 것이라는 등, ④ 아니면 애국심으로 무장된 국가주의로 인하여 거시적 담론에만 몰두하여 민생이나 서민의 삶과 같은 미시적 정치에 둔감한 결과 등. 이 중 여러 분석 가운데 ⑤ 자신만의 확고한 박근혜 리더십의 비전을 제시하지 못한 데 있다는 것에 김영화도 동감했다.

이를 오늘날에 돌이켜 보면 그는 공주로서 부친의 뒤를 이어 시급하게 대통령이 되기 위한 노력과 투쟁에 매몰되어 국민이 진정으로 바라고 원하는 것이 무엇이지, 그리고 그것을 어떻게 제시할 것인가 등 시대정신에 관하여 준비가 되어 있지 않았다. 단순히 공주의 귀환을 통해서 보여준 선거 여왕의 신화는 커다란 성공을 이루었으나 막상 그것을 국민들에게 구체적인 비전으로 제시하지 못했다는 데서 찾을 수 있다. 그것이 왜 당내 선거에서는 이명박을 압도했으나 대국민 지지에서 열세를 면하지 못함으로써 한나라당 예비경선에서 고배를 마신 이유라고 할 수 있다.

한나라당 대선후보 경선에서 이명박 후보에게 간발의 차로 낙선의 고배를 마신 박근혜는 한국 정치사상 최초로 경선 승복 연설을 통하여 국민에게 깊은 인상을 남긴다. 그리고 그의 원칙과 신뢰의 철학에서 우러나오는 진정성으로 또한 정권교체라는 대의명분을 위하여 이명박의 당선을 위하여 노력하는 모습을 보여주었다. 10년간 진보좌파에 매몰된 정국의 방향을 바꾸기 위한 이명박 정부에 대하여 정권 출범 초기에는 협조하는 모습을 보였다. 그러나 시간이 지남에 따라 공주의 눈에 거슬리고, 국가라는 애국심의 마음에서 볼 때도 옳지 않은 일(특히 신행정수도 건설과 이전을 무효화시키려는 시도)들이 발생하자 대통령을 견제하기 시작한다.

즉 여당 내에서 여당을 견제하는 야당의 역할을 하면서 그의 정치적 입지를 굳히면서 동시에 국민적 지지를 계속 확대해 나간다. 즉 여당 내의 계파의 수장으로서 이명박 정책들을 지켜보면서 그의 정치적 입장과 미래 비전 및 차기 대통령으로서의 입지를 구축하기 위한 전략을 진행한다. 하워드 가드너는 "미래의 리더들은 현재에 불만을 품고 자신이 더욱 잘하리라는 생각을 가지고 현재의 권좌에 있는 리더들에게 도전한다"고 했다. 이것이 왜 그가 이회창, 노무현, 이명박에게 꾸준히 도전하고 투쟁하는 이유라고 할 수 있다. 그리고 그 이면에는 자신이 대통령이 되어 더욱 잘할 수 있다는 어떤 자기최면 내지는 자기암시가 강하게 작용한 결과라고 할 수 있다.

당내투쟁과 대권주자로서의 부상

『꽃으로 검을 베다』의 저자 김영화는 박근혜는 이명박의 집권 기간 협조, 약간 협조, 강경 대응, 침묵 등의 방법을 동원하였다고 했다. 박근혜로서는 그의 정치적 원칙과 전략적 방침에 따라 위의 네 가지 방법을 동원하였다고 할지라도 그가 가장 크게 의지하고 그만의 고유한 특성을 보인 것은 강경 대응 부분이다. 노무현 집권 시기에는 야당의 대표로서 정책대결의 양상과 비슷한 형태로 이념적 투쟁의 성격을 띤 대여투쟁이었다고 한다면 이명박과의 투쟁은 첨예한 당권투쟁의 성격이 짙다고 해야 할 것이다. 이명박과의 강경 대응은 이회창과의 당권투쟁을 연상케 하면서도 그때와 다른 점이 있다고 한다면 이회창에게는 2인자로서의 위치를 인정하고 단지 당내 민주화라는 명분을 가지고 투쟁할수 있었다. 그러나 같은 당의 대통령을 상대로 한 투쟁은 또 다른 해석을 가능하게 한다. 즉 차기 당권을 확보하고 이를 바탕으로 대통령 후보가 됨으로써 이번만은 대선에서 본선에 진입하여 대통령이 되어야겠다는 당연한 수순을 밟으려는 절박함이 베어 있다고 하겠다.

그것은 세종시 신행정수도 문제에서 정점을 이루었다. 이명박 대통령은 신행정수도를 무효화시키기 위하여 정운찬 서울대 총장을 국무총리로 영입하면서 충청권에 대한 박근혜의 지지를 반감하고 그를 통하여 세종시 신행정 수도 문제를 해결하려는 일석이조의 전략을 구사했다. 그러나 이는 박근혜에 대한 대국민 보수세력의 지지와 충청권의 지지가 그에게 힘을 보태 이명박의 시도를 무력화했다.

김영화는 이를 원칙의 승리라고 하였으나 실제로 박근혜로서는 치밀한 대선전략의 일환이었다. 즉 노무현의 대선 승리에서 충청권의 지지(충청북도 50.41%, 충청남도 52.15%)가 결정적이었으며, 노무현을 탄핵에서 구해낸 제17대 총선에서 충청권의 지지표가 열린우리당을 제1당으로 만들어 준 것을 잘 인식하고 있었다. 따라서 세종시에 대한 원칙을 고수하는 것은 그의 원칙과 신뢰의 정치에 부합할 뿐만 아니라, 이명박에 대한 비토를 통해서 자신의 정치적 역량을 더욱 높이고 이를 향후 이명박 이후의 대통령 선거에서 충청권의 지지를 보다 확고히 할 수 있는 일석 삼조의 전략을 관철한 것이다.

국민도 속고 나도 속았다.

이명박에 대한 국민적 지지가 서서히 낮아져 감에 비례하여 박근혜의 계속되는 딴죽걸기에 국민적 관심이 박근혜로 쏠리면서 소위 친이계로 불리는 당내 주류파들이 노골적으로 박근혜를 견제하고 나서기 시작하였다. 그 정점을 찍은 것이 바로 제18대 총선에서 훗날 친박이라고 불리는 인사들을 대거 공천에서 낙천시킨 것이다. 박근혜는 이러한 사태에 항거하며 그의 유명한 "국민도 속고 나도 속았습니다"라는 기자회견을 통하여 국민적 공분을 유도하였다. 그리고 자신의 이름을 걸고 출마한 후보들에게 "살아서 돌아오라"는 절규에 가까운 메시지를 던진다. 공천에서 밀려난 친박인사들은 정당사상 그 유래가 없는 '친박연대'라는 당의 명칭으로 총선에 임하여 14석을 확보함으로써 이명박 정권의 공천에 대한 부당함과 박근혜에 대한 지지를 동시에 확인시켜 주었다.

한국의 정치문화에서는 최고의 권력을 가진 사람에게 도전하는 비토세력을 포용하는 정치문화는 존재한 적이 없다. 노무현만이 이러한 문화를 개선하려고 시도한 적은 있으나 그의 느슨한 리더십으로 인하여 당이 쪼개질 뿐이었다. 박근혜는 한나라당이 위기에 처했을 때 이를 구해 냈듯이 이번에는 개인의 정치적 위기를 극복해 냈다. 그것은 선거의 여왕이라는 그의 대중적 인기가 아직은 그 위력을 발휘하고 있음을 증명한 것이다. 리더십의 핵심적 요소 중의 하나는 전화위복의 능력이다. 대세를 반전시키고 불리한 흐름을 유리한 방향으로 역류시키는 그 힘은 어디에서 나오는 것일까? 박근혜로서는 최고권력과의 투쟁에서 비롯된 것이다. 그리고 그것은 그 특유의 원칙과 신뢰라는 검증되지 않은 구두선에서 비롯된 것이다.

그것은 그의 공주적 영혼이 원칙에 어긋나는 비정상적인 문제를 용납할 수 없기 때문이다. 따라서 최고권력과의 투쟁 또는 강력한 대응은 권력을 위한 투쟁이 아니라 공주의 철학에 맞는 원칙을 재확인하고 원래대로 되돌려 놓으려는 강력한 자존감에서 비롯된 것이다. 『꽃으로 검을 베다』의 김영화는 이를 뜨거운 애국심이라고 좋게 표현하고 있다. 그러나 그 이전에 근본적으로 그는 공주여서 신하들의 잘못된 선택, 그것도 공주에게 도전하는 노골적 행위에 대하여 참을 수 없는 모욕과 분노를 느끼는 것이다. 물론 거기에는 국민적 공감대를 형성할 수 있는 그만의 원칙이 깔려있고, 국민의 잠재적 지지가 이것을 정당화시켜 줌으로써 그를 대통령으로 만들어주는 정도의 지지는 아닐지라도 잠재적 대권후보로서 그의 확고한 영향력을 확인시켜 줌으로써 매번 전화위복이 가능했다. 또한 거기에는 보다 확고한 대권에 대한 열망이 분노에 가까운 에너지로 분출한 것이다. 정계복귀 이후 그가 보여준 침묵의 정치, 언어의 절제는 깊은 사고와 대권에 대한 욕망이 조화를 이루어 나타난 결과로써 폭발을 예고하면서 간헐적으로 한 번씩 뿜어 나오는 활화산의 마그마와 같은 것이다.

친박연대의 상징적인 승리와 이명박 지지 세력인 친이 세력의 약화로 인하여 박근혜의 정치적 위상과 영향력은 더욱 강화됨으로써 정국의 주도권은 당내 아무런 지위도 갖지 않은 박근혜의 영향력 범위로 들어오게 되었다. 이 또한 한국 정치사에서 특이한 정치지형을 만들었다. 일반적으로 여당의 대통령이 당권을 장악하고 퇴임 후에도 자신의 구도 아래 조정하고 군림하는 한국적 정치풍토에서 여당의 권력지도가 대통령 이명박이 아니라 박근혜로 향하게 만드는 기형적 여당 권력지도를 만들어 냈다. 이는 만들어 진 것이 아니라 박근혜 자신이 주도적으로 이렇게 만들어 낸 결과라고 할 수 있다. 즉 권력(이명박)과 영향력(박근혜)의 분리된 상태에서 권력과 영향력의 무게 균형추가 서서히 박근혜로 쏠리게 되어 의심의 여지 없이 박근혜는 차기 한나라당의 대통령 후보 0순위에 오른다.

박근혜의 대통령 당선과 노무현의 그림자

제18대 대통령 선거에서 박근혜는 이회창의 대선 패배 이후 한나라당이 대통령 경선에서 패한 이유를 분석하고 다가올 자신의 대선을 준비하기 시작하였다. 한나라당 경선을 통과하는 것은 거의 기정사실로 되어 있으나 본선을 통과하기 위하여 그는 어떤 선택과 전략을 준비해야하는 가에 대하여 이명박과의 경선실패에서 교훈을 얻었다. 그것은 두 가지로 요약할 수 있다. 자기만의 정치적 비전을 제시하는 것이며, 그것은 우파정권 5년이 결과한 시대적 변화를 자기만의 정책과 비전으로 담아내는 것이었다. 이는 과거 진보정권 10년의 과오를 극대화하고 보수정권의 약점을 보완하여 자기만의 비전을 제시하는 것이었다. 과감한 복지공약이 그것이다. 결과는 성공적이었고, 노무현 정부의 실책이 아직 뇌리에 남아 있는 국민들에게 노무현의 계승자이자 그 아바타인 문재인을 상대로 극적으로 승리를 거둔 것이다.

노무현의 대통령 지명과 당선은 국민적 정치드라마였으나 박근혜의 대통령 지명과 당선은 노무현만큼 드라마틱하지는 않았다. 이는 노무현은 불가능을 가능케 만드는 과정에서 형성된 정치소설적 드라마 즉 건달이 대통령에 등극하는 신화를 연출하였기 때문에 감동을 주었지만, 박근혜는 공주에서 여왕으로 등극하는 과정이었기 때문이다. 이는 단지 시간적 문제 즉 이는 선거의 여왕이 자신을 위한 선거에서마저 언젠가는 여왕으로 등극할 시간적인 시차만이 남아 있을 뿐이었다. 문제는 감동적인 대통령 당선 과정이나 당연한 수순의 대통령 당선 과정이나 모두 결과는 성공한 대통령과는 크게 연관이 없었다는 점에서 대통령의 정치리더십 연구를 난감하게 만든다.

박근혜의 전략과 당선은 기본적으로 양 김씨의 부정적 유산을 본인에게 유리한 구도로 만들면서 선거를 시작하였다. ①복지라는 시대정신을 파악하고 정책을 좌클릭하면서 ②기존 보수세력의 지지층이 결집되어 있는 영남지역의 표를 집결시키고 ③ 박정희 향수를 한데 묶고, ④ 고령화 사회로 진입해 가는 투표연령의 보수적 분위기를 상승키고 ⑤ 좌파정부 10년의 실책(경제적 낙후와 사회적 혼란 및 분열)을 비전으로 대신하려는 전략으로 당선되었다. 여기에는 노무현의 아바타라고 인식된 문재인에 대한 보수우파들의 결집된 교훈과 반감이 강하게 작용하였음은 물론이다.

2 박근혜 정부의 출범

박근혜는 이명박 우파 정권의 후계자로 이명박이 역사의 진자를 상당 부분 보수적으로 돌려놓은 바탕 위에 국정을 시작할 수 있었다. 문재인보다 조금 높은 지지를 통해 당선되었으나 역대 대통령 직선제 선거가 실시된 이래 최초로 절반을 넘는 득표(51.6%)로 당선되었다. 박근혜의 취임 당시의 정치사회적 환경은 보수가 주류적인 대세였다. 이명박 정권 초기처럼 효순이 미순이 사건이나 소고기 파동으로 촉발된 반이명박 정권 시위에서 나타난 좌파세력 내지는 권력을 빼앗긴 진보측의 극렬한 저항없이 권력을 승계할 수 있었다. 따라서 그는 복원된 보수적 정치사회적 환경을 바탕으로, 공주의 신화와 탄탄한 지역적 기반과 보수층의 안정된 지지를 바탕으로 보수적 가치의 정책을 실천에 옮길 수 있는 유리한 환경에서 출발하였다.

2013년 2월 25일 박근혜는 한국 최초의 여성 대통령으로서 '국민행복시대'를 선포하면서 대통령에 취임하였다. 세부적인 정책목표로서 '창조경제', '문화융성', '국민행복', '한반도 평화정착 및 통일기반 구축'의 4대 목표를 제시하였다.

그가 대통령 당선 이후 취임 전 기간에서 보여준 모습에서 언론과 학자들 사이에서 독선과 오기에 대한 불안(민주화 이후 대통령으로서는 가장 낮은 44%의 지지율)의 위험성을 경고하였다. 마키아벨리는 『정략론』에서 "인간이 하는 일은 무슨 일이고 처음부터 완전무결할 수 없다. 처음에는 하찮은 결함으로 여겨지던 것이 시간이 흐름에 따라 큰 문제가 싹트기 시작한다"고 했다. 하찮은 결함으로 여겨지던 불통의 리더십은 4년 뒤 그의 파멸을 가져오게 되는 중대한 원인이 된다. 이러한 경고와 국민적 희망을 안고 제 18대 대통령의 업무를 시작하였다.

각료임명과 정부조직에서 나타난 초기 리더십

대통령 박근혜는 정부 각료와 청와대 보좌진들에 대한 임명으로 그 첫 리더십을 가동하였다. 좌 장성, 우 율사, 중 관료의 특징을 지닌 첫 번째 조각부터 단추가 잘못 끼워지기 시작했다. 즉 수첩의 한계가 그대로 드러난 박근혜식 나홀로 조각이었다. 이는 양면성을 지니는데 긍정적으로 보면 대통령을 잘 알고 호흡을 맞출 수 있는 검증된 사람으로서 국정을 보다 효율적으로 추진할 수 있다는 장점이 있다. 부정적인 면으로서는 만일 정부가 제대로 작동하지 못하거나 비효율적일 경우 대통령이 모든 책임을 져야 한다는 점이다. 결국 후자의 부정적인 문제가 계속 확대되어 가는 인사로 귀결되면서 임기 내내 인사에 실패한 대통령으로 남게 되었다.

먼저 총리 후보자가 계속 낙마하면서 인사에 대한 국민적 신뢰가 떨어지기 시작했다. 한 달 만에 여섯 번째 인사 낙마가 있었고, 최대의 민낯은 대통령의 1호 인사인 윤창중 대변인이 대통령의 방미 수행 중 성추행 사건을 일으켜 대통령이 처음으로 대국민 사과를 하게 되었다. 훗날 박근혜는 윤창중 사건에 대해 "열 길 물속은 알아도 한 길 사람 속은 모른다는 말을 언제 또 하게 될지 나도 모르겠다"고 한 바가 있다. 이는 임기 4년째 최순실 사건이 터지자 "내 앞에서는 얌전하게 있더니 뒤로 그렇게 엄청난 일을 저질렀다"고 한 것의 전조였다. 이를 반영하듯 대통령 취임 100일을 맞이하여 실시한 여론조사에서 정치, 북한, 교육, 경제 등 다양한 정책항목 가운데 응답자의 56%가 인사정책에 대하여 가장 부정적 평가를 내렸다.

미국의 저널리스트 H.L. 맨켄Mencken(1880-1956)은 "민주주의에서 한 정당이 언제나 노력을 기울이는 일은 다른 정당이 통치할 자격이 없다는 것을 증명하는 일이다. 두 정당은 모두 성공을 거두고 또 옳다"고 했다. 조각과 더불어 정부조직을 새롭게 개편하는 데서부터 야당이 발목을 잡기 시작하였다. 새누리당도 야당시절 열린우리당을 공격함으로써 성공을 거둔 그것을 민주당이 되풀이하고 있다. 통상 기능의 산업통상자원부 이관과 방송업무의 미래창조과학부 이관이라는 두 가지 사안에 있어서 야당은 방송의 공정성과 독립성을 위하여 합의제 기관인 방통위에 남겨놓아야 한다는 입장을 고수하면서 계속 답보상태에 머물러 있었다. 박근혜는 야당과 합의나 절충을 보려는 노력도 없이 ① 2주째 국무회의도 열지 않고 ② 청문회를 통과한 7명의 장관에 대한 임명을 보류하면서 ③ 여당에 대해서는 문제 해결을 압박하였고 야당에 대해서는 경고를 보내는 방식을 취했다. 물론 수석 비서관회의는 계속 주재하면서 상황의 진전을 주시한 것이다. 결국 국정공백을 우려하여 장관 17명을 한 번에 모두 임명함으로써 박근혜 정부는 지각출범을 하였다. 우여곡절 끝에 열린 첫 번째 국무회의에서 박대통령은 안보와 경제를 특히 강조하면서 야당을 향해 '정부 조직법'의 통과를 요청하였다.

임기 개시 후 첫 한 달 동안에 그의 향후 국정운영에 대한 대강의 윤곽이 드러났다. 즉 대통령의 리더십을 효율적으로 보좌하기 위한 다양한 시스템이 제도적으로 구비되어 있음에도 불구하고 정책과 인선에서 독선적으로 결정하고 일방적으로 지시하는 인상을 주었다. 또한 노무현 정부의 발목을 잡은 것은 국회 과반수 의석 문제였는데 박근혜 정부에서는 '국회 선진화법'이었다. 이는 여야 합의가 없는 쟁점 법안은 국회 제적 의원 2/3 이상으로 통과시킨다는 것이 주요 골자이다. 당시 새누리당은 과반수를 넘긴 152석임에도 불구하고 야당의 양보가 없는 한 국회에서의 청와대와 여당의 입법을 통한 정책추진이 어렵게 되어 결국 여당의 일방적 독주가 자연적으로 견제된 것이다. '국회 선진화법'은 박근혜 대통령 자신이 적극적으로 추진한 법안이었음에도 불구하고 결국 그것으로 인하여 임기 내내 법안통과에 발목이 잡힌 것이라는 점에서 아이러니다.

  야당과의 대화나 여당과의 정책적 협조를 통한 법안의 통과보다는 직접 대국민 호소에 의지하려고 시도하였다. 노무현 역시 유사한 정치적 행태를 보여주었다. 단지 차이가 있다고 한다면 임기 초기의 노무현은 여소야대의 한계에서 별다른 대안이 없기 때문에 직전에 그를 대통령으로 만들어 준 국민에게 호소한 것이다. 그러나 박근혜는 그의 대중적 지지를 믿고 야당에 대하여 구차한 협조를 구하기보다 직접 대국민 호소의 방법을 선택한 것이다.

본격적인 국정운영과 정책의 가동

  박근혜 정부 내내 국민적 화두로 떠오른 것이 바로 '창조경제'와 '경제민주화'다. 창조경제에 대하여 정부 관계자들도 그 개념이 분명하지 않아 단지 "IT 강국인 한국이 IT를 이용하여 여러 산업에 접목하여 새로운 경제의 성장동력을 창출하는 것" 또는 "싸이의 '강남스타일'이 가져온 문화의 세계화"를 지적한다. 문제는 구체적으로 그것을 정부가 주도하느냐 아니면 민간의 자발적 역량을 정부가 보조하고 유도하느냐의 방향도 불분명한 채 박근혜는 그의 민생경제에 대한 해법으로 창조경제를 계속 강조하였다. '경제민주화' 역시 민생경제를 살리고 경제적 약자들의 역량을 극대화해 재벌에 집중된 왜곡된 경제구조를 조정하고, 5억원 이상의 대기업 임원의 연봉공개, 대기업 계열사의 부당내부거래에 대한 중형을 부과하는 형태로 제시되었다. 이 또한 대기업에 부담을 주어 대기업을 위축시킴으로써 거시경제가 위축될 수 있다는 반론과 서민경제가 활성화될 것이라는 주장이 팽팽하게 맞서게 되어 박근혜의 경제정책은 모호하고 논쟁적인 상태에서 시작을 맞게 되었다. 이러한 논쟁에 대하여 박근혜는 ① 약자에 도움 ② 논란거리는 단계적 추진 ③ 대기업의 잘못된 관행만 시정이라는 3대 원칙을 제시하였다.

취임 후 한 달 만에 언론사 편집·보도국장과의 오찬에서 향후 국정에 대하여 다양한 구상을 쏟아내었다. 주목할 것은 두 가지 분야이다. 하나는 대북 문제로서 북에서 일방적으로 폐쇄한 개성공단 문제를 조속히 해결하고 인도적인 대북지원은 계속하겠으나 무조건 퍼주기식의 무상지원에 대해서는 선을 그었다. 또 다른 하나는 일본의 급진적인 우경화에 대하여 우려와 경고를 표하면서 "일본의 역사인식이 바르게 정립되는 것이 전제되지 않는 한 과거의 상처가 덧나게 되고, 미래지향적으로 가기 어려우니 그 부분에 대해 지혜롭고 신중하게 해 나가기를 바란다."고 하면서 "정부는 항상 일관된 원칙을 가지고 한일관계를 풀어 나가겠다."고 하였다. 그러나 임기가 끝날 무렵 개성공단은 완전히 폐쇄되었고, 일본과는 위안부 문제에 어정쩡한 타결을 봄으로써 그 일관성을 찾아볼 수 없게 되었다.

2015년 4월 29일에 있었던 재보궐 선거에서 새누리당이 완승하면서, 박근혜 출범 이후 2년 2개월 간 4차례의 국회의원 재보선에서 여당인 새누리당이 모두 승리했다. 이로써 재보궐 선거는 여당의 무덤이라는 정치권의 속설도 의미가 없어졌다. 노무현이 집권 기간에 중간·재보선에서 모두 패한 것과는 대조적인 결과로서 박근혜의 국정추진은 더욱 탄력을 받게 된다. 이로써 새누리당의 당직 인선은 친박이 지도부를 장악함으로써 박근혜의 친정체제가 이루어졌다. 이는 노무현이 당정분리 원칙을 고집하다가 당-청 관계가 갈등에 놓이게 되고 따라서 청와대와 당이 따로 놀면서 문제가 발생하면 서로가 책임을 전가

하는 역기능적인 모습과는 차별적인 출발이다. 즉 정 - 청 - 당의 일원
화체제를 통하여 대통령의 리더십이 수직적으로 작동할 수 있는 기반
이 마련되었다.

대야 갈등의 시작과 친보수정책

소위 '임기 후 100일 협조'라는 관행은 국정원의 선거 개입 논란이
불거짐으로써 그 효력을 다하고 야당의 거센 반대가 시작되었다. 이는
노무현 임기 초에 불어 닥친 보안법 폐지와 유사하게 초반부터 여야
간의 팽팽한 대결을 불러일으키고 급기야 야당의 길거리 투쟁으로까
지 비화되었다. 여기에 노무현의 NLL 포기 발언이 더해져 정치는 그
야말로 여야간의 첨예한 갈등과 대치가 시작되었다. 노무현, 이명박,
박근혜를 거쳐 오면서 여야간의 마찰과 투쟁의 시작은 보수와 진보를
구분하는 이념적 문제에서 촉발되고, 중간에는 인사문제로 다투다가
마지막에는 여당의 부정과 부패문제로 레임덕을 맞이하는 패턴을 보
여주었다. 박근혜 정부 역시 예외는 아니어서 이러한 패턴이 재연되기
시작한 것이다. 국정원 대선개입문제에 대하여 일부 시민단체들은 '소
고기 파동'을 연상시키는 촛불집회를 열어 박근혜의 퇴진을 요구하였
고 국회는 국회대로 NLL문제 국정조사특위를 구성하기로 합의를 하
여 광화문과 국회가 동시에 소란에 휘말리게 되었다.

박근혜는 적극적인 조치를 하지 않고 방관하는 자세로 일관하다가
그의 지지도가 임기초 60%에서 54%로 떨어졌다. 그의 지지도는 북한
변수와 해외방문 이후 올라가다가 국내문제에 직면해서는 낮아지는
패턴을 보여주었는데 이것이 본격화된 것이다. 즉 그의 방미 성과가

윤창중 사건에 묻혀졌고 NLL문제로 중국 방문성과가 파묻혀져 그만의 해외방문 징크스가 생기게 되었다. 이러한 여야의 갈등과 투쟁은 여(41% → 37%)와 야(24% → 18%)의 지지도가 공동추락하는 현상을 보였다. 노무현 집권 기간에는 여와 야의 갈등과 투쟁에서 여당과 대통령의 지지율이 동반 하락하고 야당은 상대적으로 올라가는 패턴을 보여주었는데 박근혜 정부에서는 여, 야의 지지율이 동시하락해도 대통령 지지율은 그 하락폭이 그다지 크지 않았다는 특징을 보여주고 있다. 노무현의 참여정부는 집권당 내부의 분란으로 인식되어 반사적으로 야당인 한나라당을 지지하였다면 박근혜 정부에서는 박근혜의 콘크리트 지지율이 강력하게 뒷받침하고 있기 때문이다.

박근혜 정부는 노무현 참여정부와 대척점에 서 있다. 따라서 노무현 때 기울어진 운동장을 약간은 평형으로 옮기려고 했던 흔적들을 다시 원상복귀 시키려는 정책적 특성을 보였다. 앞서 보안법 폐기와 국정원 선거 개입이 대비된다면 노무현의 '역사 바로세우기'에 비견되는 역사교과서의 국정화를 추진하였다. 이는 중학생의 70% 이상이 한국전쟁이 북침이라고 알고 있다는 역사인식에서 비롯되었다. 따라서 그는 "균형 있는 역사인식이 국민 대통합의 출발점"이라고 하면서 "역사교육 내용을 균형 있게 만들고, 가르치는 사람들도 편향되지 말아야 한다"고 함으로써 노무현식 역사바로잡기를 박근혜식 역사바로잡기로 다시 재편하려 했다.

다섯 달 만에 청와대 비서실장과 여러 명의 수석보좌관을 교체하였다. 이는 청와대 스스로 인사 실패를 자인한 것이다. 이러한 와중에 야당은 국정원 댓글 사건으로 장외투쟁에 돌입했고, 남북정상회담 NLL 문제로 정국이 뒤엉켜 있는 가운데 민주당의 김한길 대표가 일대일 영수 회담을 제의해 왔다. 박근혜는 이를 거절했다. 그 역시 과거 야당

시절 노무현에 대하여 "민생 파탄 비상사태를 맞아 국정 방향의 일대 전환"을 위해서 일대일 회담을 제의한 바 있다. 노무현은 이를 받아들였다. 박근혜로서 과거는 과거고 지금은 지금일 뿐이다. 박근혜는 결국 5자회담을 견지하다가 9월에 가서야 3자회담 즉 대통령, 여당 대표, 야당 대표의 삼자 회담을 수용하였다.

취임 몇 달 만에 박근혜 정부의 정책적 실패와 공약 뒤집기가 서서히 수면 위로 부상하고 있었다. 먼저 노무현과의 투쟁에서 박근혜가 일관되게 주장한 것은 경제를 챙기라는 것이었다. 이를 잘 아는 박근혜는 경제문제에서 비교적 적극적으로 대응하였다. 그 결과 경제가 다시 꿈틀대면서 2분기 성장율은 1.1%로 바닥을 쳤다. 여기에는 사회간접자본SOC, 건설투자, 반도체와 스마트폰의 수출호조가 경제성장을 견인한 것이다. 이는 정부의 노력 즉 정부의 지출 증가에 따른 일시적 효과일 수 있다는 한계가 있어 실제 체감경기는 여전히 나아지지 않았다.

마키아벨리는 『군주론』에서 "증오는 국민의 소유물에 손을 댔을 때 생기는 것이다"라고 하였는데 박근혜가 책임지고 밀어붙인 세금정책이 여론의 반발로 말미암아 무산된 것이다. 또한 그를 대통령으로 당선시키는 데 중요한 공헌을 한 복지공약에 수정을 가했다. 말이 수정이지 실제적으로는 재정문제로 일부 복지공약을 이행할 수 없게 되자 공약의 파기를 선언하면서 국민적 양해를 구하기에 이르렀다. 원래 대선 전 65세 이상 노인 전원에게 월 9만 6,800원 지급하는 기초연금을, 대선 후에 모든 노인에게 20만 원 지급하겠다던 공약이 전면 무효화된 것이다. 그 대신 상위 30% 노인은 지급에서 제외하고, 하위 70%노인에게 차등지급하는 것으로 변경되었다. 0~5세 무상보육도 지자체의 재정부담에 따른 반발로 시행이 유보되거나 불안정하게 시행되었다. 율곡은 『율곡전서栗谷全書』에서 공자가 자공子貢에게 말한 끝까지 버리지 말아야 할 것은 백성들의 신임이라는 말을 인용하면서 임금으로서 백성에 대하여 "지킨다는 것은 신임을 지키는 것이요, 버린다는 것은 신임을 버리는 것입니다"라고 하였다. 대국민 공약의 포기와 변경으로 국민이 그에 대한 신임을 저버리기 시작했다.

공약의 포기와 발표한 정책의 취소 등에서 보듯 그의 리더십은 이제 조금씩 좌표를 잃어가고 있다. 그 이유 가운데 가장 설득력 있는 설명으로서 청와대 참모들과 정부 각료들 모두가 대통령의 입만 보고 있다는 것이다. 활발한 토론과, 격렬한 언쟁 그리고 대통령과 의견을 달리하는 거역 등은 찾아볼 수 없고, 오로지 대통령의 일방적 지시를 얼마나 잘 받아 적고 이를 충실하게 이행하느냐의 박근혜식 수직적 통치문화가 시작되었기 때문이다. 박근혜 자신도 경제 부총리를 향하여 너무 대통령에 의지하지 말고 "컨트롤 타워 역할을 해서 개선 대책을 수립하고 보고해 달라"고 직접 요구할 정도였다.

영국의 언어분석 철학자 조지 무어George E. moore(1873-1958)는 그의 『윤리학 원리』에서 "모든 일에는 항상 올바른 길과 그릇된 길이 함께 존재한다. 그리고 그릇된 길이 항상 더 이치에 맞는 듯 보인다"고 했다. 박근혜의 나홀로 리더십이 이 그릇된 길을 더욱 부추겼다. 박근혜의 공약 파기와 대국민 약속기만에 대하여 야당은 "신뢰와 약속이 무너져 국민을 분노와 실망에 빠트렸다"고 비난했다. 또한 "박근혜 대통령이 대선에서 국민에게 약속한 핵심 공약 중 30개가 파기되거나 미이행상태에 있으며, 20개는 대폭 후퇴·축소된 채 추진되고 있으며, 정부가 50개의 공약을 파기 내지는 축소하였다"고 공격하였다. 이는 야당의 단순한 정치공세라고 보기에는 어느 정도 일리가 있다고 할 수 있다. 박근혜의 인물이자 초대 보건복지부 장관 진영은 이러한 사태에 직면하여 사표를 제출하였다. 이는 정책 실패에 따른 책임으로 사표를 던졌다기보다는 대통령의 공약이 너무 무리한 것에 대하여 개인적인 반발과 실망감으로 사표를 제출하여 박근혜의 배신자 프레임에 들어가게 되었다. 이후 박근혜에 반기를 들거나 그와 코드가 맞지 않는 인물들은 배신자로 낙인이 찍히게 된다.

대북정책과 친보수정책

이제 광복절을 맞이하여 박근혜는 역대 정부들이 조심스럽게 접근해 가던 대북 문제에 있어 더욱 과감한 승부수를 던진다. 즉 과거 평화공존에서 서서히 통일로 그 무게를 옮겨가기 시작했다는 점이다. 30살의 철부지 어린 지도자 김정은의 집권과 맞물려 그의 통일 가능론은 뒤에 가서 독일에서 통일대박론으로 그 실체를 드러낸다. 대북 핵포기 정책과 통일론이 어떻게 연결될 수 있을지는 창조경제 개념이나 비슷하게 모호하고 여전히 실체가 없다.

북한을 향해서는 포용과 대화를 주문하면서도 내부적으로는 용공좌익세력을 척결하는 데 공권력을 최대한 동원하였다. 지난 진보 정부 10년이 남긴 이념적 유산이 이석기 내란 음모 사건으로 폭발되었다. 자생적 친북세력이 진보정당과 결합하여 국가전복 내지는 소란을 일으킬 것을 모의한 사건으로 규정했다. 훗날 통합진보당 국회의원과 관계자들 4명이 구속되었고 당은 헌법재판소에서 해체가 결정되었다.

취임 6개월을 기하여 행해진 여론조사에서 박근혜의 국정만족도는 무난하거나 평범하기만 하다. 즉 만족이 35%, 불만족이 27%, 보통이 36.9%로서 모든 것이 비슷비슷한 정도를 나타냈다. 그러나 이는 노무현(12.9%)과 이명박(17.3%)에 비하여 매우 높은 것으로서 지표가 나타내 주는 의미는 전임 두 대통령에 비해 무난하게 안정적으로 국정을 이끌어갈 기반과 환경이 조성되었다는 의미라고 하겠다. 이는 응답자의 55.4%가 박근혜 정부 임기 내에 생활형편이 나아질 것이라고 기대한다는 점에서도 잘 알 수 있다. 박근혜 개인의 지지율은 67.1%로서 높은 지지율을 보여 인사문제와 정책의 파기문제를 제외하면 야당의 장외투쟁과 노무현 NLL 발언에도 불구하고 안정적인 리더십을 보여주고 있다고 하겠다.

키케로는 "사람은 누구나 잘못을 한다. 그러나 바보만이 잘못을 고치지 않고 고집한다"고 했다. 박근혜의 리더십 특성은 일 년이 되어가면서 나중에도 변하지 않을 몇 가지 일관성을 보여주게 되는데 그중의 하나가 '마이웨이'식 정치다. 이는 남들이 오해하는 '원칙'이라고 불리우는 그만의 특징인데 주로 고집으로 나타났다. 마이웨이 정치는 불통의 리더십으로서 그의 독단주의에서 비롯된 것이다. 성격심리학자 밀톤 로커치Milton Rokeach는 독단주의에 대한 성격 심리적 분석에서 이를 신념 – 비신념체계로 설명했다. 즉 "폐쇄적인 사람은 세계를 근본적으로 적대적으로 보고 사람들을 불친절하고, 적대적이라고 지각하며, 현재가 부정되고 과거나 미래가 강조되는데 미래는 불확실하며 자기를 거절하는 사람이다"라고 하였다. 여기서 박근혜는 ① 폐쇄적이며 ② 주변에 의해 검증되지 않은 자신만의 정의, ③ 세계를 적대적으로 보는 인간관, ④ 상대를 적으로 인식하는 것이 내재화된 정치의식 ⑤ 자기를 거절(대면보고 거절)한다는 특징을 보여주고 있어 전형적인 독단주의적 심리 특성에 따른 불통의 독단적인 리더십을 보여주기 시작했다.

기본적으로 야당을 무시하고, 국민의 소리를 경청하지 않는 것이다. 야당은 장외투쟁을 계속하는데 해결을 위한 어떠한 노력을 기울이려고 하지 않고, 여야 영수 회담에서도 야당의 요구에 대하여 조금도 수용하지 않고 자신의 정당성과 정부 정책의 올바른 추진만을 강조했다. 또한 조금의 양보나 타협 내지는 부분적 합치마저도 거부하고 일방적으로 자신의 올바름만을 주장함으로써 정국을 더욱 경색시키고 있다. 노무현과 비교해 보면 노무현은 적어도 집권당과 잦은 대화를 통해서 문제해결에 관하여 어느 정도의 관심을 가지고 때로는 대국민 호소로 해결하려고 하였지만 박근혜는 같은 여당과의 소통마저도 없이 자신만의 마이웨이를 계속했다는 점이다.

이러한 마이웨이 리더십으로 불통의 리더십을 지속하는 박근혜 리더십은 자신만의 올바름을 과잉 확신 하는데서 비롯된 것이다. 토마스 키다Thomas Kida는 『생각의 오류』에서 과잉 확신에 빠지는 이유는 "성공한 경우만 기억하고 실패한 경우는 잊어버리기 때문이다. 실패를 기억해도 우리는 자신의 믿음을 강화하는 쪽으로 이 실패를 해석하기 때문이다"라고 했다. 이는 선거의 여왕에 대한 강한 기억과 콘크리트 지지층에 대한 강한 믿음이 이러한 과잉 확신의 근본 원인이라고 할 수 있다.

특기할 점은 박근혜는 보수 기득권층의 안정이 곧 국가와 사회의 안정과 발전이라고 인식하였기 때문에 그는 사회계층을 응집시키는 갈등을 통해 정치적 투쟁을 벌이기보다는 진보를 대표하는 진보정권과의 갈등을 통해서 잠재적 보수세력을 결집하려는 노력을 기울였다. 따라서 상대적으로 박근혜의 리더십은 갈등보다는 안정을 우선시하고 계급을 대변하기보다는 계층을 대변하였다. 따라서 노무현의 갈등은 이념적 성격을 지니고 있었으나 박근혜의 갈등은 이념적 투쟁이 아니라 단지 정치적 투쟁의 성격을 띨 뿐이다.

3 박근혜 정부 1년의 리더십 평가와 본격적인 마이웨이 리더십

임기 1년의 리더십 공과

정권 출범 1년을 맞이하여 박근혜 정부의 실적과 박근혜 대통령의 리더십에 대한 일차적인 평가가 내려졌다. 이는 향후 남은 임기 동안 박근혜의 리더십을 가늠해볼 수 있는 좋은 참고자료가 될 수 있으며 그에 따라 그의 리더십에 대한 성공과 실패의 일부분을 엿볼 수 있는 창이 된다. 먼저 그의 지지율은 대체적으로 평균 이상으로서 안정적인 지지를 받고 있어 무난한 국정수행이 예상된다. 이는 같은 기간 노무현(22%)과 이명박(32%)에 비해 50~60% 사이의 지지율을 기록하고 있어 대통령 당선 당시 51.6% 보다 높은 지지율을 누리고 있다. 다음은 박근혜 대통령의 지지율 변화추이다.

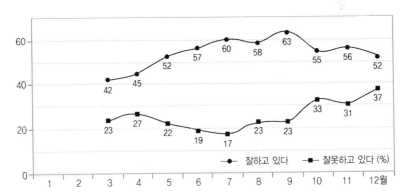

출처: 한국갤럽 데일리 오피니언 2013년 1~12월 월간 통합 지표

둘째, 인사정책에서의 실패가 변함없이 가장 부정적인 평가를 받았다. 즉 ① 나홀로 인사문제다. 청와대의 인사 시스템에 의하거나 여당의 추천보다는 대통령의 수첩 인사를 인사위원회에서 검증하는 형식을 통해 각료와 기관장이 임명되기 때문에 인재풀이 지역적으로나 전문성에서 제약을 지닐 수밖에 없다. ② 영남 편중 인사다. 박근혜 정부 장·차관, 청와대 수석 및 보좌관, 박근혜 정부에서 새로 임명된 공공기관장 195명 가운데 65%(35명)가 영남 출신이다. 장·차관 가운데 PK 39명, TK 30명, 호남 26명, 충청 28명으로서 호남과 충청을 합해도 영남에 훨씬 모자란다. 공공기관 기관장은 더욱 심하다. 전체 65명 가운데 42%(27명)이 영남 출신이다. ③ 검사의 청와대 차출이 두드러졌다. 박근혜는 대선 공약으로 검찰을 권력의 시녀로 만든다는 비판을 의식해서 "검사의 외부기관 파견을 제한하겠다"고 한 바 있다. 그런데도 실제로는 민정수석은 당연하게 검찰 출신으로 충원하였고 이는 임기 말까지 지속되었다.

특히 정부 요직에 법조인 출신들이 큰 비중을 차지한다. 청와대 비서실장, 국무총리, 여당 대표, 감사원장, 심지어 방송통신위원장도 법조인이 담당함으로써 청, 정, 당, 기타 공적 기관 등에서 모두 법조인으로 충당했다는 점이다. 이는 엘리트주의로서 권력을 통한 정치를 선호하였던 부친의 잔재를 벗어버리지 못한 결과라고 할 수 있다. 과도하게 민정수석에게 의존하여 궁정 정치와 비서 정치를 이끌어 나간 것도 모두 검찰 권력을 통한 권력의 장악을 시도한 것이라고 할 수 있다.

셋째, 정치와 사회적인 분야 가운데 사회통합 면에서 두드러지게 부족했다. 지역·계층 간의 통합을 약속했으면서도 이에 대한 개선노력이 부족했다. 물론 '국민대통합위원회'를 신설하여 이를 추진하려고 하였으나 위원회의 활동은 유명무실한 기관일 뿐이었다. 그 이유로서 전체 국민을 아우르기보다는 보수층의 지지에 과도하게 의존하였고, 시민단체나 야당을 국정에서 배제함으로써 전체의 대통령이 아니라 고정적 지지층의 대통령에 만족해 온 정치였다.

넷째, 대북정책과 외교 분야에서는 적정수준의 평가를 받았다. 특히 주변국들과 협조하여 잘 대응하고 있다고 평가되었다. 경제는 반짝 경기상승이 있었으나 아직은 창조경제에 대하여 국민적 이해가 부족하고 경제민주화가 피부로 느껴지지 않는다는 점이다.

본격적인 대통령 리더십 발휘

2014년 갑오년甲午年이 밝았다. 역사 속의 1594년 갑오년은 임진왜란이 한창일 때였고 이순신 장군은 정월 초에 80세 노모를 찾아 인사하고 살아서 다시 만날 수 있을지를 기약할 수 없어 눈물로 하직 인사를 하였다고 『난중일기』에 썼다. 그리고 그 해는 조선 수군에 유난히도 심하게 전염병이 창궐하였고 기근에 시달려 사기가 떨어진 상태에서도 장군은 2차 '당항포 해전'을 주도하고 이를 승리로 이끈다. 420년 전의 갑오년의 불행은 외부로부터 왔다면 420년 후의 갑오년의 불행은 내부에서부터 비롯되었다. 국가적 불행에도 적을 향해 용감하게 싸운 420년 전의 승리의 갑오년과 적폐의 누적이 부른 국가사회적 부패로 인하여 국가적 불행을 맞이한 2014년의 비극의 갑오년은 모두 바다에서 일어났다.

2014년 갑오년은 '말의 해'로서 말처럼 힘차게 달리면서 미래를 향해 도약하고 싶은 국민적 희망을 안고 새해를 시작하였다. 이제 박근혜는 역시 본격적으로 그리고 일관되게 자기만의 정치를 계속해 나간다. 야당이 제안한 국정원 대선개입 의혹을 풀기 위한 특검 도입에 대하여 현재 수사가 진행 중인 사안이라고 하면서 이를 거부하였다. 또한 야당 대표가 사회·경제적 양극화로 인한 갈등을 해소하기 위한 '사회적 대타협위원회'와 같은 협의체를 만들자고 제안하였으나 노사정위원회에 맡겨야한다고 하면서 이마저 거절하였다. 일 년 넘게 국정원 선거개입 의혹을 둘러싸고 야당은 장외투쟁과 등원투쟁을 병행하고 있고 철도파업으로 정치사회가 어지러운 가운데도 대통령은 야당과의 대화를 거부하고 나홀로 정치를 계속해 나갔다. 그러면서도 특히 네 가지 면에서 공을 들였다.

하나는 철도파업으로 촉발된 공기업과 양대 노총에 대하여 '비정상의 정상화'를 강하게 추진한 것이다. 즉 시위나 파업으로 공공 개혁을 반대할 경우 이에 대하여 타협하지 않고 반드시 책임을 묻겠다고 하여 강경 대응을 밝혔다. 또 다른 하나는 경제활성화를 위하여 규제완화를 강력하게 추진한 것이다. 즉 무역, 투자, 건설, 기업의 애로 등 다양한 분야에서 정부의 규제로 인하여 발이 묶여 경제성장에 방해가 되는 각종 불필요한 규제에 대하여 강력한 의지로 이를 추진하고자 했다. 또한 추경예산 투입, 수출·투지활성화 대책, 금리인하, 벤처기업 육성화 대책을 발표함으로써 8분기째 1% 미만에 머물러 있는 저성장 문제를 해결하려고 대통령의 역량을 집중하였다.

세 번째는 경제의 중요성을 인식한 박근혜는 부친 박정희의 '경제발전 5개년계획'을 연상케 하는 '경제혁신 3개년 계획'을 발표함으로써 경제성장을 진두지휘하겠다는 의지를 분명히 하였다. 즉 ① 공공부문 개혁으로서 25개 세부항목으로 이루어졌다. 공기업 부채비율 감소, 투명경영을 통한 경영효율화 등이 핵심을 이룬다 ② 원칙이 바로 선 시장경제로서 불공정한 하도급 방지와 사회경제적 약자인 상가세입자

보호내용이 포함되어 있다 ③ 규제개혁으로서 대통령이 직접 챙기는 부분으로서 규제총량제 도입등이 그것이다.

넷째, 8·15 경축사에서 처음 언급된 '통일 대박론'을 보다 구체화하기 위하여 대통령 직속기구로 '통일준비위원회'를 설치하겠다는 의지를 밝혔다. 그는 통일과 경제를 연결해서 통일이 경제를 끌어올리는 견인차 구실을 할 것이기 때문에 이를 위하여 '한반도 통일 청사진'을 만들겠다는 통일에 대한 비전을 제시하였다. 역대 정부 가운데 가장 적극적이고 진취적인 대북정책을 제시한 것이다. 보다 구체적으로는 2014년 3월 28일 독일방문에서 '드레스덴 선언'을 세계에 선포하였다. ① 한국의 대북 투자와 지원을 통하여 한반도 경제공동체 건설 ② 남북을 중심으로 중국과 러시아를 상호 연결해 한반도를 물류중심 기지로 만들고 ③ 인도주의, 경제협력, 민족 동질성의 세 차원에서 정부가 북한에 지원을 약속하는 것이 주요 내용이다. 이를 위하여 북한은 핵개발을 포기하고 6자회담에 복귀하라고 촉구하였다.

세월호 참사에서 나타난 리더십

이제 박근혜와 그 정부를 악몽으로 몰고 가는 그리고 국정을 소용돌이로 빠지게 만든 '세월호 참사'가 터졌다. 세월호 참사가 발생하기 바로 전날인 4월 15일 박근혜 대통령의 지지율은 68.5%를 기록함으로써 취임 후 가장 높은 지지율을 기록하였다. 높은 지지율에 방심한 탓일까? 아니면 호사다마일까 바로 그 다음날 세월호 참사가 발생했다. 관자管子는 「형세편形勢篇」에서 군주는 "아침마다 경각심을 불러일으켜 태만해지는 일이 없어야 한다. 게을러서 우물쭈물하다가는 재앙을 초래하기 마련이다曙戒勿怠, 後椎逢殃, 朝忘其事, 夕失其功"라고 했다.

대통령은 대국민 사과와 더불어 뜨거운 인간적 눈물을 여러 차례 흘렸다. 6.5 지방선거를 위한 양당의 경쟁이 한창인 가운데 참담한 비극이 발생함으로써 지금껏 순항해 왔던 박근혜 정부는 여러 면에서 변화가 불가피해졌다. 먼저 박근혜 정부의 무능과 부실이 만천하에 드러난 것이다. 참사 발생 이후 정부가 보여준 수습능력은 더욱 한심한 것이었다. 탑승 인원부터 제대로 파악하지 못하였고, 안전행정부와 해경, 해군, 해양수산부가 제각각 따로 놀면서 정부의 무능력이 만천하에 폭로되었다.

사고를 수습하는 와중에 ① 국가 안전처를 신설하였고 ② 정부는 인사교체를 통해서 책임을 물으면서 인적 쇄신으로 새롭게 시작하려는 의지를 보여주었다. ③ 박근혜는 "집권 초에 적폐를 못 잡은 게 한"이라고 하면서 초동 대응과 수습이 미흡했음을 사과하고 국가개조를 약속하였다. 리더십의 중요한 내용 가운데 하나는 위기관리 능력이다. 위기를 최소화하는 제도적 장치는 상시적 리더십에 속하지만, 이는 안정된 정치사회에서 발휘되는 리더십이다. 리더십의 진정한 능력은 예상치 못한 가운데 발생한 위기에 직면하여 발휘되는 능력에서 그 진가를 발견할 수 있다. 박근혜 리더십은 일차적으로 위기 예방을 위한 제도적 장치 마련에 실패하였고, 위기 수습 과정에서 더더욱 무능한 리더십을 보여주었다. 이는 훗날 메르스 사태에서 다시 재연된다.

세월호 참사를 통해서 박근혜의 리더십 문제가 적나라하게 드러났다. "이쑤시개로 찬합의 구석을 후비는" 만기친람식의 지시형 내각 및 참모진의 운영이었다. 국정의 핵심 문제에 집중과 선택을 하기보다는 세세한 부분까지 자신이 관여하고 지시하기 때문에 관료는 자신들의 해당 부서에서 리더십을 발휘하기 어려웠고 참모들은 창의적인 정책

제안이 어려운 것이 사실이었다. 또 다른 하나는 따라서 대통령 일인의 원맨쇼 리더십으로 귀결되었다. 이는 앞에서 지적한 대통령의 지지율은 높일 수 있지만 리더십의 효율성이 세부적인데 까지 미치지 못하여 청와대만이 정치의 중심에 놓이게 되어 정부와 집권여당 간의 조율과 통합이 어렵다. 이는 세월호 참사에서 보다 극명하게 나타났다. 대통령 한 사람만 사태 수습에 동분서주하고 정부 부처와 기관들은 협조와 소통이 부족해서 제대로 대처하지 못하고 우왕좌왕할 수밖에 없었다.

마지막으로는 야당과의 소통을 거부하면서 국회의 협조가 불가피한 중대한 사안들에 대해서 집권여당만을 압박하였다. 대통령과의 직접적인 대화를 요구하는 야당을 외면함으로써 여야간의 대화와 타협을 어렵게 만들게 됨에 따라 정국은 더욱 꼬일 데로 꼬이게 되었다.

2014년 6·4 지자체 선거와 2기 내각의 출범

6·4 지자체 선거는 새누리당과 안철수와 민주당이 합당하여 만들어진 새정치민주연합과의 대결로 진행되었다. 226명을 뽑는 선거에서 95대 92의 결과로 나타났다. 이는 세월호 참사로 인하여 야당의 압승이 예상되었으나 국민은 어느 한쪽에 압승을 허락하지 않았다. 노무현 집권 시기 치러진 지자체 선거의 경우 열린우리당의 참패로 끝났다. 그러나 박근혜 정부에서는 세월호 참사에 여당의 책임을 물을 것이 예상된 선거였는데도 선거결과는 대여 경고, 대야 견제로 나타났다. 세월호 바로 직전 여론조사가 보여준 바로는 여당과 야당은 지루한 정쟁과 싸움으로 인하여 동시에 낮은 지지율을 보이는데 박근혜만은 상당히

높은 지지율을 보였다는 점이다. 이는 박근혜가 정쟁에서 멀리 떨어져서 나홀로 정치를 계속함으로써 국정에 전념하고 있다는 인식을 심어주었기 때문이다. 또한 정권 초기여서 그에 대한 정치적 기대가 여전히 높아 박근혜로서는 안정적인 리더십 환경을 맞이할 수 있었다.

세월호 참사의 충격과 혼란이 어느 정도 자리를 자리 잡아 가고, 참패가 예상되었던 지자체 선거에서 재신임 받음으로써 박근혜는 제2기 내각을 통하여 다시 심기일전하여 국정에 몰두할 기회를 가질 수 있었다. 2기 내각에서 박근혜가 가장 중점을 둔 것은 경제활성화였다. 진박 중의 진박 최경환이 경제성장과 민생경제를 총괄 진두지휘하는 사령탑에 올랐다. 첫 국무회의를 주재하는 자리에서 박근혜는 "금융·재정을 비롯해 정부가 동원할 수 있는 모든 수단을 써서 경제살리기 총력전을 펼치라"고 주문하면서 총력전, 규제완화, 지속적 정책점검의 3대 원칙을 더불어 제시하였다. 이를 국회에서 뒷받침할 새누리당의 대표로 김무성이 당선되었다. 박근혜가 미는 진박의 수장 서청원을 물리치고(29.6% vs 21.5%) 새누리당의 대표가 됨으로써 당과 정이 새롭게 정비되었다.

세월호 참사의 여파가 채 가시기도 전에 실시된 7·30 국회의원 재·보선 선거에서 새누리당이 15곳 가운데 11곳에서 승리하였다. 특히 호남에서 박근혜 심복 중의 심복 이정현이 야당의 텃밭인 호남의 순천·곡성에서 당선됨으로써 새누리당은 158석, 새정치연합 130석, 기타 12석이 되었다. 이로써 대통령으로서는 더 확실하게 정국의 주도권을 잡고 경제살리기가 더욱 힘을 받게 되었다. 또한 집권당인 새누리당으로서는 반수가 훨씬 넘는 의석을 통하여 야당과의 대화와 협상에 유리한 입지를 마련할 수 있었다.

4 임기 3년차 선거 없는 해의 안정적 리더십

　박근혜 집권 3년 차를 맞이하여 박근혜의 지난 2년 간의 리더십을 총체적으로 평가한 각 언론사와 전문가들이 제시한 문제로서 소통(야당과의 대화제의)과 인사(안대희와 문극찬의 낙마 끝에 이완구를 총리에 임명)를 꼽았고 정책으로서는 대선 공약 가운데 취할 것과 버릴 것을 선별하고, 증세없는 복지의 허구에서 벗어나 실제적인 대안을 찾아야 한다고 조언하였다. 이러한 조언을 실천에 옮길 기회가 마련되었다. 즉 새누리당이 7·30 재보선에서 승리함으로써 2016년 4월 총선까지 크고 작은 선거가 없어 적어도 2015년 1년 동안은 보다 안정적으로 국정을 이끌어갈 수 있는 환경이 조성되었다. 그럼에도 불구하고 국회의 도움을 받지 못하여 대통령의 국정운영에 대한 구상은 점차 무력해지게 되었다. 박근혜 자신 역시 노무현 정권시절 야당 대표로서 노무현과 대립각을 세우고 사사건건 반대함으로써 노무현의 국정 동력을 무력화시킨 판박이 현상을 그도 지켜보았다.

　예를 들어 경제살리기 관련 법안들이 '국회 선진화법'을 앞세운 야당의 반대로 정국은 더욱 꼬여가고 있었다. 특히 대통령이 최대한의 역량을 동원하여 추진하려는 경제살리기 법안들, 즉 서비스산업 발전 기본법, 관광진흥법 등 70개 법안이 야당의 비협조로 국회에 계류된 채 경제를 살리기 위한 적기適期를 계속 허비하고 있었다. 국정원 선거 개입으로 한 차례 홍역을 치른 후 세월호 진상조사를 위한 특별법 문제로 야당이 계속 법안 통과에 거부입장을 견지하였다. 이에 대통령은 민생 법안과 세월호법을 분리시켜 먼저 민생법안의 통과를 국회와 야당에 대하여 계속 주문하였으나 대통령과 여당의 대야 설득은 소득 없이 끝나고 말았다. "소가 울어도 말이 응하지 않았던"것이다. 정의화 국회의장은 취임 후 3개월 동안 단 한 건의 법안도 통과시키지 못하여 "국민께 송구하다"라고 까지 말했다.

일찍이 명나라의 재상 장거정張居正은 "치아는 단단하지만 가장 먼저 빠지고, 혀는 부드럽지만, 끝까지 남아 있다. 부드러움은 단단함을 이길 수 있고, 약함은 강함을 이길 수 있다牙堅而先失, 舌柔而後存,柔克剛, 以弱勝强"고 했다. 박근혜는 장거정의 말과는 정반대로 나갔다. 먼저 여당 지도부를 압박하여 한-호 FTA, 예산안, 민생법안, 공무원 연금 개혁과 같은 과제들을 적기에 해결하라고 주문하였다. 동시에 야당에 대해서는 "새 정부가 들어서고 거의 2년 동안을 정치권의 장외場外 정치와 반목정치로 어려움을 겪고 있다"고 전제한 후 국회의 마비사태에 대하여 "의회 민주주의 근간의 훼손"이라고 야당을 직접 공격하면서 '국회의원 세비 반납'을 언급하는 강경 모드로 나왔다. 여론은 대통령이 야당을 직접 만나 대화를 통한 설득으로 막힌 물꼬를 터야한다고 촉구하였지만, 그는 꿈쩍도 하지 않았다. 국회 시정연설에서는 경제를 59번, 재정은 16번을 반복하면서 경제살리기 위한 법안들을 통과시켜 줄 것을 강력하게 촉구하였다. 문제는 야당이 국회의원 재보선 선거에서 패함으로써 김한길과 안철수 공동체제가 물러나고 문재인 체제가 들어서는 과정에서 혼란과 갈등을 빚고 있어 야당의 통일된 협조를 얻기도 어렵게 됨으로써 경제살리기를 골든타임은 계속 지나고 있었다.

정윤회 문건 스캔들에서 나타난 리더십 특징과 한계

이러한 시점에 소위 '정윤회 문건'이 불거졌다. 중국의 고사에 "염라

대왕은 만나기 쉬운데 그 앞의 귀신들은 처리가 어렵다閻王好見, 小鬼
難當"라는 말이 있다. 청와대 내부의 권력암투로 드러난 문건이 청와
대 밖으로 유출되면서 대통령의 리더십이 문고리 3인방을 비롯한 비
선실세에 의해서 움직여진다는 사실이 드러났다. 이 문제가 불거졌을
때 박근혜는 이를 국기문란으로 규정하면서 이를 보도한 언론을 향해
세간의 찌라시 수준의 루머를 크게 확대하였다고 하여 이를 덮어버린
것이다. 이로써 뒤에 박근혜의 정치적 운명을 가르게 될 커다란 사건
으로 비화됨으로써 손으로 막을 것을 가래로도 막지 못하게 된 것이
다. 사기史記 관중전管仲傳에 "화禍가 만들어지는 것은 당시에 만들어
지는 것이 아니라 반드시 그 조짐이 있게 마련이다禍之作, 不作於作之
日, 亦必有所有兆"라고 했다. 이 사건은 일 년 후 박근혜 퇴진운동을
가져오게 되는 '최순실 게이트'의 일차적 경고였다는 점에서 중대한
의미를 지닌다.

『한비자韓非子』 내편문상內篇問上에 보면 제나라 경공景公이 명재
상 안영晏嬰에게 "나라를 다스리는데 가장 큰 근심거리가 무엇인가?"
라고 묻자 "사당의 큰 쥐社廟之鼠"라고 대답했다. '정윤회 문건파동'은
안영의 말대로 "큰 쥐는 나라에도 있어 임금을 좌지우지 합니다夫國亦
有社鼠, 人主左右是也"가 한국 청와대에서 부활했다. 이로써 드러난 박
근혜 리더십의 문제로서 첫째, 대통령의 정책과 비전을 보좌할 다양한
제도적 장치가 법적으로 완비되어 있음에도 비선실세에 의지한 정치
를 보여주었다. 둘째, 소위 문고리 삼인방에 대한 과도한 신뢰로 인하
여 대통령의 권력이 비서들을 통해서 발휘되는 소위 중국의 환관 정치
를 연상시키는 십상시十常侍정치를 하였다는 점 셋째, 청와대 시스템
이 정상적으로 가동되지 않고 비선과 문고리 3인방에 의해 농단됨으
로써 정책결정과 추진의 제도적 시스템이 붕괴되었다는 점이다. 넷째

는 이들로 인하여 대통령에 대한 직언이나, 국정에 대한 소중한 의견의 개진, 내지는 다양한 의견의 수렴이 왜곡되고 편중됨으로써 대통령의 리더십에 치명적인 지장을 초래했다는 점이다. 이는 근본적으로 나홀로 여왕 리더십의 결과라고 하겠다. 마키아벨리가 군주론에서 '흑사병'이라고 경고한 것의 한국적 부활이다. 그는 "인간이란 누구나 자기의 자존심을 간질이면 기분이 좋은 법이고, 그래서 저도 모르게 '흑사병'에 감염되고 마는 것이다"라고 한 그것이다.

세월호 참사와 국무총리 인선 파동, '정윤회 문건' 파동으로 박근혜의 콘크리트 지지율이 37%로 크게 떨어졌다. 이는 집권 2년 차 여타 대통령의 지지율(김대중 50%, 이명박 47%)보다는 낮지만 노무현(27%)보다는 높은 수치를 보여주고 있다. 그러나 이는 그가 대통령 당선시 획득한 51.6%에서 크게 낮아진 수치로서 그의 고정 지지층마저 그에게 등을 돌리기 시작했다는 것을 의미한다. 헌법재판관 8대 1로 통진당의 해산이 결정되자 지지율의 하강 국면이 다시 회복세를 보이게 된다. 헌재소장은 "북한식 사회주의 실현을 목적으로 하는 위헌 정당"이라고 헌재의 결정과 더불어 통진당의 해산을 결정하였다. 이는 몇 달 후에 발생한 주한 미국 대사 리퍼트가 진보층의 인사로부터 테러를 당함으로써 이에 분노한 국민들의 여론으로 인하여 기울어진 운동장은 이명박과 박근혜 집권을 통하여 다시 기울게 되었고, 이석기의 통진당 해산으로 어느 정도 완결판에 이르렀다고 할 수 있다.

경제살리기 국정운영과 정치경제적 걸림돌

선거가 없는 해 2015년을 맞이하여 박근혜 정부는 경제살리기에 총력을 경주한다. 최경환 경제부총리는 교육, 노동, 금융, 공공부문의 4대 개혁이 경제살리기를 위한 관건이라고 강조하면서 욕을 먹더라도 이를 기필코 이루어 내겠다는 각오를 피력하였다. 노무현 정부 때와 마찬가지로 국민의 체감 민생경제는 좋지 않은데도 거시경제지표는 좋아지고 있는 괴리가 박근혜정부에서도 마찬가지로 지속되고 있었다. 이는 마치 고사성어 "정인치이鄭人置履"를 연상케 한다. 신발을 사려던 정나라 사람이 신발에 자신의 발을 맞추기보다 자신의 발 치수를 잰 볏집을 더욱 믿으면서 "치수는 믿을 수 있어도 내 발은 믿을 수 없다寧信度, 無自信也"고 한 것과 유사하다. 즉 피부로 와 닿는 민생경제보다는 거시경제지표만 들먹이면서 경제가 좋아졌다고 변명만 일삼는 노무현·박근혜의 무감각한 말을 상기시킨다. 미국의 36대 대통령 린든 B, 존슨Lyndon B. Johnson 역시 비슷한 말을 했다. "경제에 관한 연설은 자기 다리에 오줌을 누는 것과 같다. 오줌의 뜨거움은 본인 이외에는 아무도 못 느낀다". 노무현과 박근혜는 경제에 관해서는 자신들의 다리에 계속 오줌을 누었다.

수출 5,731억 달러에 무역수지 흑자는 474억 달러를 기록하여 사상 최대치를 기록하였다. 경상수지 흑자도 1,000억 달러를 넘어 세계 5위의 흑자국이 되었다. 이러한 거시경제의 약진에 힘입어 1인당 소득 3만 달러 시대를 눈앞에 두게 되었다. 이는 인구 5,000만 명 이상의 국가들 가운데 7번째로 30·50클럽에 가입하게 되는 것이다. 경제 성장률은 작년 기준으로 OECD 34개 국가,중 가장 높았고, 국민소득도 최근 5년 중 가장 높은 증가율을 보인다고 자신감을 보였다. 또한 국가채무비율 역시 OECD 평균 1/3에 불과하여 정부의 재정건전성에 문제가 없다고 하였다. 이러한 긍정적인 경제지표에 힘입어 박근혜는 신년 기자회견에서 3.8% 경제성장을 목표로 잡고 구조개혁, 창조경제, 내수

확대를 세부적인 전략으로 제시하였다.

이러한 거시적 지표의 상승세와 국정수행의 강력한 의지에도 불구하고 박근혜 정부의 경제정책 추진을 가로막는 장애물이 도처에 잠복해 있다. 먼저 제시한 정책들이 전반적으로 수년 전 부터 추진해 오던 중장기 과제들을 재탕하는 수준이어서 국민들에게 새로운 정책으로 다가오지 않는다는 점이다. 이는 노무현 정부 역시 김대중 정부 때 기획했거나 중단되었던 정책들을 재점검하거나 선별적으로 다시 시행한 것과 맥락을 같이 한다. 둘째는 정부가 내세운 목표나 세부적인 전략은 국회의 통과와 밀접하게 연관되어 있는데 국회의 상황 특히 야당의 협조를 구하기가 쉽지 않다는 데 있다. 셋째는 경제는 정치와 밀접하게 연관되어 있는데 그리고 그 중심에는 대통령이 있다. 그런데 대통령은 야당을 설득하려는 노력도 없이 자신만의 정치적 원칙과 독선에 사로잡혀 절박한 마음으로 모든 것을 내던질 준비가 되어있지 않고 여전히 청와대에서 권력과 법을 통한 그만의 원칙을 고수하고 있다는 점이다. 이는 경제만 잘되면 정치는 따라올 것이라는 개발독재 시대의 관념으로서 정치가 경제를 뒷받침해 준다는 정치와 경제 간의 기본 원리를 무시한 것이다.

이와 더불어 2015년은 박근혜 당선의 일등 공신으로 불리는 복지정책이 시험대에 오르게 되었다. 이미 65세 노인들에게 일괄 지급하겠다던 무상복지연금 20만 원 공약을 폐지하여 국민적 실망감을 안긴 바가 있다. 이미 그의 최측근인 진영 보건복지부 장관이 이에 사표를 던졌다. 따라서 과연 증세 없는 복지가 가능한가의 문제가 본격적으로 대두되기 시작하였다. 지난 2년 동안 20조 가까운 세수차질이 났고, 반면 기초연금, 무상보육, 무상급식, 반값 등록금 예산은 2012년 14조 원에서 27조 원으로 배 가까이 불어났다. 박근혜 정부는 이를 해결하는 방

법으로 비과세·감면정책을 정비하여 18조 원, 지하경제 양성화로 27
조 원, 세출 구조조정을 통하여 84조 원의 재원을 확보하겠다고 발표
하였다.

마키아벨리는 『군주론』에서 "사람은 자기 소유물을 빼앗겼을 때보
다 부친이 죽은 쪽을 더 빨리 잊어버리는 법이다"라고 갈파했다. 부모
를 죽인 원수는 쉽게 잊어도 자신의 돈 백만 원을 떼어 먹은 사람은
잊기 어려운 게 인간이다. 정부의 발표는 도상연습에 불과한 상상일
뿐 실제적으로는 월급쟁이들 주머니를 터는 연말정산과, 담뱃값 인상
으로 국민들의 생활경제를 착취함으로써 부족한 세수를 보충하려는
꼼수라는 국민적 반감을 사게 되었다. 더구나 무상복지 재정의 일부를
담당하는 지자체는 대통령의 공약사항이므로 중앙정부가 재원을 책임
져야 한다고 중앙정부를 압박했다. 지방정부는 세수확보의 부족으로
인한 재정적 어려움으로 무상보육비와 기초연금 예산의 절반만 편성
하여 정부와 지자체 간의 대립과 갈등으로 인한 무상복지 대란이 불을
보듯 뻔하게 됐다. 이에 따라 박근혜의 지지율은 마지노선으로 여기는
40%를 벗어나 35%를 기록하면서 취임 후 역대 최저치를 기록했다. 마
키아벨리는 『군주론』에서 말했다. "민중의 기분은 매우 동요되기 쉬운
것이 특징이다. 그래서 그들의 지지를 얻는 것은 그리 힘 드는 일이
아니나 그것을 유지하기는 대단히 어렵다."

유승민 원내대표의 당선과 당 - 청 갈등의 시작

새누리당의 원내대표로서 비박계의 유승민 의원이 당선됨으로써 당
·청 간의 갈등이 가시화되기 시작했다. 즉 비박계의 정의화(국회의장),

김무성(당대표), 유승민(원내대표)의 삼각 체제가 형성되어 박근혜의 불통과 일방적인 독주를 견제하면서 집권당으로서의 제모습을 다시 찾을 수 있게 되었다. 그럼으로써 의회가 정부를 제대로 견제하는 진용을 갖추게 되었다. 이러한 갈등의 중심에는 ① 대통령의 불통의 리더십 (야당과의 대화 거부와 여당에 대한 일방적 요구와 압박)에 대한 불만, ② 계속된 수첩 인사의 실패, 증세 없는 복지정책의 허구, ③ 연말정산과 담뱃값 인상에 따른 대통령과 집권당에 대한 불만 등이 복합되어 일어난 것이다. 복지정책으로 촉발된 진영 장관의 사표는 일 년이 지난 후 유승민 원내 대표에 의해서 다시 점화된다.

유승민은 당 원내대표 선거 과정에서 "지난 2년간 대통령도 당도 잘하지 못했다", "이제는 당이 국정의 중심에 서야 한다", "박 대통령에게 할 말은 하겠다." 등으로 박근혜와 친박계를 동시에 공격하면서 당선했다. 박근혜의 선거공약인 개헌을 꺼냈다가 청와대로부터 경고를 듣고 하루 만에 없던 일로 한발 물러나 체면을 구긴 김무성 대표도 목소리를 높이기 시작했다. 그는 국회 교섭단체 대표 연설에서 "증세 없는 복지는 불가능하며 정치인이 그러한 말로 국민을 속이는 것은 옳지 않다"고 박근혜를 향해 직격탄을 날렸다. 유승민은 한발 더 나아가 박근혜 정부의 공약 재원조달 계획인 134조 5000억 원을 더 이상 지킬 수 없다고 솔직하게 시인하고 이를 반성한다고 하면서, 증세 없는 복지가 허구임을 다시 강조하였다. 더구나 박근혜 경제성장의 핵심 구호인 창조경제는 해법이 될 수 없다고 박근혜를 직접 겨냥하였다. 이로써 당과 청은 상당한 거리감을 유지한 채 박근혜는 친박을 통하여 당을 통제하려는 데서 한발 물러나 간접적인 당·청관계를 유지하게 되었다. 아울러 배신의 정치가 다음 총선에서 중심 화두로 등장하는 시초가 되었다.

박근혜는 충청권 출신의 도지사이자 새누리당 국회의원인 이완구를 우여곡절 끝에 총리로 임명하는 데 성공하였다. 정부는 이완구를 중심으로 야심 차게 선거 없는 해의 유리한 환경을 최대한 활용하여 대통령의 경제활성화를 추진하게 되었다. 그런데 성완종 전 국회의원의 자살 사건으로 이완구 총리가 그에 연루된 것으로 나타나 2개월 만에 총리직에서 사퇴하게 된다. 이로써 박근혜 정부는 이중의 타격을 입었다. 하나는 2개월 전에 천신만고 끝에 취임한 총리가 사임하게 되어 총리를 중심으로 추진되어 오던 경제활성화 정책이 난관에 부딪혔고 또 다른 하나는 성완종 전 의원의 유서에 이름이 기재된 6명 가운데 박근혜의 최측근 5명이 포함되어 정권의 도덕성이 타격을 입었다.

이로써 국정의 주도권은 새누리당과 국회로 넘어갔다. 이러한 기회를 이용하여 새누리당은 청와대의 반대에도 불구하고 야당과 합의하여 공무원 연금개혁안에 합의하였다. 청와대는 강력하게 반발하면서 "명백한 월권"이라는 입장을 내놓았다. 여당으로서는 청와대가 재량권을 주지 않고 청와대의 원안대로만 통과시킬 것을 압박함으로써 청와대 책임론을 줄곧 제기한 상태다. 결국 청와대는 여와 야가 합의한 개혁안을 그대로 추진하기로 하여 이를 추인하였다. 이로써 청와대는 국정의 주도권을 국회와 당에 밀리는 모양을 보여주게 되었다. 이러한 국회의 국정주도권은 공무원 연금 개혁안 등 67건을 통과시켰으나 박근혜가 요구했던 경제활성화 법안은 하나도 포함하지 않았던 것에서도 잘 알 수 있다.

여기에 결정적인 불을 붙인 것은 국회법 개정안의 통과라고 할 수 있다. 즉 모법母法의 취지에서 벗어난 행정부의 시행령·시행규칙에 대하여 수정·변경을 요구할 수 있다는 취지의 국회법을 찬성 211표, 반대 22표, 기권 11표로 압도적인 표로 통과시켰다. 이로써 당과 청의 갈등의 골은 더욱 깊어졌다. 박근혜와 국회 간의 갈등과 대립 역시 최악으로 치달았다. 노무현 역시 임기 말 집권당과 야당으로부터 동시에 공격을 당하여 대 국회관계가 소원해지게 되었다. 박근혜와 노무현의 차이가 있다면 노무현은 계속되는 재보궐 선거에서 패함으로써 대통령과 집권당이 동시 추락하는 경향을 보였다. 그러나 박근혜는 비록 집권당이 대통령에 반기를 들었지만, 이것이 대통령의 지지도를 하락시키거나 집권당의 지지율 하락으로까지 연결되지 않았다. 아직 박근혜의 리더십 역량이 그 힘을 지니고 있었다고 할 수 있다.

메르스 사태의 발발과 위기관리 리더십

세월호 참사가 터진 일 년 후 중동 호흡기 증후군인 메르스 사태가 다시 또 박근혜 정부를 위기로 몰아넣었다. 세월호 참사의 교훈이 엊그제 같은데 정부의 대국민 안전에 관한 정책이 결국 제로상태였음이 다시 한 번 밝혀졌다. 정부는 제대로 된 대처 매뉴얼이 준비되어 있지 않았고, 안이한 판단으로 초기대응에 실패하였고 국민에게 메르스에 대한 정확한 정보를 제공하지 않아 병을 더욱 확산시켰다.

정부 차원에서의 다양한 조처와 책임자의 교체, 의심 환자에 대한 철저한 관리 등으로 '메르스 사태'가 겨우 진정되었다. 이완구 후임으로 신임 총리가 된 황교안 국무총리는 7월 28일 메르스 사태가 종식되었음을 선언했다. 36명이 사망하였고, 186명이 확진 판정을 받았고, 6,729명이 격리 조치되었던 메르스 사태가 종식됨으로써 박근혜 정부는 여러 가지 상처와 과제를 안게 되었다. 즉 ① 정부의 허술한 방역체계와 전문성 부족, 후진적 병실·간병문화, 감염병 치료 인프라 부족과 전문인력의 부족 ② 대통령의 방미 계획 연기 ③ 국내 소비가 급격하게 위축(8.8%)되었고 ④ 해외에서는 한국인을 잠재적 보균자로 취급하여 국민적 자존감에 상처를 주었고 ⑤ 그에 따른 지지율은 1주일 만에 40%에서 34%로 떨어졌다. 이로써 박근혜의 위기관리 리더십은 완전히 무능한 것으로 드러나게 되었다.

임기 삼 년째 중반에 접어든 박근혜는 메르스 사태의 수습, 국회의 대정부 국회법 결의, 여당의 대 청와대 도전의 삼중의 문제를 해결해야 할 과제에 직면하였다. 집권당 새누리당은 박근혜의 대선공약의 허구를 지적하고, 정부를 무력화할 수 있는 국회법 개혁으로 대통령과 집권 여당과의 관계는 더욱 악화되었다. 이에 박근혜는 정면돌파를 택한다. 박근혜는 유승민이 임계점을 넘었다고 분노하면서 "자기의 정치철학과 정치적 논리에 정치를 이용해서는 안 된다"고 하면서 유승민의 사퇴를 압박하였다. 이는 유승민의 사퇴를 성사시킴으로써 대통령의 당에 대한 장악력을 다시 공고하게 만들고 당이 아직은 대통령의 지휘를 받아 국정을 보좌하는 기관임을 재 입증하려한 것이다. 더불어 가끔 엇박자를 내면서 박근혜의 통제를 벗어나거나 견제하려는 김무성과 비박계들에 대하여 경고장을 날리고는 했다. 결국 유승민은 버티다가 박근혜 아바타 친박들의 압박에 밀려 원내대표에서 물러남으로써 박근혜의 승리로 끝났다. 엘리아스 카네티Elias Canetti는 『군중과 권력』에서 "남을 결코 용서하지 않거나 용서하기 어려운 사람, 용서하는데 시간이 많이 걸리는 사람, 이 편집병적 인간이 바로 권력자다. 권력자는 참으로 용서하는 법이 없다"고 했다. 박근혜는 유승민과 비박계들을 통해 자신이 권력자임을 보여주었다. 국회법도 거부권을 행사함으로써 대여, 대국회 모두와의 갈등에서 그의 일방적 의도대로 결론을 내릴 수 있었다. 이에 대하여 비박계 일각에서는 박근혜도 이회창 총재시절 탈당을 하였고, 이명박 정부시절 세종시 문제로 대통령에 정면으로 도전하였는데 유승민은 왜 불가하냐고 불만을 제기하였으나 찻잔의 태풍으로 그쳤다.

박근혜의 불통은 국내 문제에서는 부정적으로 기능하였지만, 대북관계에서는 뚝심으로 작용하였다. 전방 철책선 DMZ에서 북한의 목함지뢰 도발 사건이 발생하자 이에 박근혜는 대북 확성기 재개결정과 무력도발에 대한 단호한 대처와 응징, 북한의 도발적 폭격에 대응 포격을 가하는 등 강력하게 대응함으로써 남북 고위급 접촉에서 북한의 대화제의를 이끌어 냈다. 대북 협상대표단에게 "어물쩍하는 타협은 없다"는 원칙을 끝까지 고수함으로써 6개 항에 극적으로 합의할 수 있었다. 불통은 고집이 되기도 하고 뚝심이 되기도 한다.

메르스 사태로 잠시 소홀해진 외교적 행보가 보다 본격적으로 전개된다. 한편으로는 한·중·일 외교장관 회담을 통하여 한·중·일 수뇌회담을 한국의 주도로 개최하려는 노력을 경주했다. 또 한편으로 중국의 2차 세계대전 전승절戰勝節에 초청되어 중국을 방문하였다. 한국전쟁 당시 인민해방군抗美援助軍과 적국으로 싸웠던 중국군을 상대로 천안문 광장 사열에 참석한 것이다. 핵개발과 미사일 시험발사에 따른대 중국협조와 대중 경제적 의존도를 고려하여 미국의 눈치를 보면서도 천안문 성루에 시진핑과 나란히 섬으로써 한·중관계의 밀월기를 극적으로 상징하였다. 이러한 밀월기는 일 년 후 고고도 미사일방어시스템 싸드TTHAD문제로 물거품이 되고 만다.

이제 정국은 다음 해 4월에 실시되는 20대 총선을 향해 치닫는다. 박근혜는 유승민을 사퇴시킨 여세를 몰아 여당에 대한 장악력을 보다 공고히 하려는 작업에 착수한다. 먼저 김무성과 문재인이 잠정 합의한 '안심번호 국민공천제'에 대하여 반대하고 나선 것이다. 여당 대표가 청와대와 미리 상의하지 않고 독자적으로 합의한 것이어서 인정하지 않겠다는 것이다. 이에 김무성은 더 이상 거론하지 않겠다고 물러섬으로써 헌법개정 제안에서 후퇴한 데 이어 또다시 후퇴한 것이다. 어떤 결정을 내놓았다가 상황이 바뀌거나 반대에 부딪힐 경우 30시간 안에 철회하거나 취소한다는 소위 '30시간의 법칙'이 다시 작용한 것이다. 박근혜는 한발 더 나아가 '배신의 정치' 또는 '진실한 사람 선택' 등의 발언을 통하여 노골적으로 선거에 개입하였다.

경제문제는 박근혜로서 그의 원칙과 신뢰 그리고 리더십을 증명할 수 있는 중대한 리트머스 시험지라고 할 수 있다. 그는 노무현 정부 시절 야당대표로서 일관되게 민생을 챙길 것을 노무현에게 주문하였고, 실제로 노무현에 대한 지지도와 국정수행 평가에서도 경제살리기가 가장 낮은 평가를 받았다. 따라서 경제 특히 민생경제의 중요성을 잘 인식하고 있는 박근혜로서 경제살리기는 그의 국정과제 가운데 가장 중요한 일차적 관심사가 된 것은 당연하다. 4대 개혁법안이 통과될 기미를 보이지 않고 경제침체에 대한 각계의 우려가 쏟아지자, 박근혜는 국회와 야당에 대하여 포문을 열고 비난의 강도를 높여간다. 실제로 대중국 FTA가 국회에서 비준받지 못하면 1조 5,000억의 관세 손실이 발생이 예상되고, 19만 개 일자리 창출이 기대되는 근로기준법이 폐기될 운명에 처해 있고, 노사정이 어렵게 합의한 노동개혁 관련 5개 법안이 계속 국회에 계류된 채 19대 국회가 곧 끝나가는 시점이어서 박근혜로서는 속이 타들어 가고 있었다.

이런 상태가 계속되는 경우 총선 전까지 아무것도 할 수 없다는 위기감에 직면하여 연일 국회를 비난하고 나섰다. "국회가 경제 발목을 잡아서는 안 된다. 이는 직무유기이자 국민에 대한 도전"이라고 하면서 국민이 직접 나서달라고 강력한 태도를 보였다. 즉 "노동개혁과 '경제활성화법'을 국회가 이번에도 처리하지 않는다면 그때는 국민이 총선에서 그런 의원들을 심판해 달라"고 하면서 총선 심판론을 제기한 것이다. 여기에 그치지 않고 정의화 국회의장에게 직권상정을 요청하였으나 이마저 거절되었다. 19대 국회는 국회대로 100여 개 법안을 무더기로 통과시키면서도 박근혜가 요구한 법안들은 결국 통과시키지 않고 폐회하였다. 이로써 박근혜는 향후 경제성장을 위한 경제적 틀을 짜는데 심각한 타격을 입게 된다. '총선 심판론'은 겉으로는 국회의원 전체를 상대로 하는 선전포고의 성격을 지니지만 실제적으로는 여당 내에서 법안 통과에 소극적인 의원들을 선별하고, 청와대나 내각의 인물들을 총선에 투입함으로써 기존의 친박에 더하여 새로운 친박세력을 보충하여 박근혜 세력의 확장을 겨냥한 일석이조의 포석이라고 할 수 있다.

원수는 싸우면서 서로 닮아간다고 하였던가. 박근혜의 총선 전략은 노무현의 총선전략과 유사하다. 국회에서 집권당의 과반수를 위해서는 모든 것을 동원하여 선거를 승리로 이끌어야 하는데 이 두 사람이 가진 리더십 자원은 정책이나 국민의 절대적인 지지라기보다 당장 동원할 수 있는 자원으로서 인적자원이 전부이기 때문이다. 보다 근본적으로는 운동장을 최대로 자신의 편으로 기울게 함으로써 이념과 편 가르기를 극대화하는 운동장 시소게임을 기본으로 하기 때문이다.

영국의 극작가 존 골즈워디John Galsworthy(1867-1933)는 "전 세계의 정치가들이 지켜야 할 규칙은 단 한 가지, 즉 야당 때 한 말을 여당 때는 절대로 하지 말라는 것이다"라고 정치인들에게 촉구하였다. 박근혜는 노무현의 역사 바로 세우기를 비난하고 장외투쟁을 하면서 이를 반대하였는데 노무현이 뿌려놓은 역사 바로 세우기를 다시 교정하는 작업에 돌입하였다. 즉 국사 교과서를 검정방식에서 국정화로 바꾸려는 시도를 감행하였다. 여권에서는 야당과 시민사회단체들의 반발을 우려하여 '교과서 정상화' 또는 '단일 국사 교과서'라는 명칭으로 이를 합리화시켜 나갔다. 진보정부 시절 작성된 역사교과서는 경제개발 주체 세력에 대한 평가가 제대로 이루어지지 않았고, 북한의 실상을 제대로 알리지 않은 것을 보충하고 좌편향적 역사관에 균형을 잡겠다고 나선 것이다. 나중에 공개된 정부측 국정교과서에 따르면 박정희의 경제적 성과를 강조하고 독재와 인권유린이 축소되었고, 5·18 광주 민주화운동의 원인과 결과가 뒤바뀌는 등 뉴라이트 계열의 역사관이 주로 반영되었다.

좌파의 역사관을 수정하겠다는 우파정부의 역사를 통한 이러한 역사수정 작업은 노무현 참여정부의 실책을 연상케 한다. 즉 노무현은 탄핵정국을 통해 과반수 이상의 의석을 확보하여 경제문제에 집중할 수 있었음에도 불구하고 이념적 문제에 전념함으로써 국가와 사회의 분열과 혼란을 초래한 것을 연상케 한다. 예상한 대로 야당과 재야 시민단체의 반대가 거세게 일어났다. 박근혜는 전선을 국회와 재야로 확대하면서 대국민 통합과 대국민 설득을 통한 대국회 경제관련 입법을 촉구하기보다 이념적인 문제로 사회를 갈등으로 몰아넣었다.

2015년이 저무는 마지막 12월에 박근혜는 24년 만에 위안부 문제의 타결을 선포함으로써 또 다른 논란의 중심에 서게 되었다. 취임 후 아베의 우경화 정책을 경고하기 위하여 한·일 정상회담을 거부하고 다양한 국제회의에서 고의로 아베와의 대화와 접촉을 회피하던 박근혜는 전격적으로 일본과 위안부 문제에 합의한 것이다. 일본정부 예산 10억 엔을 출연하여 피해 할머니들에게 보상하고, 또한 되돌릴 수 없는 최종 해결이라고 명시함으로써 양국의 자국 내의 반대와 취소 요구에 못을 박고, 소녀상 이전 문제는 관련 단체와 협의하여 적절히 해결하도록 노력하겠다는 내용이 핵심을 이룬다.

중국속담에 "이해관계에 따라 하는 말이 달라진다利益關係不同,說法就是不同"라는 말이 있다. 한국과 일본은 서로 다른 말을 하고 있다. 한국으로서는 일본 정부의 책임인정, 총리사죄, 일본정부예산 투입의 3대 조건을 충족시켰다고 자평하였다. 반면에 일본의 입장에서는 법적 책임을 묻지 않았고 배상이 아니며, 소녀상 이전을 약속받았다고 주장했다. 그리고 되돌릴 수 없는 최종해결을 못 박음으로써 일본이 계속 망언을 일삼을 경우 뾰족한 대처수단이 없다는 문제점을 남긴 채 마무리되었다. 청와대의 설명에 따르면 생존해 있는 위안부 할머니들이 46명이 남아 있어 빨리 해결하기 위한 박근혜 대통령의 결단이었다고 했다. 그러나 내면적으로는 미국의 양대 중요 동맹국 간의 불화에 안보동맹의 균열이 심각해지자 미국이 압력을 행사였고 박근혜와 아베가 이에 굴복한 것이었다는 것이 정설이다. 아무튼 소녀상의 이전 가능성의 여지를 남겨둠으로써 박근혜는 적지 않은 정치적 부담을 안게 되었다.

5 임기 마지막 해와 탄핵정국

박근혜 집권 4년째 정치권은 4·13 총선에 모든 것을 걸었다. 대통령으로서는 행정부를 효율적으로 총괄하여 정부의 국정을 차질 없이 꾸려나가야 하고, 이를 보다 잘 뒷받침하기 위하여 집권 여당의 의석수를 보다 많이 확장해 국정을 보다 안정적으로 운영할 수 있도록 입지를 확보하는 일이다. 따라서 리더십 역량을 최대한 발휘하여 총선에 몰두해야 할 환경에 놓이게 되었다.

대내외적 도전과 과제 및 추진 노력

2016년 새해의 첫 도전과 과제는 외교 분야에서 시작되었다. 새해가 시작하자마자 6일에 북한이 4차 핵실험을 감행하였다. 유엔에서는 별다른 효과가 없어 보이는 대북 제재 결의안이 논의되기 시작하였고 박근혜는 천안문 망루 외교로 다져진 중국과의 관계를 통하여 중국의 보다 적극적인 협조를 기대하였다. 아울러 그는 그동안 중국의 반발을 우려해 금기시 되어오던 사드배치 의사를 공개적으로 발표하였다. 박대통령은 "주한 미군의 사드 배치 문제는 북한의 핵, 미사일 위협, 이런 것을 감안해 가면서 우리의 안보와 국익에 따라서 검토해갈 것이다"라고 하자 중국은 "한 국가가 자국의 안전을 고려할 때는 다른 국가의 안전도 함께 고려해야 한다"고 함으로서 경계하는 입장을 표명하였다. 이로써 그동안의 한·중 밀월관계는 서서히 소강 국면으로 접어들기 시작하였다.

아울러 중국과 같은 입장을 표명한 러시아의 가세로 인하여 전통적인 냉전체제의 한반도 체제인 남방 삼각관계와 북방 삼각관계의 구조가 부분적으로 다시 재연되기 시작한 것이다. 노무현은 민족주의적 외교정책으로 이러한 냉전적 구조를 타파하려다 실패하였다. 박근혜는 미국과 일본과 긴밀한 공조를 통한 북핵과 미사일 문제를 해결하려고 하였으나 이 역시 실패하고 말았다. 계속된 북핵실험과 미사일 시험발사로 인하여 노무현과 박근혜의 대북정책은 모두 실패하였다. 단지 그 과정에서 노무현은 동북아 균형자론으로 모두에게 버림받고 북한을 보호하려고 했으나 북한의 핵실험 재재로 무력화 되었다.

박근혜의 3년 동안의 대북정책과 외교정책은 실패한 것으로 드러났다. 북은 4차 핵실험에 이어 한 달 만에 다시 장거리 탄도미사일을 쏘아 올려 북한의 핵위협이 더욱 현실적으로 다가와 한반도는 핵 위협에 놓이게 되었다. 이에 박근혜는 남북관계의 마지막 끈이었던 개성공단 폐쇄로 대응하였다. 유엔을 비롯한 전세계가 앞장서 북한을 제재하는 데 한국만 개성공단을 열어놓으면 안 된다는 국제적 공조의 일환이라는 명분으로 개성공단 폐쇄가 결정되었다. 밀월관계의 한중관계도 까칠해졌고 일본과 전격적으로 해결한 위안부 문제는 국내에서 많은 후유증을 남기고 있어 그동안 국제회의에 참석하여 대북 핵개발 포기를 위한 전방위 압박은 헛수고였음이 명백해졌다. 박근혜는 국회연설을 통해서 대북정책의 근본기조를 전환하여 김정일 체제의 전복 즉 '레짐 체인지regime change'에 집중하겠다고 하여 더욱 강경한 대북 압박정책을 공표하였다. 이제 '통일대박'은 김정은 정권의 교체로 바뀐 것이다.

내치에 있어서는 대국민 담화를 통하여 현 시국을 "안보와 경제, 두 가지가 동시에 위기를 맞은 비상 상황"으로 규정하면서 "위기상황의 돌파구를 찾게 할 수 있는 유일한 대안은 바로 국민 여러분"이라고 하여 국민에 국회에 압박을 가해달라는 대국민 직접정치로 호소하였다. 당시의 국회는 1여 3야의 체제로 재편되었다. 즉 새누리당과 더민주당, 국민의당, 정의당으로서 이는 노무현 정권 말년의 1여3야를 연상케 한다. 즉 열린우리당과 한나라당, 민주당, 민노당이 그것이다. 비록 같은 1여3야 체제라고 하더라도 구체적인 내용에 있어서는 야당의 분열로 인하여 조성된 정국이어서 박근혜정부로서는 유리한 입지를 확보할 수 있었다. 그럼에도 불구하고 경제관련 법안들이 야당의 반대로 식물정부가 될 위기에 처하게 되자 국민에게 직접적으로 호소한 것이다. 여기에 그치지 않고 '민생 구하기 입법촉구 1,000만명 서명운동'에 이례적으로 대통령이 직접 서명함으로서 국회를 압박하였다. 박근혜의 대 국민호소와 길거리 서명에 어느정도 압박을 느낀 야당 특히 거대 야당 더민주가 '기업활력 제고를 위한 특별법(원샷법)에 대한 반대 입장을 철회하였다. 그런데도 나머지 경제관련법안들은 여전히 반대 입장을 견지하면서 무조건 반대만 하는 야당이 아니라는 것을 보여주기 위한 생색내기 정도의 협조에 그쳤다.

4.13 총선 실패와 당 - 청 관계의 악화

'국회선진화법'을 해결하는 방법은 하나밖에 없다. 즉 '4·13 총선'에서 새누리당이 2/3 이상 득표하는 것이다. 대통령으로서는 그 가능성에 도전해 볼 수 있는 유리한 환경에 있었다. 즉 ① 30% 후반에서 40% 초반을 꾸준하게 유지하고 있는 대통령에 대한 콘크리트 지지층의 일관된 지지 ② 야당의 분열로 인한 표의 분산가능성 ③ 여당의 악재(세월호, 메르스 감염사태)에도 불구하고 계속된 재보선에서의 승리 등이 그것이다. 이러한 유리한 환경에 박차를 가하기 위해서 박근혜는 직간접적으로 총선에 관여하기 시작했다. 먼저 지난해부터 유승민을 겨냥한 '배신의 정치'를 통하여 대통령에 반대하는 인물들에 대한 솎아내기 작업, '진실한 사람'을 뽑아 달라고 하면서 박근혜의 아바타라고 여겨지는 인물들의 대거 공천, 이에 더하여 대통령의 정치적 기반이자 근거지인 경북과 부산 지역을 방문하여 그 지역 새누리당 후보들에 대한 간접지원을 한 것이다.

기회를 살리지 못하면 기회는 위기가 된다. 마키아벨리는 『피렌체사』에서 "정말로 서글픈 현실이지만 인간은 권력을 가지면 가질수록 그것을 사용하는 방법이 서툴기만 하여 그것으로 점점 더 남이 참기 어려운 존재가 된다"고 했다. '4·13 총선'에서 이것이 그대로 드러났다. 박근혜와 친박들은 유리한 환경에 자만하고 방심하여 공천 과정에서 대통령의 독선과 오만을 그대로 보여주었다. 고사성어에 익정지구 溺井之狗가 있다. 개가 우물에 오줌을 싸놓아 동네 주민들이 개 주인에게 항의하러 가자, 주인집 문 앞에서 이빨을 드러내고 사납게 짖는 개를 말한다. 친박의 행태가 이러하다. 당 대표를 향해 욕설하고, 경선용 여론조사가 유출되었고, 합의된 경선 룰을 힘으로 무너뜨리고 당대표를 무력화시키는 등의 박근혜의 아바타들 친박의 안하무인격인 행위에 실망한 국민들이 새누리당을 심판하였다. '옥새 파동'으로 그러한 내분 특히 투표에 의해 선출된 당 대표가 대통령의 암묵적 재가를 받은 완장을 찬 친박들에 의해서 무력화되는 광경을 국민들은 지켜보면서 여당의 오만에 철퇴를 내렸다.

마키아벨리는 『군주론』에서 "지도자는 상대편을 절망과 분노에 잡힐 만큼 호되게 닦아세워서는 안 된다. 철저하게 홀로 몰린다고 느낀 자는 이제 달리 길이 없다는 생각으로 사생결단의 반격이나 복수를 하려 할 것이다"라고 했다. 공천학살이 그것이다. 역사는 반복되는 법이다. 그리고 역사의 반복은 선순환이 아니라 악순환의 전례가 더 많은 법이다. 이명박의 데자뷔가 박근혜에게 나타났다. 즉 제20대 총선에서 유사한 공천학살이 일어난 것이다. 친박을 당선시키기 위하여 비박들에 대한 공천학살이 재연된 것이다. 이번에는 "국민도 속고 비박도 속은 것"이다. 그리고 국민과 비박을 속인 주체는 당연히 박근혜 대통령인 것이다. 새누리당은 선거에 참패하여 여소야대 정국이 조성되었다. 선거의 여왕으로서는 최초로 선거에 패한 것이다. 그리고 7개월 후, 마치 노무현이 버린 민주당이 노무현 탄핵을 주도한 것처럼 박근혜가 버린 비박계가 주축이 되어 박근혜에 대한 빈격을 가하여 탄핵에 찬성표를 던졌다. 명나라 장거정張居正(1525-1582)은 「권모서權謀書」에서 "큰

234

덕은 아랫사람을 포용하고, 큰 도는 대중을 포용한다大德容下, 大道容衆"라고 했다. 박근혜는 대덕이 부족하여 비박을 포용하지 못했고, 대도가 부족해서 광장의 촛불에 의해 탄핵당한 것이다.

총선 결과 선거전 180석까지 예상했던 새누리당은 122석, 더 민주는 123석, 국민의당 38석, 정의당 6석, 무소속 11석이 되어 여소야대의 국면이 조성되었다. 이로써 ① 대통령의 레임덕이 시작될 수 있는 조건이 마련되었고 ② 야당에서 국회의장을 차지하고 ③ 어느 당도 일방적으로 주도할 수 없게 되어 합종연횡을 통한 국회 운영 ④ 국민의 당의 캐스팅 보트 역할의 중요성 증대라는 성격을 지닌 채 20대 국회가 시작되었다. 여론은 이러한 결과를 두고 어느 당의 일방적인 독주가 어려운 만큼 협치의 정치를 펼치라는 국민의 절묘한 심판이었다고 했다.

4·13 총선은 대통령에 대한 심판의 성격을 지니게 되었다. 그동안 지지율에서 일관되게 지적되어 왔던 불통, 독선적 인사, 경제침체 등에 대한 종합적 비판적 결과라고 할 수 있다. 아울러 대통령과 그의 분신이라고 할 수 있는 친박들에 대한 국민적 불신으로서 대통령은 노무현과 유사한 처지에 놓이게 되었다. 즉 여당 내 친박과 비박 간의 갈등을 조정하고, 특히 비박의 대통령에 대한 반감을 중화시키면서 3당 체제를 대통령의 리더십으로 적절하게 운영해야 할 리더십 시험대에 올라서게 되었다.

한 가지 특기할 점은 대구에서 야당의 김부겸이 당선되었고, 전남에서는 이정현이 재선에 성공함으로써 지역 정치의 고착화가 변화될 극히 작은 희망이 보이기 시작했다. 이는 몇 달 후 여당의 대표가 호남 출신 이정현이 당선되고, 야당의 대표는 영남 출신의 추미애가 당선됨으로써 이러한 추세는 더욱 가속화되기 시작했다. 총선 실패로 인하여 박근혜의 지지율은 29%로서 지난해 메르스 사태 당시의 29%를 기록함으로써 총선 과정에서 보여준 당내 리더십은 메르스 대처 실패와 버금가는 정도의 대국민 신뢰를 상실한 것이었다.

자신의 개인적 내면을 잘 드러내지 않기로 유명한 박근혜는 총선이 끝난 지 보름 정도 지나서 언론사 편집·보도국장들과의 간담회에서 내면의 심정을 상당 부분 진솔하게 나타냈다. 그는 여전히 그만의 올바름 내지 공주적 무오류성에 대한 확신을 언급했다. 즉 총선의 결과에 대해서 자신에게만 책임을 묻는 것에 대해서 억울하다는 입장을 나타내 보이면서 금번 4·13 총선의 특징을 양당체제의 폐해를 국민들이 심판한 것이라고 해석하였다. 또한 여당 내부에서 삐걱거린 것이 선거 참패로 결과된 것을 청와대에 책임을 묻는 것은 옳지 않다고 하면서 '경제활성화법'을 통과시켜 주지 않은 야당과 그것을 관철해 내지 못한 여당에 대하여 섭섭함을 표하였다. 일본속담에 "핑계와 고약은 어디에든 붙일 수 있다"라는 격이다.

그러면서 "대통령 중심제라고는 하지만 대통령으로서 할 수 있는 일이 별로 없었다"고 하면서 무력감을 토로하였다. 이를 노무현의 화법을 빌어서 표현하자면 "대통령 못 해 먹겠다"에 비견될 수 있는 말이다. 실패한 두 대통령은 공통으로 자기 합리화를 하면서 리더십 실패를 변명으로써 일관한 모습을 보여주었다. 자신의 리더십 무능과 부족을 반성하기보다는 야당을 설득하거나, 아니면 국민들의 절대적인 지지를 통하여 야당을 굴복시킴으로써 체계적으로 국정목표를 성취해 내지 못한 자괴감을 남의 탓으로 돌리고 있는 것이다. 마키아벨리는 『정략론』에서 "민중은 무지하기는 하지만 진실을 꿰뚫어 보는 능력을 가지고 있다. 그러므로 그들의 신뢰를 한 몸에 받는 인물이 그들에게 진실을 고하면 의외로 쉽게 설득되는 법이다"라고 했다. 노무현과 박근혜는 그들의 무력함을 실토하였으나 이미 국민의 신뢰를 잊어버린

후라서 진실을 고해도 국민을 설득시키는 데 실패한 것이다.

박근혜 리더십의 균열 시작

총선패배의 충격이 어느 정도 가시면서 박근혜는 대통령으로서의 업무에 다시 정진한다. 여당의 당 대표 선거에서 간접적으로 자신의 비서 출신 이정현을 당선시켜 친박을 통한 친정체제를 구축한 것이다. 세월호 특조단의 임기 연장에 대하여 거부권을 행사함으로써 세월호 정국에서 벗어나겠다는 의지를 분명히 했다. 또한 이전 정부에서부터 이월되어 10년을 끌어온 국정과제 즉 동남권 신공항 건설 예정부지 문제에 결단을 내린 것이다. 노무현 참여정부 때 검토를 지시하여 논의가 시작되었고 이명박과 박근혜 보수정권이 대선 공약으로 내세워 당선된 사업이었다. 부산지역과 대구지역 즉 보수세력의 양대 거점지역 간의 치열한 유치 갈등으로 국론과 보수지역의 분열이 계속 되자, 기존의 김해공항을 확장하는 것으로 결론지었다.

동남권 신공항 문제가 일단락되자 이번에는 사드 배치 지역을 두고 전국적인 거부 운동이 일어났다. 이는 사드배치 자체를 반대하는 운동과 자신의 지역에는 설치를 거부하는 이중의 반대운동으로 정부는 상당한 곤욕을 치르게 되었다. 특히 주목할 점은 사드 배치가 중국을 의식하여 경북 성주가 유력해지자 박근혜가 직접 '진실한 사람'이라고 하면서 당선시킨 경북의 친박 새누리당 의원 21명이 일치하여 자신의 지역에 사드 배치를 반대함으로써 박근혜는 다시 배신자들에 둘러싸여 리더십과는 별도로 인간적인 관계와 관리에서도 문제를 보이게 되었다.

사드 문제로 나라가 시끄러운 가운데 김정은 정권은 지난 1월 4차 핵실험보다 2배나 강한 핵실험을 다시 선보였다. 핵실험으로 5.0 정도의 인공 지진이 발생할 정도의 강력한 폭발로서 히로시마 원폭의 67~80% 수준의 강력한 실험이었다. 2016년 한 해에만 3번째 감행된 북한의 핵도발 도전으로 남북 관계는 더 이상 회복 불능의 상태로 접어들었다. 한국을 계속 압박하던 중국은 한국이 사드배치 문제를 노골화하자 한류와 관광객 등을 통한 경제적 제재를 가하고, 북한에 대해서는 유엔 대북제재에 공동보조를 취하면서도 북한의 붕괴로 이어지는 정도의 대북제재는 반대하는 이중전략을 취했다.

박근혜 리더십의 모순과 한계

이제 박근혜는 그의 정치적 종언을 향해 치닫고 있었다. 그것은 그의 정책적 실패나 국제적 환경의 불리가 아니라 바로 그의 공주적 인간관과 여왕적 인간 관리가 빚은 실패로 비롯된 것이다. 그것은 임기말에 의례 맞이하는 레임덕의 결과라기보다 다음에 나열할 그 자기 리더십의 모순과 한계에서 비롯된 측면이 크다. 워렌베니스는 『판단력 Judgentment』에서 "숱한 리더들이 반대자의 가치를 평가절하하는 바람에 수많은 실패를 되풀이했다"고 했다. 박근혜가 국민과 야당이 지적한 문제점의 핵심은 한마디로 불통의 리더십이었다. 즉 국민과 한 약속을 무시하고, 말을 바꾸면서도 국민을 향해 어떠한 양해도 구하지 않은 채 자기만의 독선과 불통의 정치를 일방적으로 전개하였기 때문이다. 이것이 그의 리더십을 실패로 만든 주원인이다.

먼저 인사 문제다. 박근혜 정부 들어 계속 문제가 되어온 것이 그의 수첩 인사였다. 특히 부실 인사와 여론을 무시한 제 식구 감싸기다. 부실 인사의 대표적인 케이스는 윤창중과 홍기택으로서 이미 설명한 바 있다. 또 다른 하나는 우병우 민정수석에 대한 끝없는 신임과 보호다. 이미 '정윤회 문건'에서 문고리 3인방에 대한 국민적 일차 경고가 있었는데 이를 무시하였고, 이차적으로 대통령의 비선 실세를 포함한 주변인물을 감시하고 문제발생을 사전에 방지해야 할 임무를 지닌 민정수석에 대한 일방적 신뢰가 독배가 되어 돌아온 것이다. 더구나 박근혜가 만든 제도 즉 특별감찰관 제도에서 자신이 임명한 1호 감찰관이 민정수석 우병우를 직권남용과 황령 등의 혐의로 수사의뢰를 하였다. 이에 수사상의 기밀 누출이라는 빌미를 잡아 우병우를 보호하고 특별감찰관의 사표를 수리하였다.

둘째, 과도하게 검찰에 의지한 정치였다. 민주국가와 사회에서 검찰권력과 사정권력의 최소화는 민주주의를 가늠하는 척도의 하나라고 할 수 있다. 반대로 허약한 리더십은 국민의 자발적 지지의 확보가 어려워질 경우 반대 목소리에 대한 강압적이고 비민주적인 억제의 유혹에 자주 빠진다. 그 일선에 있는 것이 검찰권력이다. 박근혜는 검찰인사를 최소화하겠다던 대국민 약속을 무시하고 역대 정부보다 당과 내각 및 비서진들을 유독 많은 검찰로 채웠다. 채동욱 검찰총장의 사생아 의혹에서 보듯 자신의 입맛에 맞지 않으면 언론을 이용하여 검찰권력을 쫓아내는 비열한 정치를 동원하였다.

셋째, 정상의 비정상화이다. 그는 노조파업이나 공무원의 안일 무사주의에 대하여 '비정상의 정상화'를 주문하였다. 그러나 박근혜의 리더십은 그 반대인 '정상의 비정상화'였다. 최순실 게이트에서 밝혀진 바와 같이 청와대의 무력화와 개인화가 만연하였다. 다양한 '보안 손님'들의 청와대 무상출입과 어떠한 법적 지위나 책임이 없는 인물(최순실)이 대통령의 연설문을 수정하는 등의 정상의 비정상화가 국민이 모르는 사이에서 그들끼리만 진행된 것이다.

넷째, 계속된 경제침체다. 관자管子는 「치국편治國篇」에서 "무릇 나라를 다스리는 도는 반드시 먼저 백성을 부유하게 해야 한다. 백성이 부유하면 다스리기 쉽지만 백성이 가난하면 다스리기 어렵다凡治國之道, 必先富民, 民富則易治也, 民貧則難治也"고 했다. 그의 재임 기간 경제는 최악의 상태로 진입했다. 한국경제를 뒷받침해왔던 수출은 계속 줄어들었다. 세월호 참사로 인하여 국내소비가 크게 위축되었고, 메르스 사태로 인하여 살아나기 시작했던 소비경제가 또 다시 타격을 입어 수출 부진과 내수 위축이라는 이중의 어려움 속에 서민들의 삶의 질은 나날이 악화되어갔다. 여기에 성주 사드 배치로 인하여 대중국 의존적 경제가 상처를 입기 시작했다. 갈수록 교묘해지고 노골화되어가는 중국의 대 한국 경제보복과 압박으로 인하여 28%정도를 차지하고 있는 대중국 수출이 타격을 입기 시작했다. 중국해관의 통관보류나 지연, 중국 요우커들의 한국관광 제한, 한류스타들의 중국매체 방영금지, 중국 홈쇼핑에서 한국상품 홍보금지 등 그 압박의 수위를 계속 높여가면서 한국의 경제적 압박을 강화하고 있어 박근혜 취임 후 한국경제는 더욱 어려워 졌다.

이처럼 계속 하강국면에 있는 경제적 침체와 내부에서 발생된 위기(세월호, 메르스) 대처에 대한 미숙한 대처, 그리고 사드 대처에 대한 미숙한 외교적 실패로 인하여 한국경제는 경제 성장율 2%도 어려운 지경에 이르렀다. 로마 시대의 카톨릭 성인 히에로니무스Hieronymus(347-420)는 그의 적들을 향해 "당신은 황금산을 약속하였다. 하지만 사람들이 도대체 당신의 금은보화 가운데서 받은 것이 무엇인가? 누런 빛도 찾을 수 없었다"라고 약속을 지키지 않음을 신랄하게 비난하였다. 대통령 취임연설에서 약속한 황금산의 '국민행복시대'는 공염불이 되어 누런 빛도 볼 수 없어 민생경제의 고달픔에 시달려 국민은 불행해져 가고 있는데 박근혜의 비선과 재벌들 간의 야합과 협잡이 청와대에서 비밀리에 이루어지고 있었다.

다섯째, 여당 내에서는 과반수를 넘는 의석수에도 불구하고 '국회 선진화법'에 묶여 소수 야당에 의해 경제활성화 법안들이 계속 국회의 벽을 넘지 못하게 되자 다수결 원칙을 위배한다는 명분으로 '국회 선진화법'을 개정하려고 시도 했으나 야당의 반대로 번번이 무산되었다. 이는 18대 국회에서 박근혜 비대위 대표와 현재의 친박의원들이 날치기 국회를 방지하기 위하여 적극적으로 찬성하여 통과시킨 법안이었다. 이제 여당의 필요에 따라 이를 바꾸고자 하는 것이다. 더구나 정의화 국회의장 역시 직권상정에 반대함으로써 국회를 통한 여당의 정부발 경제활성화 법안들은 계속 국회에서 묶여 있게 되어 박근혜정부의 국정리더십에 많은 지장을 초래하게 되었다. 훗날 새누리당은 4·13 총선에서 패배하자 '국회선진화법'의 개정을 포기하고 오히려 야당이 이에 앞장설 것을 의심했다.

박근혜 정권의 종말

이제 그의 수첩을 뛰어넘는 인적관계가 마침내 박근혜 정부의 종말을 재촉하게 된다. 박근혜 정부의 임기가 일 년이 더 남은 시점에서 모든 국민이 속은 소위 최순실 게이트가 발생하였다. 대형 부패 스캔들이 박근혜의 40년 지기에 의해서 폭발되었다. 국민이 권력을 위임한 대통령을 대신하여 비선 실세 최순실이 부친의 대를 이어 국정 전반

(교육, 경제, 인사, 의료, 문화)을 농단함으로써 역대 대통령 스캔들 가운데 가장 치욕스러운 스캔들이 터져 나온 것이다. 이로써 박근혜는 헌법이 보장한 임기를 채우지 못하고 중도에 그만두어야 하는 불명예스러운 길을 가야 할 수밖에 없는 입장에 놓이게 되었다.

박근혜 정부는 역대 정권 가운데 부패문제에서 가장 부담이 덜한 정부였다고 평가받았다. 특히 오랫동안 끌어왔던 '부정청탁 및 금품수수 금지에 관한 법률' 소위 '김영란법'이 통과되어 마침내 실행에 들어갔다. 2016년 신년사에서부터 "적폐가 경제활성화에 걸림돌이 된다"고 하면서 "그것을 갉아먹는 적폐나 부패를 척결해야 한다"고 하면서 부패척결에 대한 강한 의지를 보였다. 그 자신은 가족도 없다고 하면서 적어도 부정부패에 관해서만은 비교적 자유롭다고 국민들이 인식하고 있었다. 박근혜 정부의 최대 업적의 하나는 대통령을 포함한 청렴도와 김영란법의 통과로 인하여 국가의 부패지수가 더욱 청렴해지는 계기를 마련하였다.

모순되게도 박근혜 정부 역시 클린 정부 이미지가 비선실세의 전방위에 걸친 비리와 국정 농단으로 그 종말을 고하게 된다. 박근혜 정부의 둑은 먼저 정유라의 이화여대 승마 부정입학, 미르재단과 K-sport재단 비리가 불거지면서 무너졌다. 그리고 이는 시작에 불과하였고 그것이 커다란 홍수가 되어 박근혜 정권 전체를 덮어 버리는 화산재가 되었다. 이에 더하여 부산 엘시티 부동산개발 스캔들이 터졌을 때 박근혜의 정무수석이 그 일차적인 피의자가 되어 구속되었고 또 다른 진박들이 줄줄이 수사 대상에 오르게 되었다. 박근혜 정부는 헌정사상 그의 최측근 특히 청와대 보좌진들이 한꺼번에 가장 많이 구속(전직 장관, 수석들, 보좌관, 비선실세 등)된 기록을 수립했다.

박근혜는 자신에게 조여드는 각종 의혹을 무력화시키려는 마지막 저항과 시도를 감행하였다. 즉 개헌 카드가 그것이다. 그는 국회 연설에서 그동안 국정의 동력을 무력화시킬 우려가 있다는 이유로 반대해 오던 개헌 카드를 꺼내 들어 최순실 스캔들로 인하여 조성된 위기를 모면하려고 하였다. 그러나 바로 그다음 날 최순실의 국정 농단이 사실로 드러남에 따라 헌법 개정을 통한 승부수는 무위로 끝나고 그의 리더십은 결정적인 타격을 입는다. 이로써 결국 3차례의 사과 성명과 대통령의 하야를 바라는 190만 시민의 촛불시위가 한국정치에 새로운 역사를 기록하였다. 처녀인 줄 알고 결혼했는데 알고 보니 희대의 창녀와 살았다는 배신감이 박근혜를 지지했던 보수층의 광범위한 분노를 일으켰다.

마지막에는 스스로 국회에 하야를 위임하는 성명을 발표함으로써 그의 리더십은 이제 완전히 제로 상태가 되었다. 그가 하야를 결정하고 국회에 공을 던지던 기간에 그의 어머니를 기리는 육영수 숭모제는 주변의 눈총과 반대로 인하여 축소된 채 급하게 마치게 되었고, 그가 정신적으로 의지하던 대구 서문시장에서 대형 화재가 발생하였다. 시차를 두고 박정희 생가에도 방화가 발생하였다. 이제 그는 한국 정치사에 커다란 족적을 남긴 부모를 욕되게 하고 한국 헌정사상 최초의 중도 하차라는 불명예스러운 기록을 남기게 되었다.

박근혜는 자신이 쓴 일기에서 "한 지도자가 이끄는 나라 모습, 그 현주소는 바로 그 지도자의 마음을 펼쳐놓은 것일 뿐이다"라고 했다. 중국의 4대 명장의 하나이자 학자인 악비岳飛는 진을 치고 싸우는 것은 기본이다. "단지 그것을 운용하는 것은 마음 하나에 달려있다運用之妙在乎一心"고 했다. 박근혜가 생각하는 지도자의 마음과 악비가 운용하는 마음은 박근혜가 탄핵에 이르는 과정을 반추해 보면 결국 '공주-여왕'의 마음이었다고 결론지을 수 있다. 뼛속까지 공주의 영혼과 입헌군주적 여왕의 정신으로 대통령 리더십을 행사하였기 때문이다. 최순실 스캔들에 의해 드러난 실체를 종합해 보면 박근혜는 대통령이 되는 것까지만 그의 최선을 다했을 뿐이다. 청와대에서 나오는 실낙원失樂園이후 절치부심한 끝에 대통령이 됨으로써 복락원福樂園을 이루자 완전히 달라진 것이다. 그의 애국심은 사라지고 다시 예전의 공주와 여왕의 삶으로 되돌아간 데 그의 몰락이 시작된 것이다. 괴테가 말했듯이 "소망하는 것을 소유했다고 생각할 때, 우리는 소망으로부터 가장 멀리 떨어져 있다." 그가 대통령이 됨으로써 결과적으로 그의 애국심은 오히려 그와 국민과 국가를 그의 소망에서 멀리 떨어지게 했다.

박근혜의 탄핵과 한국 민주주의의 전환

마키아벨리는 『정략론』에서 "판단력에서 민중의 그것은 의외로 정확하다. 두 가지 대립하는 의견을 나란히 제공해 주면 여론은 대부분의 경우 올바른 쪽의 편을 든다"고 민중의 판단을 존중하고 신뢰하였다. 박근혜 탄핵에 대한 광화문의 촛불 시위가 그것이다. 대통령 지지율이 4%까지 떨어지면서 광화문과 시청에서는 한국 정치시위 사상 가장 많은 100만 이상의 시민들이 운집하여 대통령 하야와 정권퇴진을 요구하기에 이르렀다. 시위에 참여한 시민들 가운데 상당수는 박근혜를 지지했던 보수세력이었는데 이는 사랑이 깊으면 그만큼 증오가 깊은 인간의 기본 심리였을 것이다. 동시에 자기반성의 의미가 반영되었을 것이다. 정치권은 백가쟁명식의 다양한 정국 수습방안을 내놓으면서 한국의 정치는 그야말로 시계제로가 되었다. 이러한 국가혼란의 상태에서 대권주자들, 여당, 야당 사이에는 차기 대권을 자신들에게 유리하게 이끌려고 하는 잠재적 목적을 중심에 두고 정국해법에 관한 다양한 논의가 펼쳐졌다. 광장민주주의가 본격적으로 정치를 앞에서 견인하는 시대로 접어들었다.

박근혜는 2016년 12월 9일 찬성 234, 반대 56, 기권 8로 국회 본회의에서 탄핵이 가결되었고, 그날 오후 7시부터 직무가 정지되었다. 박근혜 리더십은 가장 최소한의 제도적 리더십마저 무력하게 되어 그는 리더십 제로 상태로 접어들어 이로써 마침표를 찍게 되었다. 이로써 대통령 리더십은 대통령 권한대행 황교안에 의해 총리 리더십으로 대체되었다. 이는 현대판 지상병담紙上談兵이라고 할 수 있다. 즉 조나라의 장수 조괄趙括의 고사로서 아버지인 명장 조사趙奢 밑에서 병법을 배웠지만 막상 진나라와의 전투에서 병사 40만 명이 몰살되면서 그 자신도 죽임을 당하는 조괄趙括을 연상케 한다. 즉 청와대에서 부모를 통해서 정치를 익혔고 퍼스트레이디로서 중앙정치를 깊숙하게 체험한 그가 막상 대통령이 되었으나 최악의 대통령의 하나로 기록될 운명에 처해 있다.

박근혜의 탄핵과 퇴진은 다음과 같은 역사적 의미를 지닌다.

첫째, 박정희 체제의 종언이다. 결자해지結者解之라고 했다. 아이러니하게 박정희 체제가 남긴 부정적 유산이 박근혜의 몰락으로 종언을 고하게 된 것이다. 즉 개발독재시대의 발전모델에 잠재해 있는 구시대적이고 전 근대적 정치관행(권위주의적 정치, 정경유착, 비선정치, 대통령의 집무방식, 개인적 문제와 국가적 현안 간의 분명한 구분, 정상의 비정상화, 불분명한 개인적 권력과 국가적 권력 간의 혼용 등)과 결별하게 되었다는 의의를 가진다고 하겠다.

둘째, 그 탄핵과 퇴진과정에 나타난 연인원 1,000만 명이 넘는 촛불

민심이다. 즉 "모든 권력은 국민으로부터 나온다"는 헌법정신의 국민적 확인이라는 점에서 더욱 그렇다. 이는 탄핵과 하야를 선도적으로 주창한 촛불민심의 대통령에 대한 국민소환의 민주적 실천이었다고 하겠다.

셋째, 촛불시위에서 나타난 바, 이제 국민은 선거 때만 주권을 행사하는 수동적 주권자가 아니라 권력 창출과 권력 변경의 능동적 주체자로서 새롭게 등장했다. 그리고 평화적 시위를 통하여 표출된 민주적 시위문화로 인하여 정치적 표현이 보다 세련되고 수준 높은 문화적 축제로 자리를 잡는 계기가 되었다.

넷째, 과거 국회와 정치인의 수동적이고 객체적 정치적 대상이었던 일반 시민들이 정치적 아젠다와 이슈를 선점하고 제시함으로써 오히려 국회와 정치인을 이끄는 주체적 행위자로 등장하게 되었다는 점이다. 즉 국회가 국민을 대변하는 것이 아니라 국민이 국회를 이끌어가게 된 것이다.

마지막으로 한국정치의 도덕성과 민주주의는 박근혜 시대 이전과 이후로 뚜렷하게 구분되는 발전적 분기점이 될 것이라는 점이다. 이는 소위 학습효과로서 향후 대통령이 되는 인물이나 그를 선출하고 선출할 대통령에 대하여 전방위적으로 감시하는 국민의 역할과 기능이 새롭게 정리될 것이다.

노무현과 박근혜는 한국 정치사에서 탄핵을 받은 대통령이라는 공통점을 지닌다. 결과와 기록은 탄핵이지만 두 대통령의 탄핵은 그 내용과 원인에 있어서 전혀 다른 성질의 것이다. 적어도 노무현은 그의 탄핵을 거부하고 다시 힘을 실어주기 위한 민중적 지지에서 우러난 광화문의 집회였다. 그러나 박근혜는 그의 하야를 바라는 연인원 1,000만 시민이 전국에서 한 목소리로 요구했다는 점에서 같은 광화문 집회라고 하더라도 양대 극단적 리더십 출발과 그 결과의 차이를 잘 상징해준다. 노무현의 탄핵은 국민적 지지를 등에 업은 희망을 지닌 일시적인 탄핵이라고 한다면 박근혜의 탄핵은 절망 속에서 국민이 지켜주지 않는 버림받은 탄핵이다. 왜냐하면 노무현의 탄핵은 반대파와 국회에서의 탄핵이었지만 박근혜의 탄핵은 국민의 탄핵이었고 국회는 단지 그것을 대행했을 뿐이다. 달리 표현하면 박근혜의 탄핵은 국민이 국회를 압박하여 국민의 민주적 의사를 관철시킨 직접적 민주주의의 상징이라고 할 수 있다.

제 7 장

리더십 효율성 비교

　맥그리거 번은 리더십의 효율성 또는 탁월한 리더십을 측정하는 수단으로서 리더가 의도한 리더십 목적과 그에 따라 산출된 산출정도에 의해 측정된다고 하였다. 즉 "권력과 리더십의 한계와 특성은 약속된 변화의 실제적인 성취정도를 측정함으로써 검토될 수 있다"고 했다. 이는 박근혜 대통령과 노무현 대통령의 임기 중 그들이 이룩한 정치, 사회, 경제, 문화, 사회 및 외교적 성과를 비교함으로써 가능할 것이다. 기본적으로 대통령의 책무와 역할에 충실함으로써 그들이 대통령이 되기 전에 발휘하였던 리더십의 내용을 대통령이 된 후 얼마나 효과적으로 발휘함으로써 얼마만큼의 성과를 거두었는가를 중심으로 살펴보아야 할 것이다. 다음은 위에서 나열한 박근혜와 노무현의 리더십의 공통성과 차별성 및 대응과 전략의 차이가 결과한 리더십 효율성의 비교라고 할 수 있다.

공약 이행율

국정농단 사건으로 탄핵 당하며 무너진 박근혜 정부 4년차 공약 이행률은 42%다. 이명박 정부(39.5%)와 노무현 정부(43.3%) 4년 차를 비교해 볼 때 유사한 수준이다.

국가경쟁력

노무현 대통령 집권 시기인 지난 2007년 11위로 역대 최고 순위를 기록했던 우리나라의 WEF 국가경쟁력 순위는 지난 2014년 역대 최저 순위인 26위로 하락한 후 회복을 못 하고 있다.

WEF는 2016년 한국의 국가경쟁력 순위가 평가대상국 138개국 가운데 26위를 기록했다고 밝혔다. 거시경제, 인프라 등을 평가하는 '기본요인' 순위도 18위에서 한 계단 미끄러진 19위를 나타냈다. '기업혁신 및 성숙도'는 지난해와 같은 22위에 머물렀다. 참고로 2023년도 국가경쟁력 순위는 28위다.

경제발전과 산업화

2006년 11월 26일 박근혜는 노무현이 제안한 여야 영수 회담에서 그는 노무현이 제안한 연정을 거부하면서 문제는 민생이라고 강하게 요구했다. 그때나 지금이나 대통령으로서 민생이 얼마나 중요한 국정의 핵심인가는 너무나 잘 인식하고 있는 것은 당연한 일이다. 그러나 오늘날 박근혜도 만약 야당과 영수 회담을 하게 된다면 야당도 마찬가지로 박근혜가 당시 요구했던 것처럼 민생을 개선하고 그 수준을 높이라고 주문할 것이다. 그도 민생의 삶이 중요한 것을 알면서도 경제를 이렇게 만든 무능한 대통령의 결과를 남겼다.

　박근혜 대통령의 임기를 1년 앞둔 2016년 말 그의 행정부가 거둔 결과는 초라하기 그지없다. 그는 대통령 선거에서 경제성장률 4%, 고용률 70%, 1인당 국민소득 4만 달러를 달성하겠다고 국민에게 약속했다. 국민은 이를 믿고 그에게 표를 주었다. 그러나 역대 대통령이 다 그러했듯 약속은 지켜지지 않았다. 경제 성장율은 2년 연속 2%대에 머물러 있고, 연봉 3,000만 원짜리 일자리를 매년 9만 3000개 이상 만들어 낼 수 있는 예산 2조 8,000억 원을 고용장려금에 쏟아 부었으나 실업률은 역대 최고치에 이르렀다. 또한 저임금 노동자 비율은 OECD 국가 가운데 가장 높은 수준이어서 분배 역시 성공을 거두지 못했다. 더구나 신성장동력을 위하여 미래창조부를 신설하여 '9대 전략산업'을 설정하여 야심차게 이를 추진하였으나 어느 것 하나도 국제경쟁력을 가진 산업으로 키워내지 못하였다. 불난 집에 부채질 하듯 해운, 항만, 현대자동차, 철도 등 강성 금속노조들의 연이은 파업은 박근혜 정부의 말기를 더욱 어둡게 하였다. 노무현 임기 동안 경제수치가 보여준 바로는 역대 정권의 경제적 성과에 비하여 이들을 어느 정도 상회하는 통계자료를 보여주고 있다. 이는 당시 야당의 공격에서 일관되게 공격

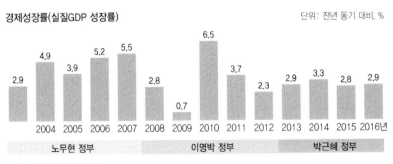

경제성장률(실질GDP 성장률)　　　　　　　　　　　　　　단위: 전년 동기 대비, %

2004: 2.9　2005: 4.9　2006: 3.9　2007: 5.2　2008: 5.5　2009: 2.8　0.7　2010: 6.5　2011: 3.7　2012: 2.3　2013: 2.9　2014: 3.3　2015: 2.8　2016년: 2.9

노무현 정부　　　　이명박 정부　　　　박근혜 정부

자료: 한국은행 〈국민소득〉

한 것과 같이 민생이 어려워지고 서민의 삶이 더욱 고통스러워졌다는 것에 비추어 이해하기가 어렵다. 노무현은 스스로 좌파정권으로서 서민 대중과 노동자 농민 및 자영업자들에 대한 삶의 질을 높이지 못하였다고 인정하면서 실패를 인정하였다. 그러나 경제적 지표는 상승곡선을 그리면 박근혜 정부보다 긍정적인 것으로 나타나는 이유는 국가의 전체적 경제적 지표는 개선되었으나 빈부격차가 더 심하게 벌어져 서민대중들의 피부로 와닿는 체감경기가 그만큼 악화되었다는 의미로 해석될 수 있다.

민주화

공주는 군부 권위주의 체제를 중심에서 권력자로서 직접 경험하고, 그를 통하여 내재화된 권위주의적 친화성이 대통령이 됨으로써 여왕적 통치행태 내지는 유사한 성향을 보여주고 있다. 이에 비하여 소외계급인 건달에서 부친이 남긴 권위주의적 정치문화를 거부하고 이에 강력한 반발을 통해서 협객적 정의감으로 하루아침에 스타가 된 노무현의 정치적 색채는 기본적으로 정해져 있다. 둘 다 민주체제라는 헌법적 테두리 안에서 민주적 절차에 의해서 대통령이 되었지만, 그들의 영혼을 사로잡는 정치의식과 철학은 근본에서 커다란 차이를 보인다. 그리고 이러한 철학과 의식이 민주적인가 권위주의적인가를 판단하는 리트머스 시험지는 ① 반대당의 반대를 처리하는 방식 ② 정책을 추구할 때 선택하는 효율적 방식 ③ 정권반대세력에 대한 처리방식 ④ 당내 반대파를 대하는 방식 등이 여기에 포함된다. 이 모두를 관통하는 정치적 도구가 바로 검찰과 국정원 그리고 세무사찰의 세 가지를 어떻게 동원하느냐가 그 시금석이라고 할 수 있다.

노무현은 취임 초기 젊은 검사들과의 대화를 통하여 역대 대통령의 리더십 사상 처음으로 검찰을 통한 정치보복이나 비민주적인 정치탄압에 검찰을 동원하지 않겠다고 선언하였다. 이로써 검찰이 스스로의 정의와 고유의 임무를 통하여 국가가 좀 더 정상적으로 돌아오도록 했다.

외교와 안보

광복 이후 지금까지 한국의 외교와 안보의 핵심은 미국이다. 한·중 수교 이후 북한을 중심으로 한 한반도의 안정과 평화 및 궁극적으로 통일에 대한 모든 정책은 기본적으로 중·미관계를 어떻게 다루는 가에 달려있다. 전체적으로 한미동맹이 기본 핵심이지만 중국변수 즉 중국을 지렛대로 하는 동북아 외교를 대북 관계에 초점을 맞추어 진행하느냐가 한국 외교와 국방의 핵심이다. 노무현 정부와 박근혜 정부의 외교와 안보정책은 상당부분에서 차별성을 보인다. 노무현의 친북정책과 박근혜의 반북정책이 극명한 대조를 보인다. 노무현은 기본적으로는 반미에서 출발하였으나 대통령 취임 후에는 국가의 안보현실을 인식한 후 미국이라는 현실을 인정하는 정책을 전개하였다. 이는 박근혜의 근본적인 친미와는 온도 차가 있다고 하더라도 결과적으로는 미국을 중시하는 대미정책이라는 점에는 커다란 차이가 없다. 이는 노무현의 이라크 파병과 박근혜의 사드 배치에서 잘 드러난다. 그러나 출발점은 노무현은 혐미嫌美에서 친미로 선회하였고, 박근혜는 친미에서 종미從美로 그 스탠스를 유지한 차이가 있을 뿐이다.

박근혜와 노무현 둘 다 대중국 중시정책의 중요성을 인식하고 그에 따른 대중정책을 전개하였으나 그 인식에서는 약간의 차이를 보인다. 노무현은 현실성이 없는 동북아 균형자론이지만 그래도 중국을 중심 파트너로 삼으려는 시도를 보여주었다. 그러나 박근혜는 중미관계가 반목을 유지하는 상태에서 종미를 기본으로 하고 중국을 단순하게 대북 지렛대의 부분적인 기능만을 담당시키려고 시도한 데에서 중국으로서는 배신감을 느끼도록 처신 하였다. 2016년 9월 3일 중국에서 거행된 2차 세계대전 종전기념식에 참석하여 천안문에서 시진핑과 더불어 맨 앞줄에서 중국인민해방군을 사열하는 친중외교를 감행했음에도 불구하고 사드 배치로 인하여 모든 것이 수포가 되었다. 노무현의 비현실적인 거시적 포석과 박근혜의 일시적 대중국 효용론이 결과한 차이를 알 수 있다.

제 8 장

노무현과 박근혜의 정치리더십 비교

노무현과 박근혜는 크게 두 가지에서 공통점을 지닌다. 즉 하나는 국회에서 탄핵당한 대통령이라는 점과 실패한 대통령으로 기록될 것이라는 점이다. 앤서니 스트로Anthony Storr는 『이방인, 신, 괴물』에서 "성공할 수 있는 특별한 능력을 불러오는 그 자질들이 사람을 파괴할 수도 있다는 것은 비극적인 역설이다"라고 했다. 이는 한국의 모든 실패한 대통령에게 해당하는 말이기도 하면서 특히 박근혜와 노무현에게는 더 절실하게 와닿는 말이다. 『사기』에 보면 춤을 추고 놀다가 양을 잃어버린 목동과 책을 읽다가 양을 잃어버린 목동에 대한 판결이 나온다. "양을 잃어버린 것은 똑같다事業不同, 其於亡羊, 均也"는 결론이다. 이처럼 진보 정부와 보수 정부를 이끈 노무현과 박근혜의 리더십이 결과적으로 실패한 것은 같을지라도 그 사실과 과정에 있어서는 현격한 차이를 보인다. 전체적으로 평가하자면 노무현은 실패했지만 노력한 실험정치였다고 할 수 있다. 이에 비해 박근혜는 공주적 영혼과 여왕적 정신에 안주한 실패한 리더십이었다. 결과는 동일해도 적어도 과정에서만은 분명한 차별성이 존재한다. 다음은 실패한 리더십 과정에서 보인 공통성과 차별성을 나열한 것이다.

1 대통령 리더십의 유사성

마키아벨리는 『군주론』에서 "목적이 수단을 정당화한다"고 했다. 노무현과 박근혜는 마키아벨리에 충실하여, 목적이 수단을 정당화시킴으로써 여야 관계를 갈등 관계로 만들고, 정국을 자주 교착상태로 나가게 했으며, 행정리더십과 경제리더십보다는 선거를 통한 주도권 잡기에만 골몰하였다. 따라서 두 리더 모두 전략적 능력의 부족으로 인하여 탄력적인 대통령 리더십을 발휘하는데 한계를 보여주었다. 다음에 전개할 노무현과 박근혜가 보여준 리더십의 공통성은 한국 대통령이 그의 리더십을 발휘하면서 대통령의 정치리더십을 제약하는 구조적인 한계라고 할 수 있다.

야당에 대한 대응과 정치투쟁이다.

가세트Ortega Y. Gasset는 "관용의 최고 형태, 이는 다수가 소수에게 양보하는 미덕으로서 인류역사상 최고로 고귀한 사상이다. 이는 적과의 공존에 대한 결의를 선언하며, 그것도 약한 적과의 공존을 선언하는 것이다." 한국의 정치 현실은 실망스럽게도 소위 평행이론 또는 데자뷔를 연상케 하는 정치적 반목과 갈등으로 정치적 불신만을 초래했을 따름이다. 그것을 노무현과 박근혜 두 대통령의 입을 빌어 말하자면 노무현의 "대통령 못 해 먹겠다"와 박근혜의 "대통령으로서 할 수 있는 일이 아무것도 없다"는 자조적인 하소연이 그것이다.

영수 회담 역시 서로 거울을 보는 것과 같았다. 박근혜에 비하여 노무현은 상대적으로 야당을 대상으로 한 정치에서 노력하는 모습을 보였다. 노무현은 당·청 분리의 원칙을 내세워 대통령으로서 집권당의 대표가 아니기 때문에 야당과의 수뇌회담은 있을 수 없다고 거부한 것이었다. 그러나 박근혜를 중심으로 한 야당의 극렬한 투쟁과 저항에 부딪혀 정국이 교착되고 국정이 마비되자 그는 스스로 영수 회담을 제안하고 연정을 제안하기에 이른다. 박근혜 역시 가장 최악의 국회였다고 평가되는 19대 국회 내내 투쟁적 야당을 상대로 정국을 이끌어 갔다. 계속된 야당의 반대와 정국의 혼란은 '국회 선진화법'과 같은 법의 문제라기보다 이를 돌파하지 못하고 국회를 식물국회로 만들고 이를 방치한 박근혜에게도 그 책임이 적지 않다. 박근혜도 야당의 극렬 투쟁과 단식투쟁에 대한 국민적 여론에 못 이겨 여러 차례의 영수 회담을 수용했다. 그러나 과거 노무현과의 회담에서와 마찬가지로 모든 것을 거절하고 야당 안을 수용하지 않았다.

박근혜와 노무현은 공히 효율적인 리더십을 통하여 이러한 고질적이고 악순환적 프레임을 깨고 자신만의 성공적이고 창의적인 리더십을 발휘하는 데 실패했음은 자명한 일이다. 이는 앞으로 대통령중심제의 근본 구조하에서 선거로 대통령을 선출하고 그를 중심으로 여야 정치가 실행된다면 피할 수 없는 헌법적 정치구조라고 할 수 있다. 이러한 구조에서 여와 야의 갈등구조를 어떻게 상생과 협치의 정치를 향한 새로운 리더십 모델을 만들어 내는 가는 향후 대통령리더십의 핵심 관건 중의 하나다.

물리학에 상보성 원리Complementarity Principle가 있다. 그 요체는 어떤 현상(예를 들면 빛)을 완전하게 이해하려면 서로 모순되는 두 가지 측면을 통해서만 가능하다는 이론이다. 마치 태극 문양의 청과 홍이 하나의 원을 이루는 것과 유사하다. 이는 어느 하나도 혼자서는 진리를 포착할 수 없고 서로 모순되는 측면을 동시에 고려해야 현상을 완전하게 이해할 수 있다는 것이다. 정치에서 여당과 야당 역시 상보성의 원리에서 한국정치의 현실이다. 문제는 서로에 대한 관용성이다. 그리고 그것은 대통령 리더십의 궁극적 과제라고 할 수 있다. 시오노 나나미는 『로마인 이야기』에서 "로마가 융성할 수 있었던 이유는 패배자까지 융화해 버리는 로마인의 정신이었다"고 했다. 대통령 선거에서 패한 야당에 대한 두 대통령의 불관용이나 여소야대로서 힘으로 집권당을 무력화시킨 거대 야당 모두 정치적 갈등과 정치부재의 현상을 만들어 낸 것이다.

인사정책의 실패다.

관자管子는 「팔관편八觀篇」에서 "조정에 들어가 (군주의)측근을 보고 조정이 신하를 등용하는 모습을 살펴보고, 군주와 신하가 중시하고 천시하는 것을 헤아리면 강국인지 약소국인지 알 수 있다.入朝廷, 觀左右, 本求朝之臣, 論上下之所貴賤者, 而强弱之國可知也"고 했다. 대통령과 인사 문제는 바늘과 실의 관계처럼 상호 밀접하게 연결되어 있어 대통령의 리더십 성공과 실패의 중대한 관건이라고 할 수 있다. 다음은 노무현과 박근혜의 인사 정책이다.

(1) 박근혜는 '수첩 인사'가 대표적이다. 따라서 인재풀이 좁고 그렇기 때문에 회전문 인사가 빈번하다. 그의 인재발탁 기준은 세 가지로 볼 수 있다. 첫째, 배신하지 않을 인물을 고르는 것이다. 특히 그의 퇴임 후 계속 그를 배신하지 않을 인물을 그의 기준으로 선택해야 할 것이기 때문이다. 둘째, 당연히 전문성을 지니면서 해당 분야에 적합한

인물을 발탁하는 것이다. 여기에 덧붙여 이들 전문가가 부패하지 않을 인물이어야 하므로 상당한 재산을 보유하고 있어야 한다. 관직을 통해 재산을 축적하지 않아도 될 만큼의 부를 가지고 있어야 공직을 명예로 삼고 국가 발전에 헌신할 수 있다고 보았기 때문이다. 이는 노무현 정권을 통해서 본 경험이다. 셋째, 노무현 정권의 반면교사다. 전문성을 쌓아온 과정이 비정부적 내지는 비조직사회에서 이루어진 능력과 전문성은 대부분 진보적이거나 반정부적 성향을 지니는 경우가 많다고 인지하고 있다. 따라서 고시 출신이나 교수 출신 그리고 영남지역 출신들을 선호하는 것이다.

(2) 이에 비하여 노무현의 인사 등용 철학과 원칙은 그 개인의 삶의 역정을 반영하고 진보적 이념을 투영함으로써 자신의 정치적 이데올로기를 정책으로 집약시켜 이를 실행에 옮길 수 있다고 믿는 사람들을 중심으로 전개되었다. 보수 쪽에서는 노무현의 인사원칙이 편가르기와 코드인사로 일관하였다고 비난했다. 이는 박근혜 정부도 마찬가지로서 정치 원론에도 부합한다. 즉 대통령의 인사권을 통하여 대통령리더십을 더욱 효율적으로 보좌해 내느냐 하는 것이다. 노무현과 박근혜가 발탁한 인물들은 공통으로 문제점을 보여 주었다.

차이가 있다면 노무현의 참모 및 각료들과 당내 지지세력은 일단 이념투쟁에 일가견이 있고 그러한 투쟁을 적극적이고도 극렬하게 전개한 공로를 인정받아 중용된 사람들로서 정책적 능력보다는 이념을 중시하는 성향과 투쟁적 본능 그리고 사태를 객관적으로 바라보기보다는 이데올로기적인 관점에서 바라보는 경향이 전제되어 있다. 이것이 말하는 바는 그들이 지향하고 추진하는 목표가 비록 전체 국가적인 업무 일지라도 그것을 인식하고 추진하면서 이러한 이념적 편향이 정책적 효율성에 우선한다는 점이다. 또 하나는 그들은 비록 김대중 정부를 통해 어느 정도 행정리더십에 대한 경험을 축적하고 또 국가적 현안을 객관적으로 바라볼 수 있는 경륜이 있다 하더라도 그 숫자가 제한되어 있고 그마저도 민주당의 내분과 분열로 인하여 가용자원이 그리 충분하지 않았다는 점이다. 마지막으로 비록 그러한 참모와 각료 및 당내 인물들이 적극적으로 노무현을 보좌하더라도 그들이 할 수 있는 정도는 기껏해야 기울어진 운동장을 약간 조정하는 정도이지 이미 상당히 보수로 기울어져 있는 국가 정치사회적 환경을 전면적으로 바꾸거나 개조하는 정도에는 미칠 수 없는 한계를 가지고 있다. 이러한 환경에서 노무현의 각료들은 국가적 현안에 대하여 보수성향 야당의 견제와 공격에 대하여서는 정책적 대응으로 이를 극복하기 보다는 이념적 구도로 대응하면서 정책을 이념으로 왜곡시키려 했다.

(3) 두 대통령 모두 의회에서 반대하는 인물의 임명을 강행하였고 회전문 인사를 하였다는 점이다. 흥미로운 점은 노무현 정부에서의 인사 검증에 대한 실패 내지 반대는 거대 야당인 한나라당에 의해서 주로 이념적인 문제에 초점이 두어졌다는 점이다. 반대로 박근혜 정부에서 민주당의 인사청문회에서의 반대는 도덕적인 문제가 주를 이루었다는 점이다. 박근혜는 배신자 프레임의 기본적인 구조로 검증했고 공주적 영혼으로서 자신이 수족처럼 부릴 수 있는 인물만 회전문 인사를 하였다. 노무현은 자신과 진보적 이념을 같이하고 대통령이 되는 과정에서 자신을 끝까지 지지했던 동지를 주로 기용하려다 회전문 인사를 하게 된 것이다.

진보단체의 극렬시위에 대한 대응이다.

과격한 성향을 띠는 민주노총과 농민단체들의 시위가 대표적이다. 특히 철도노조와 항만운수노조의 파업과 시위는 국가 기간산업의 마비를 불러일으킨 다는 점에서 정부의 효율적 대응과 이러한 환경을 만들 수 있는 대통령의 리더십이 결정적인 관건이다. 노무현과 박근혜 정부에서 공통으로 시위도중 물대포에 맞아 농민이 사망했다. 노동자와 농민의 편에서 진보적 정치를 펼치겠다는 이상과 목표를 가지고 출범한 노무현 참여정부는 미국과의 FTA 협상을 주도적으로 추진하였다. 이에 노동자와 농민들이 대규모 시위를 벌였는데 이 때 두 명의 농민이 경찰이 쏜 물대포에 사망했다.

박근혜 정부 역시 민주노총과 농민이 연합하여 벌인 대규모 시위에서 농민이 물대포를 맞고 식물인간 상태에 있다가 사망하였다. 같은 농민이 사망하였으나 그 대처는 커다란 차이를 보였다. 노무현 정부는 경찰청장이 과잉 대응으로 사표를 제출하여 진보와 보수 양쪽에서 비난받았다. 즉 과잉 대응이라고 진보 측에서 비난을 받았고, 불법 폭력 시위에 적법하게 대처한 경찰청장이 옷을 벗었다는 점에서 보수 측의 비난을 받았다. 그러나 박근혜 정부는 누구도 책임을 지지 않았다. 다만 논란거리로 남아있을 뿐이다. 마키아벨리는 『정략론』에서 "민중이 갖는 성질이 좋은 것이냐 아니면 나쁜 것이냐를 논하는 것은 별로 중요한 일이 아니다. 민중의 성질이 좋은 것이라면 그것이 그대로 발휘되는 체제를 만들면 되고, 반대로 나쁜 것이라면 그것으로 반격을 당하지 않도록 미리 준비를 갖추면 된다"고 했다. 노무현은 '체제'를 만드는 데 실패하였고, 박근혜는 미리 준비하지 못한 데서 실패하였다.

기울어진 운동장에 대한 이념적 대응

임기 초에 그가 직면하게 된 대내외적 환경은 그의 리더십을 검증하는 첫 시험대가 되었다. 관자管子는 「목민牧民」에서 나라를 다스리는 11가지 원칙에서 가장 먼저 "나라를 기울지 않는 땅에 두어야 한다錯國於不傾之地"고 했다. 여기서 기울어진 땅은 유덕하지 않은 인물에 의해 나라가 다스려지는 것을 말한다. 기울어진 운동장에서 시작된 노무현 정권으로서 유덕한 인물은 진보와 보수의 어느 한쪽 이념에 치우치지 않은 통합적 내지는 중립적 인물이 바로 기울어지지 않은 땅이라고 할 수 있다.

한국의 정치사회는 광복 이후 지속적으로 운동장의 기울기가 발전·고착되어 온 현대사였다고 할 수 있다. 김대중 정권에 이어 이를 바로 잡으려는 노무현의 이념적 정의는 대통령 리더십을 통하여 발휘되었다. 이는 그의 인간적 자아와 정치적 영혼이 그를 정치적으로 이끌고 그를 추동시키는 내재적 힘이었다고 할 수 있다. 문제는 이를 관철하는 과정(역사 바로 잡기, 국가보안법 개정, 사학법 개정 등)에서 기득권 세력인 거대 야당에 의해 거부됨으로써 정치사회 발전을 견인하는 입법을 통한 정치리더십이 교착상태에 빠지게 되었다. 또한 억눌려 있던 그의 지지층들에 의한 잦은 불법파업과 폭력시위 등으로 사회 혼란과 경제적 손실을 야기하였고, 그의 리더십을 일선에서 수행하는 인사들의 선발과 지원에서도 능력보다는 이념 도는 코드 인사를 선호함으로써 대통령 리더십의 효율성을 제약하였다.

박근혜 역시 노무현 참여정부 기간에 다시 되돌려진 운동장을 바로잡으려는 이념적 노력을 병행하였다. 국정교과서 부활, 비정상의 정상화라는 이름으로 진보 단체에 의한 과격 불법시위에 강경 대처하며 국정원과 검찰을 동원한 사회통제를 지속하였다. 문화계 블랙리스트를 작성하여 반정부세력 도는 박근혜 정권에 비협조적인 문화계 인사들에 대한 사찰과 견제를 통하여 보수정권의 맥을 이어가려는 정치를 보였다.

이처럼 운동장의 기울기를 중심으로 박근혜와 노무현이 벌린 시소게임 과정에서 수많은 국력과 자원이 낭비되고, 국민을 편가르기 하면서, 상생의 리더십을 보여주지 못하고 제로섬 리더십을 보여주었다. 뒤에서 더 자세히 논하겠으나 이는 양 극단을 포용하고 그것을 뛰어넘는 통합의 리더십이 그 답이라고 할 수 있다.

경제에 지대한 관심과 노력, 그러나 모두 실패하였다.

노무현과 박근혜는 대통령이 되기 전의 예비적 리더십 과정에서 경제성장과 민생경제의 중요성을 잘 인식하고 있었다. 노무현의 집권기간 야당 대표로서 박근혜는 줄곧 민생을 챙기라고 노무현에게 요구하고 각을 세웠다. 노무현 역시 자주 경제에 올인하겠다고 약속함으로써 노무현과 박근혜는 모두 경제발전과 민생경제의 중요성을 공히 잘 인식하고 있었다. 그러나 두 대통령 모두 경제, 특히 민생 체감경제를 개선하는 데 모두 실패하였다. 그러나 두 대통령은 한결같이 경제는 잘 운영되고 있다고 스스로를 기만하였다. 이 두 대통령의 집권 동안 경제는 계속 하락세로 꼬꾸라졌고, 체감경제는 더욱 피폐해져 국민들에게 약속한 대국민 경제공약을 모두 저버린 실패한 경제대통령이었다. 일본속담에 "약이 사람을 죽이는 것이 아니라 의사가 사람을 죽이는 것이다"라고 했다. 이들이 취한 경제정책이 실패한 것이 아니라 그들의 경제리더십이 실패한 것이다.

이는 일차적으로 그들의 리더십 한계와 실패에 기인하겠지만 보다 근본적인 이유는 위에 설명한 기울어진 운동장에서 비롯되었다. 즉 야당의 거센 반발로 인하여 목표한 경제정책에 관한 법안이 통과되지 못하여 국회에서 경제활성화에 막대한 지장을 초래하였다. 이는 대통령의 리더십을 발휘하면서 경제문제보다는 더 이념적이고 감정적으로 기울어진 운동장 문제에 더 깊숙이 관여하였기 때문이다. 야당의 반대는 경제적인 문제에서는 어느 정도 합치점이나 양보를 모색할 여지가 있으나 이념에 관한 법안은 타협의 여지가 거의 없어 이를 빌미로 여당이 추진하는 경제입법마저도 반대함으로써 경제성장이 탄력을 받지 못하게 된 것이다.

집권당의 분당이다.

노무현 집권 기간 집권당의 정치적 부침은 그야말로 파란만장하다. 그 중의 백미가 집권 여당의 분당이다. 특히 노무현 집권 기간에 그를 대통령으로 만들어 준 민주당을 쪼개서 열린우리당을 창당하였다. 그러나 보궐선거와 지자체 선거에서의 계속되는 패배로 결국 당이 다시 쪼개진다. 즉 열린우리당 의원들의 일부가 선도 탈당을 함으로써 집권당이 다시 분당을 맞게 되었다. 2차례에 걸친 집권당의 분당이다. 1차 분당은 노무현에 의해 주도된 능동적 분당이었다고 한다면 2차 분당은 노무현이 반대했음에도 이루어진 피동적 분당이었다는 차이가 있다.

박근혜 역시 분당을 경험한다. 이는 박근혜가 국회로부터 탄핵받고 직무가 정지된 상태에서 연인원 1,000만 명이 그의 하야를 촉구하는 촛불시위가 진행되는 상황에서 전개되었다. 즉 비박으로 불리우는 새누리당 의원들이 박근혜의 그림자를 청산하고 박근혜에 의해 실패한 보수정치를 되살리기 위한 일환으로 '바른정당'으로 쪼개졌다. 이는 노무현의 2차 분당과 유사성을 보여준 것이다.

2 차별적 리더십

노무현과 박근혜가 보여준 차별적인 리더십은 ① 대통령 자신의 개성적 특성 ② 대통령에 당선될 당시의 시대성 문제와 특성 ③ 대통령으로 당선되는 과정에서 그를 지지한 지지층의 성격 ④ 전임 대통령의 리더십 공과에 따른 선별적 대응 ⑤ 국제정세의 변화와 그에 따른 대응 방식의 차이 등으로 인하여 차별성을 보였다고 할 수 있다.

먼저 변혁적 리더십과 관성적 리더십이다.

김대중 정권의 정치변혁은 단순한 지역정권의 한계를 청산하지 못하고 IMF의 극복을 위한 과도적 진보정권이었다. 따라서 노무현은 김대중 정권이 대미 관계와 민족자주 등의 문제가 해결되지 않았으며 아직도 기존 기득권과의 싸움이 끝나지 않은 미완성의 정권으로 규정하였다. 따라서 김대중 '국민의 정부'의 미완성 과제를 완성하기 위하여 변혁을 추진하려고 노력하였다. 노무현의 관점에서 변혁적 리더십을 보면 첫째, 아직 완전하지 않은 기울어진 운동장을 바로 잡는 진보적 이념을 보다 구체적으로 실현하고 둘째, 이를 위하여 과거 수구보수

정권으로부터 지속되어 온 수구적 적폐를 개혁하는 것이며 마지막으로 따라서 이를 실현하면서 과거 수구보수가 지배하였던 정치사회적 구조에서 소외되었던 진보세력들을 동원하여 진보적 개혁을 이룩하는 일이다. 그 과정에서 주류에서 소외된 진보세력을 역사의 주체로 등장시켜 정치사회적 변혁을 시도했다. 이것이 노무현 변혁적 리더십의 핵심이다. 노사모는 그 꽃이다. 또한 이를 위하여 정치 특히 권력을 국민에게 돌려줌으로써 탈권위주의적 정치를 시도하였다는 점에서 의미를 찾을 수 있다.

이에 비하여 박근혜 정부는 변혁 내지 개혁과는 거리가 멀었다, 그동안 기존의 보수정권이 지속해 관성을 가지고 진행되어 왔던 보수적 가치를 다시 복원시키는 수준에서 정책이 투영되었다. 보수를 복원하고 지키려는 그의 노력은 권위주의 정치라는 아슬아슬한 줄다리기를 하면서 진행되었다. 검찰과 사정에 의지하면서 국정원이 그 중심에서 국민을 감시하는 안보 체제를 기본으로 한 것이다. 변혁적 리더십에서 보면 비록 실패하였고 그만큼 사회경제적 비용을 더욱 많이 지불해야만 했지만, 변혁을 추구한 노무현이 아름답다.

위기관리능력이다.

워렌베니스는 『판단력Judgentment』에서 위기는 리더십 계발의 기회다"라고 하였다. 탁월한 리더십 요소 가운데 하나는 문제해결능력 즉 문제해결자problem solver로서의 리더이다. 그리고 이보다 더 뛰어난 리더는 이미 발생한 문제 또는 위기의 문제를 잘 해결함으로써 결과적으로 위기를 복으로 전환해 내는 '전화위복轉禍爲福의 리더십'을 말한다.

탁월한 정치 리더는 적어도 문제해결자이거나 극히 드물게 전화위복의 리더십을 보여주어야 한다. 911사건을 전화위복의 계기로 삼아 미국을 단결시킨 부시 대통령이나, IMF외환위기 관리체제를 극복한 김대중 대통령 또한 여기에 속한다고 할 수 있다.

(1) 박근혜의 위기 극복 리더십은 대통령이 되기 전에는 눈부신 위력을 발휘하였다. 한나라당이 차떼기 정당으로 비난받자, 천막당사를 결정하고 총선을 통하여 50석도 못 건질 것이라는 예상을 깨고 121석을 만들어 당을 위기에서 구해낸 능력을 보여주었다. 또한 테러를 당하여 죽을 고비를 넘기면서도 "대전은요?"라는 한 마디로 선거를 결정적으로 뒤집었다. 이러한 당의 위기를 극복함으로써 유력한 차기 대권주자로서 자리매김하는 능력을 보여주었다.

(2) 그러나 대통령이 된 후에 보여준 위기관리 능력은 아주 저열한 것으로 드러났다. 박근혜 정부에서 일어난 국가적 비극 두 가지를 꼽으라면 당연 '세월호' 사건과 '메르스 사태'다. 국가 안전관리의 소홀로 인하여 발생한 세월호 사건은 그동안에도 꾸준하게 발생했던 해양사고에도 불구하고 안전관리에 대한 체제 정비나 이를 통한 사건 예방조치가 미흡하였다.

첫째, 세월호 참사는 전적으로 박근혜 정부의 책임이라기보다는 그 전의 정부에서부터 누적되어 온 것이었다. 그러나 박근혜 정부 들어서 국가안전처를 설치하고 여러 각료들을 임명하면서 다양한 조치를 취한다고 하면서도 이러한 사고에 대한 예방조치에 미흡했다는 책임에서 완전하게 벗어날 수는 없다. 문제는 그 이후의 대처문제다. 진상조사에 대한 규명이 제대로 이루어지지 않고 지나치게 시간만 허비했으며, 진상규명위원회의의 내분으로 인하여 막대한 국비만 손실했다.

둘째, 문제는 이러한 위기관리 능력의 부재 또는 무능은 '메르스 사태'로 연결되었다는 점이다. 이미 '세월호참사'에서 교훈을 얻었음에도 불구하고, 메르스사태에 안이하게 대응하다가 국제적인 망신을 자초하고 그에 따른 경제적 손실 또한 천문학적인 숫자에 이른다. 관광객이 줄어들고, 외국에 입국하는 한국인은 잠재적 메르스 보균자로서 '특별대우'를 받아 더욱 엄밀한 위생검사를 통과해야하는 굴욕을 감내토록 만들었다.

셋째, 박근혜의 위기관리 능력은 거의 제로에 가까운데 이는 2016년 9월에 진도 5.8 규모의 지진이 경주에서 일어났을 때 여실히 드러났다. 지진이 일어났을 때 정부는 여전히 불신과 혼란만 부추겼고 제대로 된 매뉴얼도, 골든타임도, 사후 대책도 없는 위기관리 제로의 무능함을 다시 보여주었다. 위기관리를 총괄하는 국민안전처는 홈페이지가 먹통이 되고, 문자는 지각발송과 더불어 국민안전처의 기능과 존재에 국민적 반감을 샀다.

넷째, 이와는 별도로 최순실 스캔들이 국민적 공분을 사고 있을 때 세 차례에 걸쳐 눈시울을 붉힌 대국민 담화를 하였음에도 불구하고 국민의 분노는 더욱 커졌다. 즉 자기 잘못을 솔직하게 인정하고 국민들의 용서와 이해를 구한 것이 아니라 최순실의 탓으로 돌리면서 공주의 무오류성 즉 그는 절대로 잘못을 범할 수 없는 존재라는 결백을 주장함으로써 대국민 용서를 구할 때마다 더욱더 국민적 분노를 불러일으켰다.

(3) 이는 노무현과 차이를 보인다. 노무현은 부인 권양숙 여사의 부친이 과거 좌익과 연결되어 처벌받았다는 여당의 공격에 대하여 그러

면 "아내를 버리라는 말이냐?"라고 함으로써 위기를 벗어났을 뿐 아니라 아내를 사랑하는 의리와 지조의 인물로 자리매김할 수 있었다는 것과 비교될 수 있다. 또한 노무현은 선거법 위반으로 국회에서 탄핵받아 대통령으로서 직무가 정지되는 위기를 맞이하였다. 그러나 이를 극복하고 오히려 총선에서 집권당을 절반을 넘는 의석을 확보함으로써 전화위복의 리더십을 보여주었다. 그러나 이러한 여대야소라는 유리한 환경을 제대로 살리지 못하고 경제리더십의 실패와 기울어진 운동장 복권이라는 이념적 문제에 집중함으로써 자신이 만든 당이 다시 분열하고 그 자신도 당에서 쫓겨나는 수모를 당하였다. 이는 복을 화로 만드는 전복위화轉福爲禍의 저열한 리더십이다.

당내정치다.

노무현은 여소야대(47석)에서 절반을 넘는 여대야소(여당152석)를 거쳐 결국 당이 쪼개지는 초유의 사태를 경험한다. 한국 정당정치 사상 집권당이 분열하는 최초의 일이 벌어진 것이다. 이로써 정책은 중심을 잃어버리고, 당의 혼란과 분열로 인하여 노무현 리더십은 최악으로 치닫게 된다.

(1) 박근혜는 당명을 바꾸었을 뿐 계속해서 한나라당의 가치와 정책을 그대로 유지하였다. 비상대책위원장으로 치러진 19대 총선에서 과반을 넘는 의석수(153석)를 확보하여 명실공히 여대야소의 국면을 조성하였다. 그럼에도 불구하고, 첫째, 그의 소통 부족과 포용력 결핍 및 친박과 비박에 대한 극명한 편가르기로 인하여 대통령의 직간접적인 지

원에도 불구하고 비박출신들이 당대표(김무성)와 원내대표(유승민) 및 국회의장(정의화)에 선출되었다. 이로써 대통령은 당에 대한 장악력이 떨어졌고, 그와 의견을 달리하는 사람들은 배신자로 몰아 당의 분열을 더욱 촉발하게 되었다. 결국 비박으로 구성된 '개혁보수신당'의 출범으로 노무현의 열린우리당이 분열된 것과 같은 집권당의 분열을 가져왔다.

둘째, 그의 친박 프레임과 배신자 정치는 그 최후의 민낯을 드러냈다. 정부가 사드 배치를 결정하여 그 부지를 모색하던 중 그가 밀어주고 지원하여 당선시킨 경북지역의 친박의원들이 하나같이 자신의 지역에 사드 배치 반대를 선언한 것이다. 이는 그의 용병술의 실패요 인간을 보는 안목의 부족함을 드러낸 것이며, 결국 스스로가 배신자들에 갇히는 꼴이 된 형국이다.

셋째, 박근혜의 직무 정지와 대통령 자격정지를 규정하는 탄핵에서 비박계 의원들이 탄핵에 적극적으로 동참하였다. 노무현의 탄핵과 비교해 볼 때 정도의 차이는 있으나 열린우리당은 몸으로 저지하였고 친박은 반대표만 던졌을 뿐이다. 노무현이 거부한 민주당은 적극적으로 탄핵을 주도했으나 비박은 단지 찬성표만 던졌다는 차이가 있을 뿐 대통령의 법적·실제적 리더십 무능은 잠재적인 비주류를 적으로 만들었다.

(2) 노무현은 당·청 분리와 당의 장악이라는 양대 축에서 당내 리더십이 갈지자 행보를 보였다. 이로써 대 집권당 리더십에 많은 문제를 보여 주었다.

첫째, 당을 깨버리고 새로운 당(열린우리당)을 만들었다. 이는 한국 정치사에 있어 초유의 사건으로서 당시 115석이던 새천년 민주당을 깨고 제3당으로 국회를 통한 입법 리더십을 결정한 것이다. 이미 설명한 바와 같이 그의 정치 실험은 성공한 것처럼 보였으나 당이 다시 쪼개지면서 결국 실패하고 말았다. 계속되는 재보선 선거에서 패배함으로써 마치 든든한 기본자산을 계속 까먹고 마침내 파산해 버린 중소기업을 연상케 한다.

둘째, 탈당이다. 노무현은 모두 4번 탈당을 하였는데 3번의 탈당은 정치적 소신과 주도적인 탈당이었다고 한다면 임기 말 대통령의 탈당이라는 굴레의 고리를 끊겠다고 천명하였으나 결국 그마저도 어쩔 수 없이 떠밀려서 4번째 탈당을 하게 되었다. 위에서 지적한 분당과 맞물려 계속된 탈당 요구와 압박, 신당의 미래를 위한 걸림돌이 되지 않고, 대통령의 중립적 선거관리라는 명분과 실질적인 이유로 탈당한 것이다.

셋째, 분당과 탈당의 근본 이유는 당·청 분리라는 그의 정치철학에서 기인한다. 즉 과거의 정치가 대통령이 당 총재로서 과도하게 당을 관리하는 당내 권위주의적 적폐를 파기하기 위하여 당·청 분리를 실천하려고 노력했다. 그러나 대통령으로부터 상대적으로 자율적인 당이 재보선 선거와 지자체 선거에서의 계속적 패배에 대한 책임을 노무현에게 떠넘긴 결과였다. 노무현의 리더십 실패는 결국 분당과 노무현의 탈당으로 귀결된 것이다.

임명된 인사들의 차별성과 그들을 통한 리더십 행태다.

명나라의 재상 장거정은 "하늘 아래 쓸모없는 재목은 없다. 중요한 것은 어떻게 사용하느냐이다天下無不可用之材,惟在於所用"라고 했다. 다음은 노무현과 박근혜가 발탁한 인사들의 특징과 그들을 통한 인재

운용 특징이다.

(1) 임명된 인사들의 특징이다.

박근혜의 인사 스타일은 다음의 몇 가지로 특징지을 수 있다.

첫째, ① 상당한 재산을 보유한 인사들 가운데 영남 인물, 검찰 출신, 교수, 친박인사, 관료가 그들이다. ② 인사검증 청문회에서 유독 낙하산 인사가 많았다는 점이다. 총리 후보자 4명 가운데 3명이 낙마했다. 낙마한 인사들은 야당의 반대에 의해서가 아니라 먼저 국민적 여론의 검증을 통과하지 못했고, 따라서 중간에 스스로 임명을 철회함으로써 박근혜의 수첩 인사의 한계를 드러낼 뿐이었다. 따라서 박근혜가 선택할 수 있는 인물은 국회 청문회 통과가 비교적 용이한 인물 가운데 본인에 대한 충성심이 검증되고 차후 배신하지 않을 인물들을 발탁해야 하므로 ① 회전문 인사 ② 친박출신 ③ 자동적 승진이 가능한 공무원으로 한정될 수밖에 없다. 그 대표적인 예가 최경환, 조윤선, 황교안 등이다.

둘째, 여성 관료가 상대적으로 적다는 점이다. 그는 스스로가 여성이면서도 여성가족부를 제외하면 여타분야에서 장관에 입각시킨 경우는 조윤선과 강은희가 전부다. 그의 임기 중 여성 각료가 극히 드문 이유는 먼저 그 스스로가 여성이기 때문에 여성의 정치사회적 권리와 지위가 상승했음을 증명한 것이라고 보았다. 따라서 먼저 그 자신이 여성정책을 주도하는 것으로 족하다고 보았다. 그러나 더욱 근본적인 이유는 그는 공주라서 그와 어깨를 같이할 여성정치가는 거북하고 불편한 것이다. 그에게 필요한 것은 그의 말을 수족처럼 따르는 시종과 같은 남성이다. 공주는 그와 비슷한 공주를 용인하지 않는 법이다. 그것이 왜 그가 대통령이 되기 전에 그를 따르고 지지하던 전여옥이나,

이혜훈, 송영선 등이 그에게 등을 돌린 이유다. 셋째, 호남 인물이 대체로 배제되었다. 호남출신 인물은 이정현 한사람으로 족하다고 본 것이다. 과거 그를 반대하고 아버지 박정희에 대한 시비를 가장 많이 제기한 부류들이 대부분 호남 출신이나 그러한 성향을 보인 인물들이기 때문이다. 대통령이 되기 위해서는 호남을 끌어안아야 하지만 이미 당선된 후는 그와 호흡을 같이 할 수 있는 비호남 인물들을 발탁한다고 해도 그것은 대통령의 고유권한이기 때문이다. 반대파와 적을 용납하지 못하는 그의 완고한 고집은 그동안 원칙이라는 이름으로 포장되어 왔는데 탕평인사라는 지역문제 해결에서도 관용이 허락되지 않는다.

이에 비하여 노무현의 인사 스타일은 그의 이념과 철학을 잘 드러내었다.

첫째, 먼저 정권의 태생적 속성으로 인하여 기울어진 운동장을 바로잡기 위한 파격적 인사가 기본이다. 따라서 ① 호남 인사의 발탁이 두드러졌다. ② 기층의 이념을 반영하듯 김두관 등과 같이 밑에서부터 능력이 검증된 인물들을 파격적으로 기용하였다. ③ 여성의 기용이 두드러졌다. 강금실을 법무부 장관에 기용하는 것에서부터 시작하여 급기야 한명숙을 국무총리로 임명함으로써 여성각료의 입각이 상대적으로 두드러진다. ④ 주로 재야에서 이념적으로 그 궤를 같이하면서 능력을 겸비한 덕德(진보적 이념)과 재才(정책수행의 능력을 갖춘 인물)를 동시에 겸비한 인물을 기용하려고 하면서도 두 기준이 충돌하는 경우에는 재才보다는 홍紅을 택했다.

(2) 두 대통령은 인사정책에서 모두 실패 하였음에도 불구하고 그들이 발탁한 인사들을 대상으로 리더십을 발휘하는 과정과 철학에서는 근본적으로 차이가 존재한다. 이러한 차이의 핵심을 이루는 원인으로

서 바로 공주 – 여왕과 건달 – 협객의 정신적·정치적 자아의 차이에서 비롯된 것이다.

박근혜의 참모 및 각료들은 여러 가지 장점에도 불구하고 박근혜의 리더십 한계로 인하여 그들의 능력과 자질이 제대로 발휘되지 못했다. 박근혜가 가용할 수 있는 인재의 폭과 깊이는 노무현보다 훨씬 광범위하고 다양하다. 그들은 전문성을 지니고 있고 해당 분야에서 실력과 능력을 검증받았고, 자타가 공인하는 적임자들을 마음껏 등용할 수 있었다. 그런데도 그들은 앞에서 살펴본 박근혜의 인재 기용 실패와 리더십의 부재로 인하여 참모와 각료서의 기능을 제대로 수행하지 못하여 박근혜 리더십을 제한적인 것으로 만들었다.

박근혜는 광범위하고 다양한 인재풀의 탱크에서 자신의 국정철학과 정책 방향을 제대로 보좌할 인물들을 엄선하기보다는 수첩의 범위 내에서 인재를 발굴하다보니 진정으로 능력있는 인물들을 발굴하여 적재적소에 배치하지 못했다. 비록 그러한 인물들을 발굴했다고 하더라도 그들은 청문회 과정에서 많은 법적·도덕적 문제점을 지닌 부적격자임에도 불구하고 국민의 반대 여론을 무시하고 박근혜의 일방적 임명으로 인하여 국민적 신망은 물론 해당 부서에서 조차 권위가 서지 않고 반대당으로부터 혹독한 견제를 받았기 때문이다. 결국 그들이 창조적이고 자율적인 리더십을 발휘하도록 책임 리더십을 발휘해야함에도 박근혜는 자신의 철학과 정책을 일방적으로 밀어붙이기 때문에 효율성이 떨어졌다.

참모 회의나 각료 회의에서 보여주는 진지한 토론과 격렬한 검증이 없는 박근혜식 정책추진을 일방적으로 지시하는 것은 일선의 행정리더십이 창조성이 없게 된다. 또한 야당의 지지를 확보하지 못한 상태에서 각료들의 성과를 재촉하는 것은 그들을 다만 야당의 총알받이로

274

삼게 되는 비효율의 극치를 보여줄 뿐이다. 그러면서도 내각이나 각료에 대한 장악력도 떨어졌다. 그가 친히 임명한 대변인 윤창중이 성추행 사건으로 급거 낙마했고, 교육부 정책기획관은 "국민들은 개·돼지와 같다" 등 국민들을 무시하는 태도와 발언이 유독 잦았다는 점이다. 그가 임명한 인물들이 도덕적 해이를 빚으면서 국민에게 불신을 자초하였다는 점은 대통령의 애국심과, 국정을 위한 리더십 역량이 전체적으로 스며들지 않고 대통령 혼자서 국정을 수행한 나홀로 국정운영이었기 때문이다. 박근혜 정부는 대통령은 말실수가 없어 말이 구설에 오르는 일은 없었는데 오히려 고급관료 들의 말실수로 정부가 유탄을 맞음으로써 국민적 비난을 뒤집어쓰게 되었다.

박근혜는 정책의 수립과 그것의 국회 비준을 통한 입법화를 통하여 정책의 실질적인 집행을 정치력 발휘의 중요통로 및 수단으로 인식하였다. 그러나 그러한 정책과 입법도 그것을 일선에서 뒷받침하고 추진하는 각료 및 관료들에 의해 성공에 이른다는 사실은 소홀히 한 것 같다. 개인의 애국심이 그의 수족인 관료들에게 미치지 못하고, 대통령과 각료가 별개로 행동하는 정부환경에서 어떻게 효율적인 리더십이나 정책적 결과를 만들 수 있겠는가?

노무현은 해양수산부 장관 시절 국정에 임했을 때를 대비한 그만의 인사원칙을 확립하였다. 그가 저술한 『노무현의 리더십 이야기』에 따르면 6가지 인사원칙을 나열하고 있다. 6가지는 물론 이론적이고 교과서적인 내용으로 되어 있으나 훗날 노무현의 장관기용이나 내각의 운영은 어느 정도 여기에 준해서 실행에 옮기려고 노력한 흔적이 역력하다. 그 여섯 가지란 ① 리더가 일할 수 있는 환경을 마련해 주고 ② 공정한 인사와 그에 대한 신뢰의 확보 ③ 공동체가 함께 하는 인사시스템 ④ 리더에게 책임과 권한 부여 ⑤ 경쟁으로 승부 ⑥ 끊임없는 학습과 습득된 정보의 공유가 그것이다.

그의 이러한 인사원칙은 어느 정도 실천된 것으로 보인다. 박근혜의 극단적 불통과는 대조적으로 그는 토론을 활성화하고 각료들의 의견을 최대한 존중하는 모습을 보여주었다. 물론 중대한 정책 특히 북한과 이념에 관해서는 양보하지 않으면서 여타의 정책에 관해서는 박근혜식 수직 하향의 리더십을 보이지는 않았다. 이는 외교부 장관을 지낸 송민순의 회고록에서 잘 드러나 있다. 그의 회고록 『빙하는 움직인다』에 의하면 노무현은 유엔에서의 대북 인권문제 결의에 반대 투표하는 과정에서 노무현과 대화를 하고, 편지를 써서 이견을 나타낸다. 그리고 노무현은 회의를 다시 주재하여 송민순의 말을 다시 들어보라고 한 것을 보면 노무현은 일방적인 정책 결정이나 정책 결정을 담당자에게 전적으로 위임하기보다는 그가 소통을 통해서 결정하려했음이 잘 드러나 있다.

청와대 정치다.

청와대는 이를 운용하는 대통령의 리더십에 따라 다양한 기능과 역할을 수행한다. 한국이 처한 상황에서 즉 기본적으로는 국제적 경쟁이 치열해지고, 남북이 대치하는 상황에서 경제는 나날이 어려워져 가는 암울한 국가의 정치·경제적 그리고 외교적 환경하에서 마치 전쟁을 총지휘하는 작전사령부와 같은 기능을 수행해야 한다. 이로써 위기 극복과 민생경제의 개선 및 한반도의 평화와 안정을 도모할 수 있다. 청와대를 어떻게 활용하느냐는 대통령 리더십의 효율성과 밀접한 연관이 있다고 하겠다.

(1) 박근혜는 청와대 내에서 행해지는 정치를 선호했다. 그 특징을

276

열거하자면, 첫째, 각종의 정책 추진 및 집행에 있어서 행정부각료에게 맡기고 위임하기보다는 주로 비서 및 비서관에게 의존하였다. 국가안전부의 수장을 비서실장으로 받아 들일만큼 그는 비서실장, 수석, 비서관 등에 과도하게 의존하였다.

둘째, 그의 인사특징 가운데 하나는 비서진들을 원래의 직급이상의 인사들로 채웠다는 것이다. 보통 국방부 소장 정도가 임명되는 경호실장에 육군참모총장 출신을 임명하는가 하면 현직 국정원장을 중도 하차시키고 비서실장으로 임명하였다. 이처럼 비서진을 원래 직급보다 과도한 직급의 인물을 앉힘으로써 그의 정치리더십은 비서 및 참모진에 과도하게 의지했음을 알 수 있다.

셋째, 관료 및 비서들과의 대면 정치를 최소화함으로써 참모 및 각료들과의 소통이 부족한 것은 이미 알려진 바 있다. 여기에 더하여 최순실 사건을 수사하는 과정에서 나타났는데 그는 집무실에서 정책 과제들을 일일이 챙기기보다는 주로 관저에 머물면서 아낙네 정치를 운영한 것이다. 박근혜 정부시절 청와대는 그야말로 외떨어진 섬 박근혜만의 '갈라파고스'였다.

(2) 노무현 정부의 청와대는 다양한 기능을 수행하였다. 다양한 회의와 의견을 주고받는 회의실 기능, 여와 야의 주요 인사들을 초청하여 국정을 협의하는 여·야의 소통공간, 때로는 자주 여당 의원들과 지도부들을 청와대에 초청하여 정국 현안을 논의한 자신들만의 싸롱정치 등의 역할을 다양하게 수행하였다. 그럼에도 불구하고 청와대를 운용한 기능면에서는 적절했으나 각종 현안에 대처하는 방향에 있어서 청와대의 인적자원을 극대화하지 못함으로써 계속 각종 보궐선거와 지자체 선거에서 패배했다.

여론 관계 및 소통의 정치

여론 관계 및 소통의 문제는 다음의 몇 가지로 분류될 수 있다. ① 비서진을 포함한 청와대 내부 인사들과의 소통 ② 국무총리를 비롯한 정부청사의 각료들과의 교류와 소통 ③ 집권당 지도부 인사들과의 회동 및 당-정 소통 ④ 대 언론접촉을 통한 대국민 소통이 그것이다.

(1) 박근혜는 국민, 정부 관료, 당내 인사들과의 소통에 문제점을 보였다. 이는 위에서 지적한 갈라파고스 청와대 정치에 익숙해져 있어 결국 독선과 고집으로 일관한 비민주적인 정치소통의 행태를 보여주었다. 그는 문고리 3인방과 비선 실세를 제외하면 극히 일부분의 인사들과 직접 대면하거나 소통함으로써 소통에 많은 문제점을 남겼다. 일대일 대면을 싫어하고 그가 일방적으로 말하고 지시하는 것을 상대가 듣고 경청하며 이를 받아 적고 실행에 옮기는 것을 선호하였다. 그의 대對 국민 소통은 단지 과거 선거의 여왕이라는 칭호를 얻을 당시 선거 과정에서만 집중적으로 나타났으나, 집권 후에는 대국민 직접소통이 드물었다. 그는 기자회견에서 기자들과 국정 현안에 대하여 직접적인 질문과 답변을 주고받기보다는 그가 답하기 편한 주제들에 관해 답하는 형식을 주로 띠었다.

(2) 노무현은 그의 이념과 정책을 국민에게 알리고자 끊임없이 다양한 방법으로 대국민 소통을 추진하였다. 청와대를 비롯하여 다양한 방법으로 청와대 내부 인사는 물론 당과 정부 각료들과 다양한 대화와 회의를 통하여 대통령 리더십을 발휘하였다. 다만 언론을 통한 대국민 소통에서 보수언론과의 투쟁에도 불구하고 언론을 멀리하지 않았다. 그러

나 거침없는 말이 계속 문제를 일으키면서 보수언론에 의해 발목이 잡히면서 그의 소통은 분란의 근원이 되었다. 즉 과유불급過猶不及이 문제였다. 오대 시기 다섯 왕조에 걸쳐 53년 동안 여덟 개의 성을 가진 열한 명의 임금五朝八姓十一君을 모신 풍도馮道는 그의 '설시舌詩'에서 "한번 내뱉은 말은 빠른 사두마차로도 따라잡지 못한다駟不及舌"라고 한 것처럼 다양한 소통 과정에서 설화를 일으켜 국정을 자주 혼란에 빠트렸다.

행정리더십

직선에 의하여 대통령에 당선된 역대 대통령 가운데 박근혜는 김영삼, 김대중과 더불어 행정 경험 즉 각료로서의 경험이 없는 대통령에 속한다. 노태우는 내무부 장관, 올림픽 조직위원장 이명박은 서울시장, 노무현은 짧은 기간이지만 해양수산부 장관을 경험했다. 박근혜는 국회에서 다양한 분과위원회 고루고루 경험했지만, 행정부의 특정 부서의 수장으로서의 경험이 전무하다. 다른 사람들은 밑에서 수순을 밟아 한 계단씩 올라가는 과정에서 한번쯤은 거쳐야 하는 행정적 경험이다. 그러나 박근혜는 그럴 필요가 없다. 과거 공주로서 국정의 중심부에서 있던 그가, 특히 퍼스트레이디로서 모든 장관을 다스렸던 경험과 권위를 경험한 그로서 일개 행정 부분의 수장을 겪어야 한다는 것은 상상조차 하지 못할 일이다. 그에게 남은 것은 대통령뿐이다. 즉 곧바로 여왕으로의 등극이 필요한 것이다.

노무현은 짧은 해양수산부 장관을 경험함으로써 정부 내각에 대한 이해와 관리에 있어서 박근혜보다는 다소 유리한 입장에 있었다고 하겠다. 그의 저서 『노무현의 리더십 이야기』는 행정리더십 경험을 저술한 것으로서 정부 기관, 정부와 국회 간의 관계, 그리고 해당 부서를 통해서 본 국정 현안과 민초들의 생각과 이를 행정기관이 어떻게 담아내는가를 체계적으로 서술한 책이다. 그러한 경험을 바탕으로 이를 리더십 이론에 맞추어 체계적인 서술을 함으로써 그가 대통령이 된 후 행정리더십의 면에서 매우 유익한 경험이었다고 할 수 있다.

3 문제해결 방법의 차별성 비교

이는 유사한 이슈에 대하여 이를 처리하는 과정에서 나타난 전략적 차별성을 의미한다. 그 대표적인 것이 말 바꾸기다.

유사한 이슈에 따른 전략적 차별성이다.

(1) 노무현 정부의 임기 중 그의 정치적 리더십을 곤혹스럽게 만든 정치적 결정의 하나로서 이라크 파병을 들 수 있다. 대통령이 되기 전에 "반미면 어떠냐?"라고 발언하던 그는 예상을 깨고 노무현은 이라크 파병을 결정한 것이다. 이것이 지지 세력이 노무현에게 등을 돌리게 된 결정적인 계기가 되었다. 박근혜 역시 임기 중 결정된 고고도 미사일 방어 시스템THAAD의 한반도 배치 문제는 이에 버금가는 정치적 결단이라고 할 수 있다. 문제는 중국과 러시아의 반대가 예상되는 상황에서 전격적으로 이를 결정·발표하였다는 점이다. 사드의 배치 지역이 경상도로 결정됨으로써 그의 전통적지지 기반인 영남에서 대

대적인 반대운동이 전개된다. 더구나 그가 국회의원으로 만들어 준 친박의원들마저 모두 자신의 지역에 싸드가 배치되는 것을 반대함으로써 그의 배신자 프레임은 더욱 그를 아프게 만들었다.

두 경우를 비교해 보면 모두 자신의 지지 세력들을 등지는 고뇌에 찬 정치적 결단이자 전략적 현실이다. 이라크 파병과 사드 배치는 공통으로 미국과 연관되어 있고 따라서 한·미 동맹의 굳건한 안보정책은 대통령의 이념과 상관없이 진행될 수밖에 없는 현실이다. 다만 그것을 어떻게 운영하느냐에 따라 진보와 보수의 지지와 반대를 결정하게 되는 시금석이 된다는 사실이다.

(2) 노무현은 김정일과 남북 정상회담을 통하여 한반도에서의 안정과 남북 간의 신뢰를 확보하고 교류와 협력의 기초를 닦았다고 인식하는 가운데 북한의 핵실험을 맞게 되었다. 박근혜 역시 임기 초기에 대북 화해정책을 통하여 북한을 대화의 장으로 끌어들이기 위하여 북한의 핵 포기 대가로 북한에 대한 지원을 약속하면서 '통일대박론'을 설파하였으나 김정은 체제의 빈번한 미사일 발사와 핵실험을 맞이하게 되었다. 독일의 '드레스덴 선언'으로 알려진 대북 조건부 협력론은 김정은 체제에서 더욱 강경한 반대에 부딪혀 남북 관계는 그 어느 정권보다도 가장 악화된 상태에서 임기를 마치게 되었다.

(3) 개헌 문제다. 노무현 대통령은 임기를 1년여 정도 남겨둔 시점에서 교착된 정국을 풀기 위한 조치로서 야당에 대하여 4년 중임제를 골자로 개헌을 제안하였다. 이때 야당의 박근혜 대표는 "참 나쁜 대통령", "대통령 눈에는 선거 밖에 안 보이느냐, 국민이 불행하다"라고 하며 노무현을 정면으로 비난하면서 이를 거부하였다. 박근혜 역시 임기

를 일 년 정도 남겨둔 2016년 10월 말 임기 내에 개헌을 이룩하겠다고 대국회 기조연설에서 밝혔다. 노무현의 개헌 논의와 박근혜의 개헌 논의는 거의 유사한 맥락에서 제시된 데자뷔라고 할 수 있다. 노무현의 개헌 발언의 배경은 여소야대에서 계속되는 야당의 반대로 인하여 더 이상 국정 수행이 불가능한 상황에서 제기된 것이다. 즉 5년 단임제가 지닌 여야 간의 극렬한 대치와 갈등을 해결하기 위한 개헌으로 4년 중임제를 골자로 하는 원포인트 개헌을 제시하였다.

박근혜의 개헌 제안은 여러 면에서 문제점을 지니고 있다.

첫째, 그는 선거 공약으로 임기 중 개헌을 약속하였다. 그러나 여당 내부에서 먼저 제기된 개헌 논의에 대하여 국가의 경제가 어렵고 산적한 현안이 개헌이라는 블랙홀에 빨려 들어갈 우려가 있다고 하면서 이를 거부한 것이다. 즉 이는 대국민 약속을 파기해온 거짓의 연속이었다.

둘째, 그의 개헌 제의의 진정성에 의심이 가는 부분은 최순실 게이트가 한참 진행되어 그의 국정 수행에 부정적 여론이 95% 까지 치솟는 상황에서 이를 반전시키기 위한 묘수로서 개헌이 제기되었기 때문에 개헌의 진정성이 없다. 적어도 노무현의 개헌은 비록 꼼수의 성격이 조금 있다고 하더라도 그 이전에 야당에 내각 운영을 맡기는 연정을 제안한 전례에 비추어 정치의 식물상태와 리더십 마비 상황을 개선하기 위한 그만의 고육책이었고, 따라서 그의 개헌 제안은 어느 정도의 진정성을 지니고 있었다.

셋째, 박근혜는 개헌의 필요성을 제안하면서 그도 5년 단임제의 문제점을 개헌의 필요성으로 내세웠다는 점이다. 이는 노무현이 제기한 4년 중임제의 원포인트 개헌과도 맥을 같이 하는데 그때 노무현이 "참 나쁜 대통령"이었다면 지금의 박근혜는 임기 동안 대국민 약속을 지키지 않으면서 그가 거부한 노무현의 개헌을 임기 말에 제기하였다는 측면에서 그는 "참 더 나쁜 대통령"이다. 더구나 그는 개헌 논의를 정부가 주도함으로써 개헌 논의를 추락한 리더십이 마지막으로 기댈 수 있는 언덕으로 삼으려고 하는 치졸한 정치공학적 발상을 국민에게 보여준 것이다.

탄력성과 전략의 문제다.

당선 전과 당선 후의 리더십 변화 및 스타일의 변화(탄력성)가 그것이다. 하워드 가드너는 "이야기와 실천 사이에는 갈등이 생길 수 있다"고 했다. 이는 예비적 리더십 과정과 대통령 리더십 과정 사이의 불일치를 말하는 것이다. 박근혜는 공약의 파기가 여기에 해당하고, 노무현은 진보적 이념을 보수적 정책으로 우클릭한 것이 여기에 속한다. 예비적 리더십에서 검증받았던 신뢰의 정치는 대통령이 되고 나서 달라진 것이다. 아니 달라질 수 밖에 없는 것이다. 정치적 환경이 달라졌기 때문이다. 문제는 달라진 환경과 그 이전에 약속했던 신뢰의 간극을 어떻게 메우는가가 문제다. 즉 그들이 대선에서 국민의 지지를 받기 위하여 국민에게 약속했던 많은 공약과 비전들이 현실과 맞닥뜨리게 되면서 말을 바꿀 수밖에 없는 현실에 직면하게 된 것이다. 같은 말 바꾸기라도 박근혜와 노무현은 내용면에서는 물론 그 실천 방법에서 커다란 차이를 보인다.

첫째, 박근혜의 말 바꾸기는 국민을 상대로 한 말 바꾸기여서 신뢰성에 커다란 타격을 입었다. 선거 공약에서 내건 정책과 장미빛 약속이 제대로 지켜지지 않은 것은 리더십 능력과 효율의 문제라고 하더라도 공약을 애초에 없던 것으로 하고 바꾸어 버리는 것은 문제가 있다. 박근혜는 당선 전 원칙의 리더십을 강조하였다. 그의 원칙은 도덕적 원칙, 정치적 민주주의의 원칙, 약속한 것을 지켜야 한다는 신뢰의 원칙 등 정치인 이전에 한 인간으로서도 존경받아야 할 원칙을 다양한 모습으로 표현하였다. 그러나 국민적 공감대를 형성했던 원칙들이 오히려 대통령 리더십을 발휘하면서 족쇄로 작용했다. 즉 대통령 공약의 변경 내지는 불이행이 그것이다.

복지 공약을 선점함으로써 보수적 이미지의 그가 좌클릭하면서 보수층과 젊은 층을 동시에 지지로 끌어들일 수 있었던 그의 복지정책은 이슈를 선점하고 이를 대통령 공약으로 발전시켜 그가 대통령이 되는데는 공헌하였으나 현실적으로 이를 이행하기에는 불가능한 것이었다. "증세없는 복지"가 그것인데 급기야 그의 최측근인 진영 당시 복지부 장관이 사표를 내기에 이른다. 이는 당시 원내 대표인 유승민 의원으로부터 증세없는 복지는 있을 수 없다고 반박당하여 배신의 정치를 낳는 계기가 되었다.

둘째, 노무현의 말 바꾸기는 두 가지로 나타났다. 하나는 중추 이념에 대한 변신이다. 그는 대통령이 되기 전과 된 후 그의 언행과 철학 및 사고가 많은 변화가 있다. 노무현은 「딴지일보」와의 마지막 인터뷰에서 그가 대통령에 출마하게 된 동기 중의 하나가 오로지 대통령이 되기 위해서 이리저리 당을 옮겨 다닌 이인제를 꺾기 위해서였다고 했다. 또한 여당에서 실패하자 야당으로 옮긴 손학규도 비판하였다. 그러던 노무현이 정몽준과 단일화를 선언한 것이다. 그는 재벌의 상징이요, 국회의원 가운데서도 가장 거부인 정몽준과 단일화를 통하여 대통령이 되고자 했던 모순을 보여주었다.

노무현의 말 바꾸기는 박근혜의 변심과는 차원이 다르다. 박근혜는 그 스스로의 공주적 원칙을 거슬렸다는 점에서 도덕적 정치적 배신의 성격이 진하다. 그러나 노무현의 변절은 그 질에서 다르다. 건달의 세계에서 말 바꾸기는 커다란 흠이 될 수 없다. 특히 협객으로서는 의로운 일을 달성하기 위하여 방법을 바꾸는 것은 당연하다. 더구나 그것이 대통령이 되고나서 직면한 국가적 현실을 알고 나서는 적어도 말을 바꾸는 것은 공주에 비하여 그다지 커다란 흠이 되지 않는다. 특히 그의 말 바꾸기는 박근혜처럼 국민 전체를 대상으로 한 말 바꾸기가 아니라 그를 지지했던 지지층들에 대한 신뢰를 저버렸기 때문에 그 대상의 범위에서 약간은 변명의 여지가 있다. 이는 지지층에 대한 신뢰의 추락으로서 박근혜처럼 여왕의 대국민 신뢰의 추락과는 상당한 차이가 있다. 또한 국가적 현실을 타개하기 위해서는 진보좌파적 이데올로기를 기본으로 하되 국가안보나 국민경제 등의 부문에서는 지지 세력과도 과감하게 결별하고 그만의 독자적인 길을 가는 것이 당연하다는 대통령으로서의 판단에 기인한 것이다. 박근혜는 공약을 실천하지 않은 것은 있어도 그의 보수 철학의 일관성만은 유지하였다.

제9장

결론
공주리더십과 협객리더십을 통해서 본 미래의 지도자상 모색

한국 정치사에서 직선제를 통해 대통령이 된 역대 정권에 대한 평가는 일차적으로 위에서 시도한 각종 계량적 비교를 통해서 가능하다. 또 다른 하나는 역사적 평가로서 시간이 흐른 뒤 보다 많은 대통령의 업적을 놓고 비교할 수 있는 정도의 대통령 리더십을 통해서 달라질 수 있다. 본 장에서는 첫째, 리더십의 이론과 실제적 측면에서 두 대통령의 리더십 실패를 총체적으로 평가하고 둘째, 박근혜와 대처, 노무현과 오바마를 비교함으로써 실패한 리더십과 성공한 리더십의 비교를 시도하고자 한다. 마지막으로 이를 바탕으로 미래 한국의 대통령에 필요한 리더십 자질과 조건을 열거하고자 한다.

1 노무현·박근혜 리더십 실패의 총체적 평가

중종 때의 명신 권벌權橃(1478-1548)은 중종 2년(1507)에 치러진 문과 시험의 제목 "비록 처음 시작은 잘했더라도 반드시 끝을 잘 맺는 것은 아니니 그 까닭은 무엇인가?"에 대하여 답했다. 그는 먼저 『논어』「子長篇」의 "시작과 끝이 한결같은 사람은 성인이다有始有卒者其惟聖人乎"라고 전제한 후 "시작을 잘하는 사람은 마음을 보존할 수 있고, 끝에 가서 잘하지 못하는 사람은 마음을 잃어버린 것입니다." 또 다른 하나는 "쉬울 때 어려움을 생각하며, 시작할 때 끝을 생각해야 한다"고 했다. 노무현과 박근혜의 공통된 대통령 리더십 실패 역시 그 처음과 끝이 한결같지 않은 데 있다. 박근혜는 전자에 해당하고 노무현은 후자에 해당한다. 특히 노무현과 박근혜의 리더십 실패는 위의 오바마와 대처의 리더십과 비교하였을 때 그 실패가 더 분명하게 드러난다. 여기서는 이를 한국적 상황에서 적용한 노무현과 박근혜의 대통령 리더십의 실패를 총체적으로 분석하고자 한다.

한국민족의 저력과 우수성을 통한 리더십 환경과 과제

한국 민족, 한국인, 한국민, 한국의 시민은 기본적으로 우수한 자질과 능력을 지니고 있다. 일본의 식민지 압제, 동족상잔의 비극적 전쟁 등으로 모든 것이 파괴되고 무너진 폐허에서 2차 세계대전 이후 가장 성공적인 민주화와 산업화를 이룩한 민족이다. 현재 국력을 평가하는 모든 수치(국방, 무역량, 경제발전, 시민의식, 올림픽 성적, 국제경기 개최, 공항의 국제 물동량 등)에서 세계 10위권을 차지하고 있다. 이는 G7을 제외한 국가에서 한국이 반세기 만에 이룩한 찬란한 성과라고 할 수 있다. 이는 분단 현실에서 반 쪽 난 섬(지리정치학적으로 한국은 섬이다)에서 이룩한 눈부신 업적이다. 특히 한류는 과거 문화적 주변에서 이제 문화 종주국 중국을 넘어 세계적으로 그 창조적 지평을 넓혀가고 있다.

　민주화 역시 박정희 군부 권위주의를 청산하고 시민의 민중혁명을 통하여 꾸준하게 민주주의의 수준을 높여왔다. 이는 권위주의 정권과 그 잔재에 저항하여 쟁취한 시민혁명과 민주투쟁의 결과였다. 이는 국민이 피를 흘리고 싸워서 쟁취한 결과이자 투표를 통한 합리적 선택의 결과였다. 이러한 한국의 민주발전은 동아시아에 민주주의를 확산시키는 민주화의 메카로서 그 위상을 굳건히 하고 있다. 소위 광화문으로 상징되는 한국의 시위문화는 우여곡절을 거쳐 이제 세계의 시위문화에 이정표를 제시함으로써 한국의 민주주의는 새로운 단계로 승화되어 가고 있다. 즉 권위주의 정권에 대한 투쟁과 저항을 날줄로 하고 다양하게 시행된 선거를 통한 국민적 선택을 씨줄로 하여 선순환으로 발전되어 온 것이다.

　지난 88 올림픽과 월드컵에서 보여준 국민적 신바람과 IMF 금융위기 당시 금 모으기 운동에서 보여준 애국심과 위기 극복의 저력을 지닌 민족이다. 대통령 리더십은 어떤 국민을 대상으로 리더십을 발휘하느냐이다. 리더십과 국민은 상보적 개념이지만 근대화나 산업화가 비교적 덜 발달한 국가에서는 리더십의 역할과 임무가 보다 중요해진다고 할 수 있다. 한국은 상대적으로 국가적 상황과 국민적 수준이나 의식에 있어서 상대적으로 유리한 입장과 환경에 처해있기 때문에 첫째, 대통령 리더십의 역할이 절대적이지 않다. 둘째, 그러나 아직 선진국 수준의 민주화와 산업화 정도와는 거리가 있는 만큼 한편으로는 한국을 선진국 수준으로 끌어올려야 하는 리더십 능력을 보여 주어야 하고 또 다른 한편으로는 선진국 수준의 리더십 능력을 보여 주어야할 과제에 직면해 있다. 셋째, 이를 위해서는 한국적 상황과 서구적 리더십을 어떻게 자신만의 창조적 리더십으로 연결해 국가와 민족과 대통령 개인을 위한 성공적 대통령 리더십으로 만들어 내느냐의 과제가 주어져 있다고 하겠다.

노무현·박근혜 대통령 리더십 실패의 원인과 과정

직선제 대통령은 상대적으로 높은 지지율과 대통령직을 잘 수행할 것이라는 국민적 희망 그리고 임명된 각료들 역시 왕성한 의욕을 지님으로써 리더십에 유리한 환경과 조건에서 대통령을 시작한다. 문제는 이러한 국민적 지지를 효율적인 리더십으로 연결해 내지 못하고 지지율이 점차로 하락하면서 마지막에는 실패한 대통령의 수순을 밟게 된다. 대통령이 리더십을 발휘하면서 수동적으로 대처할 수밖에 없는 리더십 능력(대북문제와 경제문제 등)과 주체적으로 선택하고 장악할 수 있는 능력과 노력(정체성, 비전, 인사, 야당대응 등)이 있다. 결론적으로 노무현과 박근혜는 주체적 리더십에서 실패함으로써 수동적 리더십마저 타격을 입은 것이다.

수동적 리더십 대처는 대북 문제에 대한 대응에서의 실패다. 결론적으로 북핵을 포기시키는 정책과 목표는 역대 진보 정권이나 보수 정권 모두 실패했다. 더구나 유엔이 나서서 압박해도 실효를 거두지 못했고, 이에 첨예한 이해관계를 지닌 미국과 중국마저도 골치를 앓고 있다. 민생정치 역시 마찬가지다. 노무현과 박근혜의 리더십 실패의 직접적인 원인은 여야 간의 투쟁과 갈등으로 인한 국민적 불신이지만 그에 못지않게 경제성장을 통하여 국민이 피부로 느끼는 민생경제를 개선하는 데 실패하였다는 점이다. 이로써 정부의 능력에 의심을 하게 되고 정부를 불신함으로써 행정리더십이 국민 전체의 지지를 끌어 내지 못하는 악순환이 예외 없이 전개되어 온 것이다.

아래는 주체적인 리더십을 통하여 리더십을 더욱 효율적으로 만들지 못하고 수동적 대응마저 실패하게 리더십 실패 요인들을 나열한 것이다.

첫째, 리더의 정체성은 불과 같다. 즉 고기를 굽기도 하지만 전 재산을 태워버리기도 한다. 마찬가지로 노무현과 박근혜의 정체성은 대통령이 되는 과정에서는 긍정적으로 작용했으나 대통령이 된 후 이러한 그들만의 독특한 정체성이 오히려 부정적으로 작용하였다. 이는 빼어난 리더십의 경우 대통령이 된 후 전면적으로 변화된 정치적 환경 아래에서 고도의 탄력성을 발휘하지 못했다는 것이다. 노무현의 경우 건달과 의협적 기질로 인하여 다양한 말을 쏟아 내는 과정에서 치밀하게 계획되지 않고 정제되지 않은 생각과 말로 인하여 자주 국정에 혼란을 초래하였다. 대통령이 된 후에는 과거의 정체성을 더 세련되게 바꾸어 같은 내용과 의도를 다른 방법으로 제시할 수도 있었다. 박근혜의 경우 취임 전에 이미 고집과 불통이 문제점으로 지적되었는데도 끝까지 이를 고치지 않고 소통 부족과 특유의 배신자 논리로 일관하다가 파멸에 이르고 말았다. 특히 배신자에 대한 과도한 증오를 정치에 적용함으로써 자기 동지들마저 적으로 만들었다. 본래의 정체성을 완전하게 바꾸기는 어렵다고 하더라도 적어도 효율적인 국정수행을 위하여 개인적인 정체성을 시대와 국가적 환경에 적절하게 적용하는 능력이 필요할 것이다.

둘째, 비전의 제시가 부족했다. 독일의 시인 휠덜린Holderlin(1770-1843)은 자전적 소설 『휘페리온』에서 "무엇이 국가를 항상 땅 위의 지옥으로 만들었는가? 인간이 국가를 천국으로 만들려고 했기 때문이다"라고 했다. 지키지 못할 공약을 남발하면서 리더십이 아닌 정치권력으로 국가를 천국으로 만들려고 했기 때문에 국가는 더욱 피폐해지고 실패한 대통령만 양산하게 되었다. 공약이 아니라 비전이다. 정책과 철학을 뛰어넘는 민족 공존과 공영의 현실적 비전의 제시에서 모두 실패했다. 위에서 보았듯이 신바람의 한국민을 대상으로 그들이 믿고 따르고 즐겁게 참여하는 비전의 문제이다. 임기 초의 높은 지지율의 중요성은 이러한 비전 제시를 통하여 국민을 보다 단결시키고 국민에 잠재된 능력을 끌어 내는 리더십으로 연결할 수 있기 때문이다. 공약의 실현과 국정 목표의 제시는 이미 역대 대통령들의 실패한 리더십에서 충분히 보아왔기 때문에 그것을 전적으로 믿는 국민은 극히 적다. 오히려 지키지 못할 공약보다 더욱 분명한 신바람 나는 비전의 제시가 중요하다.

셋째, 앞에서 반복적으로 지적한 바대로 반대당에 대한 대처가 부족했다. 노무현과 박근혜는 임기 초 이러한 국민적 기대와 지지를 통합과 포용 그리고 타협과 양보를 통해서 국정 목표를 향해서 점진적으로 실천하는 모습을 보여주지 않았다. 그들이 먼저 착수한 것은 기울어진 운동장에 대한 과도한 집착에서 실패의 시작이었다. 반대당에 대한 전략적 대처에 미흡하여 야당은 무조건적 반대와 여당은 인사권과 행정권력을 통하여 야당을 무력화함으로써 대통령의 입법리더십이 무력화되고 행정리더십마저도 위협을 받아온 것이 사실이다. 이로써 정국은 자주 마비되고 대통령의 지지율은 지속적인 하락세를 보였다.

반대파 내지 야당에 대한 대처는 강력한 권위가 존재하거나 아니면 압도적인 국민 지지를 통하여 야당에 대한 설득, 압박, 타협으로 연결하지 못한데 그 주원인이 있다. 이를 단지 여대야소의 의석수에 기초한 수적 우위에만 집착하였기 때문에 대통령 리더십이 행정리더십과 입법리더십 간에 괴리가 종종 발생하는 것이다. 즉 국정 수행의 성공으로 국민적 지지를 획득하고 이를 선거에서 승리로 이끌어야 함에도 불구하고 이러한 리더십에 실패함으로써 지지 세력을 결집하여 선거에서 승리하려는 실패한 전략을 되풀이 하였다. 이로써 대통령 리더십은 계속 한계를 보이고 정당은 선거에만 몰두함으로써 국정은 동시에 난조를 보이고 대통령 리더십은 갈수록 상처를 입어 레임덕으로 연결되었다.

넷째, 인사 문제의 실패다. 대통령은 인사권을 통하여 권력과 영향력을 유지하면서 리더십을 발휘할 수 있다. 문제는 국가발전과 효율적인 행정 리더십을 위하여 적재적소에 유능한 인물을 배치하는 것이 지도자의 교과서적인 인재 용병술이다. 그러나 노무현과 박근혜는 공히 코드 인사를 강행함으로써 ① 능력보다는 나눠 먹기식의 인사 ② 이념 중시형 인사정책으로 인하여 진보와 보수 간의 극한 대결을 보다 가속하였고 ③ 총선과 지자체 선거에 치중함으로써 유능한 인재를 정치권으로 배출하여 행정리더십이 약화되는 결과를 가져왔다. ④ 특히 박근혜는 배신자 프레임으로 스스로가 고립되고 당을 분열시키는 파탄을 초래하였다. 이러한 인사정책은 결국 대통령의 리더십을 제약하고 여와 야의 갈등을 더욱 첨예하게 만들었으며 결국에는 리더십 실패의 중대한 요인으로 작용했다.

다섯째, 둘 다 뺄셈의 정치를 지속시켰다. 이는 기울어진 운동장을 중심으로 전개되었다는 점에서 중대한 교훈을 준다. 즉 인사 문제나, 각종 선거에서 이념을 중심으로 자신의 지지 세력을 결집함으로써 정치는 더욱 분열되고 갈등으로 치닫게 되었다. 대통령의 지지도를 자세히 들여다보면 대통령이 지지층을 위한 정치 또는 진영 논리에 입각한 정책을 펼쳤을 때는 오히려 지지율이 낮아졌다. 단지 지지 세력의 결집에 의지한 반쪽짜리 뺄셈정치를 지속하여, 통합의 리더십이 부족했다.

박근혜는 법가적法家的 인식을 통해 대통령 리더십을 발휘하였다. '법과 원칙'이 그것이다. 이러한 리더십 방향은 박근혜의 ① 공주적 성장 과정과 ② 개인적 트라우마에서 비롯된 내향적 인간형(불 소통)과 ③ 독단적이라는 심리적 개성이 종합되어 귀납된 리더십 스타일이라고 할 수 있다. 그러나 법가의 통치 사상은 고도의 術을 수반한다. 즉 전략적 개념이 그것이다. 박근혜 리더십의 실패는 법가적 원칙을 효율적으로 수행하기 위한 전략적 효율성이 뒷받침되지 않은데 기인한다. 여기에 독선과 불통으로 일관하여 박근혜 리더십은 최악으로 치닫게 되었다.

노무현 리더십의 출발은 묵가적墨家的 겸애兼愛에서 출발했다. 즉 "천하에 서로 사랑하는 것이 없기 때문에 강자가 약자를 억누르고(권위주의 정치), 부자는 가난한 사람을 업수이(노동자의 인권과 사회적 불평등) 여긴다天下之人皆不相愛, 强必執弱, 富必侮貧"는 것이 그것이다. 그러나 그는 겸애로 이를 해결하기보다는 가진 자에 대한 도전과 투쟁으로 일관하였다. 철학적 가치를 대통령 리더십으로 승화시켜 내지 못하고 기울어진 운동장을 조정하는 것으로 묵자의 상애 사상을 실천하려고 노력했다. 즉 이상적 정치사상(유가적儒家的 협객정신 + 묵가적墨家的 겸애)을 실천하려 했으나 박근혜와 마찬가지로 법가적 전략이 결핍되어 실패한 것이다. ① 무책임한 건달적 발언 ② 이상적 정치가 빚은 이념적 갈지자 행보와 탈권위주의에 의한 이기적 욕구의 분출 ③ 진정성을 국민 전체가 아닌 진영陣營에 기댄 운동장 정치가 빚은 결과라고 하겠다.

2 노무현·박근혜 리더십과 성공한 리더십과의 비교

직선제 대통령이 보여준 리더십의 구조적인 공통성

직선제로 대통령이 된 역대 한국의 대통령들은 몇 가지 공통점을 지닌다. 첫째, 모두가 실패한 대통령으로 끝났다는 점이다. 그것은 임기 초의 의욕적인 국정운영에도 불구하고 결국 각종 부패스캔들에 휘말려 자신을 대통령으로 당선시킨 당을 떠나는 공통점을 보여주었다. 그런데도 각자 시대정신을 안고 대통령에 당선된 만큼 뚜렷한 역사적 공과를 남긴 것도 사실이다.

둘째, 경제문제에서 뚜렷한 업적을 이룩한 대통령이 없다는 점이다. IMF 관리체제를 벗어난 리더십을 발휘한 김대중 대통령을 제외하면 모두가 경제적 리더십을 발휘하여 뚜렷한 업적을 남기지 못했다. 임기 초 각종 경제지표는 임기 후반으로 갈수록 점차 낮아지거나 제자리걸음으로 일관하면서 더욱 어려워져 가는 한국경제에 대하여 정치·경제적 리더십을 발휘하지 못했다는 공통점을 보여주고 있다. 특히 거시경제의 지표는 주식의 지표처럼 상승과 하락이 교차했지만, 민생경제에 대한 각종 지표는 줄곧 하락세를 면치 못함으로써 경제 리더십이 대통령 리더십의 핵심 과제로서 떠올랐다.

셋째, 임기 후반으로 갈수록 지지율이 반비례하여 떨어지는 경향을 보였다는 점이다. 이는 임기 말 레임덕과 불가분의 관계가 있다. 그러나 결정적인 것은 위에서 지적한 경제리더십이 제대로 발휘되지 못함으로써 임기 초에 걸었던 기대감이 점차로 무너져 내리는 것과 궤를 같이하기 때문이다. 그리고 마지막에는 대통령 가족이나 측근 비리문제로 지지율이 바닥을 치는 현상을 예외 없이 보여주었다.

넷째, 대북 문제에 있어서 누구도 뚜렷한 대책을 내놓지 못하고 실패하였다. 김대중과 노무현의 친북 정책 역시 이들 임기 중에 북한의 핵과 미사일 위협이 기술적으로 그리고 실제로 증가해 왔다는 점이다. 이명박과 박근혜 보수정권 기간에 보여준 북한과의 긴장 관계는 김대중-노무현의 탈긴장 관계와 내부적으로는 같은 실패의 연장에 있다. 왜냐하면 대북 관계의 핵심은 핵과 미사일의 개발포기인데 진보 정권의 친북 정책이나 보수정권의 긴장 관계나 모두 이에 실패하였기 때문이다.

이러한 공통점은 결국 누가 대통령이 되어도 벗어나지 못하는 한국 대통령의 제약이 되어 대통령 리더십의 한계로 작용하게 된다. 따라서 성공한 대통령 리더십은 먼저 이러한 제약을 누가 얼마나 어떻게 돌파하느냐에 달려 있다. 비록 전체적인 돌파까지는 아니더라도 이 가운데 하나라도 달성할 수 있으면 그 위대한 첫 발자국을 뗀다고 말할 수 있다.

대처의 성공과 박근혜의 실패

박근혜와 대처는 엘리자베스 1세 여왕을 본으로 삼은 것에서 공통점을 찾을 수 있다. 엘리자베스 여왕은 개인적으로는 온화한 성품이지만 이들 양자는 완고한 개성의 소유자들이다. 아버지로 받은 깊은 영향력, 반대파를 포용하지 않고, 타협하지 않으며, 원칙은 끝까지 밀어붙이는 것 등이다. 그러나 대처는 성공했고 박근혜는 계속 실패하였다. 그 근본 원인은 어디에 있는 것일까? 두 사람의 정치적 퍼스낼리티에서 일치하는 부분은 바로 자신의 도덕적 확신감, 자기원칙의 확고성, 그리고 가장 중요한 것으로 피아의 구분을 정치의 기준으로 삼았다는 점이다.

대처의 정치적 업적은 첫째, 탄광노조를 개혁하여 노조 운동이 국가 산업발전 및 경제성장에 장애가 되어오던 폐단을 척결하고 이를 긍정적이고 효율적인 조합으로 변모시켰다. 둘째, 국영기업체를 민영화함으로써 영국의 산업을 부흥시켰다. 이로써 부유층에 편중된 주식을 일반 대중에게로 확대하여 내실 있는 경제발전으로 연결했다. 셋째, 포클랜드 전쟁에서 승리함으로써 영국의 위신을 떨치고 이를 바탕으로 영국의 경제 및 사회발전을 위해 추진하려다가 제동이 걸린 정책들을 밀어붙임으로써 영국의 부흥을 이룩하였다. 이 세 가지는 공교롭게도 지난 박근혜 정부가 직면한 정책적 및 외교·안보적 문제와 일맥상통한다. 즉 노조의 반정부 투쟁, 거대 공기업의 개혁, 계속되는 북한의 핵실험과 대남 위협 문제와 유사한 면을 연상시킨다.

대처와 박근혜는 리더십 스타일에서 유사한 측면을 지니고 있으면서도 왜 한쪽은 성공했고 다른 한쪽은 실패 내지는 무력해 보일까?

첫째, 대처는 기층에서부터 올라온 노련한 정치인이었기 때문이다. 그는 시의원으로 시작해서 의원이 되고 당수가 되어 총리가 되기까지 남성들만의 전유물인 정치계에서 살아남아 그만의 독특한 카리스마를 구축해 온 능력의 정치가이기 때문이다. 그러나 박근혜는 부친의 후광에 힘입어 그리고 부모가 흉탄에 쓰러진 동정심 거기에 영남이라는 지역적 기반을 통해 정치를 재개하였다는 점이다. 『꽃으로 검을 베다』의 저자 김영화는 박근혜가 대처나 메르켈보다 탁월한 조건을 가지고 대통령이 될 수 있다고 하였다. 즉 대처와 메르켈이 밑에서부터 계단을 밟아 정상에 오른 정치인이라면 박근혜는 아버지와 더불어 퍼스트레이디를 경험함으로써 정치의 중심에서 정치를 이해하고 배웠기 때문에 정치적 노하우가 축적되어 더욱 정치적 노련미가 돋보일 것이라는 착오를 범하고 있다. 대처와 메르켈을 통해서 나타난 바는 정치는 바닥에서 시작해서 수많은 난관을 극복하고 그 과정에서 자신만의 철학과 정책으로 무장하여 다른 정책적 가치와 철학과 경쟁하여 승리함으로써 비로소 최고의 리더가 될 수 있고 또 이를 바탕으로 성공적인 리더십을 발휘할 수 있음이 증명되었다. 대처는 항상 링컨의 말을 품고 다녔는데 "자신의 두 발로 서라"가 그것이다. 박근혜도 자신의 두 발로 섰다. 그런데 그것은 맨발이 아니라 유리구두를 신고 아버지가 부축해 준 바탕 위에 자력으로 선 것이다.

둘째, 대처는 정책을 실행하기 위해서 그것에 방해가 되는 조직이나 반대파의 반대를 사전에 예상해 놓고 이에 대비하여 사전에 치밀한 준비를 마쳐놓고 시기가 도래했을 때 이를 강하게 밀어붙인다. 그녀는 국가 개혁의 과제에 대해서는 반대파에 먼저 시비와 도전을 감행함으로써 강력한 개혁의지를 천명하고 흔들림 없이 이를 밀어붙임으로써 성공적인 결과를 통해 그녀가 옳았음을 인정받았다. '대처 리더십'을 쓴 일본인 기자 구로이와 도루는 "대처는 하나의 방침을 내세우면 그것을 끝까지 일관되게 실행하는 정치가였다. 저돌적인 형이라고 할 수 있다" 따라서 초기에는 많은 욕을 들어도 개의치 않고 자신의 철학과 정책을 흔들림 없이 추진해 나갔다. 박근혜는 노조나 야당의 반대에 부딪히면 일단 주춤하면서 대국민 호소로만 해결하려고 한다. 대처는 여론의 악랄한 반대에도 굴하지 않고 끝까지 밀어붙였다. 박근혜는 정책을 끝까지 추진하기보다는 반대파 특히 배신자에 대한 증오와 반대에 대해서만 일관된 압박과 견제를 보여주었을 뿐이다. 그는 "대통령으로서 할 수 있는 게 아무것도 없다"는 패배주의적이고 자조적인 말을 하는 무기력한 대통령이었다. 이 점에서 대처와 가장 큰 차이가 난다고 할 수 있다.

셋째, 대처는 관료나 참모를 기용하고 이들을 통솔할 때 업적 내지는 실행 능력을 기준으로 삼았다. 앞에서 설명한 일본의 구로이와 도루 기자는 가까이서 본 대처의 리더십을 평론하면서 "대처의 참모들은 정책을 입안하는 것 보다, 정책의 실현에 힘을 쏟도록 요구받았다"고 했다. 이것이 정치 및 행정리더십의 관건이다. 리더는 결정된 정책을 어떻게 효율적으로 추진하느냐에 달려 있다. 그것은 리더가 이끄는 참모 내지는 관료에 달려 있는데 그들을 어떻게 리더의 대리인으로서 리더가 추구하는 목표의 분신으로 만드는가에 달려 잇다. 이에 비해 박근혜는 자기 말을 충실히 따르는 순종적 하인들을 선호한다. 그의 참모회의는 토론의 장이 아니라 일방적으로 지시를 받는 명령 하달의 장소이며 그것에 대하여 실행의 정도나 결과를 검증하는 자리가 아니라는 점이 문제로 꼽힌다.

넷째, 대처와 박근혜는 모두 의회주의자들이다. 둘 다 의회에서 정치적인 경력을 쌓고 의회를 통해서 국정을 이해하고 민주주의 정치구조를 체험한 인물들이다. 그런데도 대처는 그러한 의회의 구조를 잘 이해하고 이를 활용하여 본인이 추진하는 법안이나 정책을 관철해 나갈 수 있었다. 당시 대처의 반대편에 서 있던 웨트WET파를 견제하고 이들을 무력화시키면서 예산을 감축하고 결국 이를 경제성장과 사회안정으로 연결할 수 있었다. 박근혜는 6선의 국회의원과 야당 대표를 역임했고 의회와 정당구조를 누구보다도 잘 꿰뚫고 있으면서도 그러한 구조를 잘 활용하지 못하였다. 오히려 야당의 협조를 통하여 법안의 통과를 이루지 못하고, 영수 회담마저 성의 없이 일관함으로써 정국은 정국대로 교착상태에 빠지게 하고, 정치적 성과가 없이 탄핵으로 종말을 고했다.

다섯째, 대처는 외부적 위기를 강력한 리더십으로 극복하여 이를 내부적 단결로 연결하고 그럼으로써 그녀가 추구하는 정책을 일사불란하게 밀어붙이는 리더십 역량을 발휘하였다. 박근혜는 계속되는 북한의 핵실험과 미사일 위협에 대하여 강경대응하는 것 외에는 어떠한 북한의 변화도 만들지 못하였다. 오히려 미국에 의지한 국방과 안보정책에 집착하느라 경제대국인 중국과 마찰을 빚고, 북한에 대하여 다양한 한반도 통합경제의 축으로 떠오른 러시아를 적으로 만들려는 위험한 선택에 말려들어 갔다. 외부적 위험을 더욱 악화시킴으로써 내적인 분열을 조장하고 북한의 핵 위협은 날이 갈수록 더욱 노골화되어 감에 따라 그의 '통일은 대박'이라던 구호는 어디 가고 점점 더 통일과 멀어져서 남북 간의 긴장국면과 갈등 및 충돌로 가는 경향을 강화시켰다. 대처처럼 강경하게 대응하여도 대처처럼 전격적이거나 효율적이지도 못하고 단지 남북 관계만 경색시키는 국면을 초래했을 뿐이다.

여섯째, 대처의 성공적 리더십에도 불구하고 그녀가 수상을 그만두었을 때는 그녀에게 참았던 비난이 한꺼번에 봇물 터지듯이 폭발하였다. 그러한 비난은 박근혜가 보여준 리더십의 처절한 실패에서 뿌리부터 유사한 점을 많이 가지고 있기 때문이다. 대처는 여성성을 극복하고 여자보다 더 여자 같은 남자들을 상대로 정치판에서 성공했다. 이는 대처의 정치적 철학과 경험의 결과다. 그러나 박근혜는 공주적 영혼과 부모의 사망에 따른 슬픔과 고통을 극복하는 과정에서 배타적이고 외골수이며 모든 것을 독자적으로 판단함으로써 빚어진 결과라고 할 수 있다. 특히 여왕적 권력을 쥠으로써 대화와 타협이 있기 보다는 일방적 지시와 복종 그리고 충성을 다하는 신하들에 둘러싸여 자기의 장벽을 쌓았기 때문이다.

하워드 가드너는 대처의 리더십을 분석하면서 "그녀는 타협과 화해를 추구하기보다는 '우리'와 '그들'이라는 이분법을 선호했다. 이러한 전략은 놀랄 만큼 오랫동안 효과가 있었다. 하지만 이렇듯 분할을 전략으로 삼는 성향은 결국 자신들의 몰락을 자초하는 주요한 원인이 되었다"고 했다. 적어도 대처는 이러한 전략을 통하여 보수당이 추진해왔던 정책의 실패를 대처리즘으로 바꾸어 놓는 데 성공하였다. 그녀는 영국이라는 비전을 제시하면서 동료들에게 자신의 비전을 따르도록 촉구하였고, 이를 따르지 못하는 사람들은 가차 없이 도태시켰다. 가드너는 "그녀의 비전은 포용적이기보다 배타적이었다"고 했다. 이는 박근혜에게도 들어맞는 이야기다. 야당에 대한 적대감, 같은 당에서도 비박에 대한 거부감 등이 그것이다.

대처는 모든 사안에 대하여 자신의 주장이 절대적으로 옳다고 확신했기 때문에 제왕처럼 행동했다. 박근혜 역시 국가에 대한 애국심의 진정성과 그가 영부인으로서 활동했을 때 그가 현재 상대하는 모든 적수와 라이벌 및 고위층 인물들도 모두 그의 발아래 있었다는 우월감으로 충만했다. 즉 그는 제왕처럼 대통령이 되기 전에는 공주였으나 대통령이 되어서는 여왕의 정체성으로 한국정치를 이끌었다.

대처의 저자는 "결국 그녀에게 성공을 안겨준 요인들은 실패를 초래한 요인들이기도 했다"라고 결론지었다. 박근혜는 대처와 유사한 개성과 철학 및 성향을 보여주었으면서도 성공보다는 실패만 거듭하였다. 핵심은 영혼 깊이 박혀있는 공주 리더십이 그 원인이다. 대처와 유사한 정치적 개성을 지니고 있었음에도 불구하고 대처는 그것으로 성공과 실패를 동시에 경험했으나 박근혜는 단지 실패한 대처의 부정적 정치적 개성만을 지닌 정치 리더십으로 인하여 리더십 실패를 결과하게 되었다. 하워드 E. 에번스Howard E. Evans는 『곤충의 행성』에서 "여자가 남자처럼 행동할 때 왜 훌륭한 남자처럼 행동하지 않는가?"라고 질문을 던졌다. 박근혜는 아니고 대처는 그렇다.

노무현의 실패와 오바마의 성공

대처를 통해서 본 박근혜의 리더십 실패를 파악해 볼 수 있는 것처럼 오바마를 통해서 노무현의 리더십 실패를 유추해 볼 수 있다. 오바마와 노무현은 대체적인 운명과 특징에서 유사하지만, 구체적인 삶과 정치 리더십의 내용에서는 크게 다르게 진행되었고 그에 따라 상반된 결과를 나타냈다는 점이다. 이는 한국적 상황의 특수성에 연유한다기보다는 한국이 선택한 대통령의 리더십 역량의 부족이 근본 원인이다. 이는 한국보다 더욱 크고 복잡한 미국에서 오바마가 보여준 리더십을 참고해 보면 잘 알 수 있을 것이다.

첫째, 오바마의 통합과 이타주의의 진정성이다. 그는 2008년 추운 겨울날 일리노이 스프링필드의 올드 스테이트 캐피탈Old State Capital에서 행한 대통령 출마 연설에서 "바로 이곳에서 우리는 기분 나쁘지 않게 반대하는 방법을 배웠습니다. 우리가 결코 타협될 수 없는 원칙들을 인지하고 있는 한, 서로에게 귀 기울일 의지를 간직하는 한, 우리는 하나가 될 수 있습니다." 시카고 트리뷴Chicago Tribune지는 오바마의 대통령 출마 선언을 평가한 글에서 "온갖 인종과 지역, 믿음과 신분 간의 차이점 아래 우리는 모두 한 국민이라는 것을, 또 그렇게 믿는 우리의 신념 속에는 강한 힘이 존재한다는 것을 그는 우리에게 말해준다." 라고 하여 그의 화합과 통합의 정신이 잘 드러나 있다고 했다.

둘째, 보편성이다. 대중 친화적인 기질과 어디에나 녹아드는 천성은 노무현과 유사하다. 그러나 오바마는 공적인 주제나 민감한 문제에 대해서 말할 때는 모든 것을 고려한 후 위험하거나 갈등을 일으키는 말은 삼가고 신중하게 정제된 의견을 제시한다. 데이비드 멘델에 따르면 "그의 의견은 종종 서로 전혀 다른 관점의 사람들이 동시에 자신의 의견과 일치한다고 인식할 만큼 매우 보편적인 것일 때가 많다"고 했다. 이에 비하여 노무현은 진보적 가치와 정의에 상당히 경도되어 이를 관철하는 과정에서 타협과 조화보다는 분열과 갈등을 일으키면서 불안한 리더십을 보여주었다.

셋째, 오바마는 공공연한 사회적·경제적 진보주의자였다. 그러나 그는 이성적인 말투와 경청하는 기술로 우익 당파에게 전혀 위협적이지 않게 호소했다. 유명한 일화가 있다. 오바마가 이민개혁법 통과를 촉구하는 연설에서 한 청년이 갑자기 튀어나와 이민자추방 반대를 크게 외쳤다. 경호원들이 이를 제지하고 그를 끌어내려고 하자 제지한 후 말한다. "민주주의를 위해서는 급할수록 돌아가야 한다고 생각합니다."라고 전제하면서 원하는 바가 무엇이냐를 물어보았다. 그는 그 청년의 요구를 끝까지 경청하는 인내와 소통하는 리더십을 보여주었다.

넷째, 반대의견을 경청하고 상대방을 너그럽게 포용함으로써 중재자의 역할을 잘 수행하였다는 점이다. 데이비드 멘델에 따르면 "오바마는 만약 다른 철학을 가진 학생들이 상호 교류 한다면 자신과 반대의견을 가진 사람들을 너그럽게 대하게 된다"고 생각하였다는 점이다. 따라서 "인종과 당파정치의 이러한 조정적 접근방식은 그가 이제까지 신중하게 처신하며 살아온 결과로 몸에 익힌 것이었다"고 하였다. 오바마는 자신을 "불화를 일으키는 사람이 아니라 치료사라고 스스로 말했다."

다섯째, 설득의 리더십이다. 미국의 숙제였고 개혁의 중심이었던 의료 개혁이 많은 반대 세력과 정치적 지형의 불리함으로 번번이 좌절되었으나 오바마 정부에서 마침내 그 결실을 맺었다. 오바마가 의료 개혁을 정책목표로 천명하고 이를 추진하기 시작했을 때 민주당은 중간선거에서 패하여 의석수가 60석이나 떨어져 나갔고, 공화당의 반대로 통과가 어려워 보인 상황에서 이를 통과시켰다. 오바마는 반대 의견을 지닌 90명의 의원을 상대로 직접 만나거나 전화를 걸어 이들에게 의료 개혁의 당위성을 설득하였다. 그는 대국민 연설에서도 50차례나 의료 개혁의 필요성을 역설하면서 마침내 불리한 정치적 환경과 의석수에도 불구하고 이를 통과시킨 것은 너무나 유명하다. 그것은 설득의 힘이었다.

2017년 1월 10일 시카고에서 오바마는 고별 연설로 전 세계를 감동에 빠트렸다. 그는 "포용과 관용 그리고 다양성에 대한 존중으로 민주주의를 지켜나가자"고 작별 연설을 하였다. 또한 그는 연설을 끝맺으면서 취임 연설에서 말한 "우리는 할 수 있습니다Yes We Can였는데 이제 그것을 해냈습니다Yes We Did"라고 끝을 맺음으로써 8년 간의 대통령 리더십이 어느 정도 성공적이었음을 확신하였다. 그가 남긴 고별 연설이야말로 한국의 미래 대통령에게 어떤 비전적 영감을 던져준다고 하겠다.

오바마와 노무현은 모두 커다란 국민적 울림으로 대통령이 되었다. 오바마는 울림을 통해서 대통령이 되었고 그러한 울림이 국민적 통합과 미국의 단결을 위하여 지속적인 힘과 영향력을 발휘하였다. 그는 8년 간 미국인이 가장 존경하고 좋아하는 남성에서 줄곧 1위를 유지해온 정치지도자이자 성공한 대통령으로 퇴임한 대통령이었다. 이에 비하여 노무현의 울림은 대통령이 되는 과정에서만 중대한 역할을 하였을 뿐 대통령이 된 후 그의 진정성이 울림으로 승화되지 못하였다. 전체를 위한 울림인가 반쪽을 위한 울림인가의 차이가 이러한 차별적 결과를 만들게 된 것이다.

한국 정치에 주는 함의

대처와 오바마의 성공적 리더십은 박근혜와 노무현에게 다양한 의미를 던진다. 이는 결코 한국적 특수성으로 인한 불가피한 선택이 아니라 두 실패한 대통령의 리더십 한계에 기인했다는 점에서 중대성을 지닌다.

첫째, 공주와 협객리더십이 공동으로 결한 것은 통합의 리더십이다. 즉 연은 바람이 없으면 날지 못한다. 바로 맞바람을 받아 자신의 연을 띄우지 못하는 것이 노무현과 박근혜 리더십의 실패가 보여준 핵심이다. 탁월한 리더십과 그렇지 않은 리더십을 구분하는 기준의 하나는 모순을 어떻게 통합시켜 이를 긍정적이고 효율적인 리더십으로 승화시켜 내는 가에 달려있다. 평범한 리더십은 원치 않은 모순적 상황에 부닥치게 되었을 때 일정 부분 희생을 감수하면서 위기에서 탈출하거나 정상적으로 만들어 내는 것이다. 저열한 리더십은 모순을 자초하고 그 모순을 처리하지 못하여 모순의 양대 축으로부터 압박받아 자멸하는 경우다. 노무현의 경우가 여기에 해당된다.

모순을 결합해 합리적이고 생산적으로 승화해 내는 것이야말로 탁월한 리더십이라고 할 수 있다. 덩샤오핑이 여기에 해당하는데 자본주의와 사회주의 간의 모순을 중국특색사회주의로 결합해 중국의 현대화를 이념적으로 모순 없이 발전적으로 승화해 냈다. 노무현이 처한 모순적 상황을 극복하는 방안은 강력한 카리스마가 전제되어야 한다. 즉 강력한 카리스마적 리더십이 모순으로 인하여 발생할 수 있는 문제점들을 최소화하고 모순이 가져올 효과를 극대화함으로써 모순이 핵융합과 같은 효과를 낼 수 있도록 강력한 권위를 행사하는 것이다. 노무현은 마오쩌둥이 아니다. 마오쩌둥은 문화대혁명을 일으킴으로써 주자파走資派를 제거하고 이를 수습함으로써 절대적인 권위를 행사하였다. 노무현은 강력한 카리스마적 권위가 수립되어 있지 않은 상태에서 모순을 융합시켜 발전적인 동력으로 삼으려 한데서 그의 리더십 실패의 근본 원인이 있다.

둘째, 정국의 교착된 상태를 대화나 통합적 리더십으로 돌파하지 못한 것이다. 오바마는 자신과 경쟁하였던 힐러리를 국무장관으로 임명하면서 당내의 반대 세력을 잠재우고 통합의 정치를 실현할 수 있었다. 이에 비하여 박근혜는 그의 경제정책을 뒷받침할 5개 경제법안이 야당의 반대로 국회에서 한 치도 움직이지 못함에도 불구하고 어떤 돌파구를 마련하지도 않고 여당이 야당을 상대로 법안을 통과시키도록 압박을 가하거나 단순히 대국민 호소에만 의지했다. 박근혜는 스스로 모순을 자초하지 않고 일관성을 보여줌으로써 정책적 안정감을 보여준 장점이 있다. 그러나 이는 막힌 정국의 돌파구를 뚫지 못하고 침체와 정체를 면치 못하는 허약한 리더십을 보여줄 뿐이다. 문제는 주변의 상황이 급변하는데 정체된 리더십으로 이에 조응하지 못하면 결국 열악한 리더십으로 전락할 위험성을 보여줄 가능성을 배제하지 못한다는 점이다. 리더십의 핵심 가치 중의 하나는 변화하는 환경에 적절하게 대응함으로써 보다 효율적인 리더십 결과를 보여야 한다. 박근혜 자신도 "자동차의 기어를 바꾸듯 상황에 맞는 리더십을 보여야 한다"고 역설한 바가 있다.

노무현과 박근혜는 정국이 마비되고 국민으로부터 비난이 고조될 때마다 여야 영수 회담을 통하여 이를 해결하거나 어느 정도 완화하려는 행태를 보여주었다는 점에서 당연한 수순이었다. 그러나 여기서도 차별성은 분명해 보인다. 노무현과 박근혜는 여야 영수회담을 거절하고 독자적인 정치행보를 보였다는 점에서 기본적으로 유사한 행태를 보여주었다. 다만 노무현은 정국 해법의 복안을 가지고 진정성을 바탕으로 야당과 대화하려고 노력했다. 물론 터무니없고 파격적인 것으로 보이는 것이었다. 그러나 박근혜는 자기만의 원칙을 가지고 야당과의 대화에서 주고받기를 거절하고 일관되게 자신의 철학과 정책을 수용할 것을 고집하였다는 점이다. 결과는 마찬가지일지라도 그 과정에서 노무현은 약간의 탄력성을 보여주었고 박근혜는 그 특유의 고집불통으로 일관하였다는 점에서 생각할 여지가 많다.

셋째, 오바마는 흑인의 인권과 인간적 삶의 발전을 위한 진보운동을 전개하면서도 그는 단지 흑인의 문제에 초점을 맞추어 자신의 정치적 목표를 두지 않았다. 그는 흑인의 문제를 사회 통합의 문제에서 백인들과 대등한 인간으로 살아갈 수 있게 하기 위한 화합의 정치를 겨냥하였다. 따라서 그는 흑인들이 백인들에 적개감을 부추기거나 백인들에 대하여 흑인들을 포용하고 관용하라고 설파하기보다는 이타주의적 관점에서 이를 국가 통합과 발전으로 묶어내는데 탁월한 리더십을 발휘하였다. 이는 노무현이 그의 진보적 운동이 이념적 계급운동의 범위를 벗어나지 못하고 보수우파에 대한 거부감과 그들을 적으로 삼았던 분열의 정치를 일삼았기 때문에 실패한 리더십이 된 것이다.

마지막으로 노무현과 박근혜는 문제를 해결하는 데 있어 전략적 능력과, 진정성을 지닌 소통과 상대방을 포용하는 철학적 포용성이 부족했다. 연정론을 중심으로 말하자면 노무현이 상대적으로 약간은 탄력적인 태도를 보여주었다고 하더라도 그것을 추진하는 방법에 있어서 진정성이 떨어졌고 전략적으로도 부족한 모습을 보여주었다. 노태우 정권 시절 3당 합당을 위하여 물밑에서 긴밀한 논의와 조정을 거쳐 합의에 도달한 후에 이를 발표하였는데, 노무현은 일단 그러한 속내를 먼저 말해놓고 야당의 반응을 떠본 후 그에 반대한다는 것을 알면서도 막무가내로 영수회담에서 이를 다시 제기하고 설득하려고 했다는 점이다. 사전에 치밀한 설득과 대화가 전제되지 않고 영수회담에서 단시간에 작전하듯이 결정을 요구한 점에서 진정성이나 전략성이 부족하다는 평가를 받을 수밖에 없다. 그런데도 적과의 동침을 제안함으로써 자신의 운명을 시험하고 그때마다 이를 극복하였던 학습효과가 있다.

박근혜는 오늘날의 관점에서 보면 같은 당에서도 비박에 대한 거부감으로 인하여 그들을 당에서 축출하고자 하는 정치행태를 보여주었는데 어찌 이념이 다른 그리고 여태껏 격렬한 투쟁의 대상이었는데 공동으로 권력과 행정을 분할할 수 있을 것인가에 대한 배척감정이 작용했을 것이다. 박근혜는 적어도 노무현의 이러한 막무가내식 노력의 흔적도 찾아볼 수 없다.

3 공주와 협객을 통해 본 미래 리더십의 모색

리더십 연구학자 맥스웰John C. Maxwell은 그의 저서 『Leadership Gold』에서 리더의 선택에 관해서 "선택의 자유는 즐겁다. 그러나 선택하는 순간부터 우리는 그 선택의 노예가 된다. 좋든 싫든 선택의 결과까지 책임져야 한다"고 했다. 이는 리더뿐만 아니라 일반 국민에게도 해당된다. 즉 박근혜와 노무현은 우리의 선택이었다. 진보와 보수 정부의 실패에서 우리도 그 책임에서 자유롭지 못하다. 즉 그 잘못된 결과에 책임을 져야 한다. 어떻게 책임을 질 것인가? 최선의 답은 이번만은 이러한 실패한 대통령을 선택하지 말아야 한다.

아이러니하게도 박근혜의 빈약하고도 실패한 정치 리더십이 오히려 한국 정치에 좋은 기회로 작용하게 되었다. 이제껏 제시되어온 역대 대통령들의 개헌의 골자는 단임제 대통령제로 인하여 여야 간의 제로섬적인 갈등과 마찰이 리더십의 실패의 근원이라고 진단하였다. 기울어진 문화와 환경을 먼저 바꾸어야 하지만 그것이 여의찮다면 헌법을 개정함으로써 그 실마리를 열어야 한다.

따라서 이 장에서는 이제까지 박근혜와 노무현의 대통령으로서의 리더십을 비교한 결과를 토대로 하여, 미래 어떤 기준으로 미래의 대통령을 선택할 것인가와 또 다른 하나는 그가 대통령이 된다면 어떤 능력과 자질을 지녀야 할 것인가를 구분해서 논하고자 한다. 미래 대통령을 선택하는 것은 국민적 판단의 몫이지만 그가 대통령이 된 후 성공한 대통령이 되기 위해서는 노무현과 박근혜를 비교한 결과를 대입하면 좋은 단서가 될 것이다. 궁극적으로 국민적 선택은 대통령의 선택 과정에서 이러한 대통령이 된 후의 예상되는 자질을 가늠해 보고 과연 성공한 대통령이 될 수 있을 것인가를 판단하는데 좋은 재료가 될 이다.

한국의 역대 대통령들은 거의 실패한 대통령으로 국민들의 뇌리에 각인되었다. 임기 초의 높은 지지율과 임기 말의 추락한 지지율, 자신을 대통령으로 지명한 당을 탈당하고, 각종 비리로 얼룩져 대국민 사과를 발표하고, 때로는 거국 중립내각을 통하여 대통령으로서의 리더십 행사를 타인에게 위임하는 공통적인 모습을 보여주었다. 이러한 사태가 초래된 근본 원인은 어디에 있는가? 크게 세 가지로 나누어 볼 수 있다. 하나는 근본적인 정치적 환경, 둘째는 제도적인 문제, 셋째는 대통령 자신의 리더십 역량 부족이 그것이다. 지금까지 박근혜와 노무현을 종합하고 비교해본 결과 근본적인 정치적 환경은 기울어진 운동장이었고, 제도적인 문제는 대통령 5년 단임제였으며, 마지막의 리더십 역량 부족은 그 자체로 탁월한 대통령을 만나지 못한 결과라고 할 수 있다.

이를 박근혜와 노무현에게 대입해 보면 노무현의 실패는 정치적 환경과 리더십 역량 부족 즉 두 가지의 복합적 결과이지만 굳이 따져보면 기울어진 운동장의 정치적 환경의 원인이 리더십 역량 부족의 원인보다 더욱 크다고 하겠다. 박근혜는 성공할 수 있는 유리한 환경에서 출발했음에도 불구하고 국정 경영에 실패하였기 때문에 리더십 역량부족이 정치적 환경 원인보다 더 크다고 하겠다. 정치적 제도의 면에서 보면 두 대통령 모두 여소야대를 경험하여 국정을 유리하게 이끌 기회를 가졌음에도 불구하고 국가경영에 실패하였음을 볼 때 제도적인 문제와 법적 구조의 한계는 이 두 대통령의 국정 실패에 그다지 커다란 영향을 미치지 않았다고 할 수 있다. 이러한 문제점을 염두에 두고 미래 제7공화국을 열 수 있는 차기 대통령을 판단함에 있어서 몇 가지 시사점을 제시한다.

대통령 낙선이나 중도하차는 바로 이러한 스토리의 2% 결함에서 기인한다.

먼저 스토리를 갖추어야 한다. 영화나 연극, 소설 그리고 드라마와 같은 논픽션에서도 사람을 열광토록 만드는 어떤 신화적인 공감대가 있다. 하물며 한 개인이 살아온 삶은 현실이고 역사를 바탕으로 한다는 점에서 그리고 사실이라는 점에서 그러한 열광은 더욱 증폭되고 감동을 준다. 스토리의 핵심은 여기에 있다. 국민에게 대통령으로 선택되기 위해서는 이러한 감동적인 스토리가 있어야 한다. 국민을 감동시키는 스토리의 이면에는 두 가지 모순된 심리가 근저에 있다. 즉 국민은 그들이 지지하는 지도자가 그들과 완전히 다른 하늘에서 떨어진 신화적 인물에게 열광하는 것이 아니다. 과거 민주적이지 않고 매스컴이 발달하지 않았던 전근대적 사회에서는 조금 사실이 부풀려져 신화가 되어 이러한 신화적 스토리에 열광하는 것이 정상이다. 오늘날 민주사회에서 매스컴을 통하여 영웅들이 낱낱이 공개되고 밝혀지는 사회에서의 국민은 일단 그들과 같은 부류의 사람을 선택한다. 이것은 필요조건에 불과하다. 여기에 그가 자신과는 다른 위대한 업적이나 결과를 보여준 능력 있는 차별적인 인물이어야 거기에 깊이 공감하고 열광한다. 노무현은 전형적으로 여기에 속하는 인물이고 박근혜는 전근대적 환경의 인물이 현대적으로 재현된 인물이라고 할 수 있다.

이회창, 손학규, 이인제, 정몽준, 정동영 등의 대통령 낙선이나 중도하차는 바로 이러한 스토리의 2% 결함에서 기인한 것이다. 그들은 정상적인 삶에서 그들의 능력으로 대통령에 근접한 실력과 지지를 확보하였음에도 불구하고 바로 국민을 감동시키는 탁월한 스토리에서 부족함을 보여준 것이다. 민주화의 양 김씨, 현대건설의 신화를 쌓은 이명박, 막노동꾼에서 판사가 된 노무현, 대통령의 딸 비운의 공주 박근혜 등 모두 국민이 공감하고 열광할 수 있는 스토리를 기본적으로 가지고 있다.

시대정신은 앞 정권의 실패에 대한 반동의 성격을 포함한다.

스토리만으로는 부족하다. 시대정신과 일치해야 한다. 스토리를 만든 사람들은 많다. 그리고 적어도 대통령을 꿈꾸는 사람들이라고 한다면 각자가 자신만의 스토리를 지니고 있는 것도 사실이다. 다만 그것이 용도폐기 된 것이 아니라 노무현의 경우에서처럼 과거의 복이 국민

적 선택을 받지 못하여 화禍가 된 것일 수도 있고 이제 상황과 환경이
바뀌어서 그것이 복으로 되어 국민적 선택을 받을지 알 수는 없다. 화
가 복이 되고 복이 화가 되는 것을 대통령에 초점을 맞추어 보면 결국
시대정신과 일치하였느냐 아니냐의 문제로 귀결된다. 이회창이 연거
푸 낙선한 것은 아들 병역 비리 등의 루머로 인한 낙선이기도 하지만
본질적으로 그가 김영삼의 대항마로서 단지 김영삼의 잔재를 청산하
는 것만으로는 부족한 것이었다. 이에 비하여 김대중이 3전 4기 만에
대통령이 될 수 있었던 것은 IMF 금융관리 체제를 맞이하여 김영삼의
대안으로서 그리고 준비된 대통령의 이미지가 국민에게 받아들여진
결과였다. 김영삼을 거부한 김영삼의 적자보다는 김영삼의 적수이자
국가를 위기상황에서 구해낼 준비된 지도자 김대중이 선택된 것이다.
　시대정신은 계속 변한다. 그것은 전임 대통령들의 임기 동안 이루어
놓은 업적과 달라진 국제환경의 변화에 따라 이들을 종합한 국민적 선
택의 바로미터가 된다. 시대정신의 씨줄과 날줄의 이러한 직물이 만들
어 내는 시대정신과 정치 지도자의 신화적 스토리의 절묘한 결합이 대
통령을 탄생시키는 기본 구조라고 할 수 있다. 노무현 정권의 경제적
실패로 인하여 이에 대한 반동으로 현대신화의 이명박이 등장하였다.
비록 BBK 의혹 등 여러 가지 도덕적인 흠결을 간직하였지만, 청계천
업적에서 보여준 그의 능력으로 인하여 도덕적 흠결은 커다란 문제가
되지 않았다.
　가장 이상적으로는 시대정신을 창출해 내는 지도자가 가장 으뜸이
며, 그것을 파악하고 그에 대한 대안을 제시하는 지도자가 그다음이고,
그러한 아젠다를 이끌어 내어 실행에 옮기는 지도자가 그 마지막이다.
어느 경우에도 시대정신은 선출된 지도자가 그것을 실행에 옮겨 완성
시킨 후에야 비로소 마지막에 검증되고 증명되는 것이다. 지도자가 당

선되어서야 그 윤곽을 알 수 있고, 지도자의 능력에 의하여 그에 대한 국민적 선택의 중대함을 인식하게 되고, 마지막에는 그것을 얼마만큼 이행하였느냐에 따라 성공한 대통령과 실패한 대통령이 판가름 나는 것이다.

시대정신은 앞 정권의 실패에 대한 반동의 성격을 포함하기도 한다. 박근혜 정부의 4년을 점검해 보면 차기 시내정신으로서 불통에 따른 소통능력, 위기에 따른 문제해결 능력, 민주적 문제 해결, 청년 및 사회적 실업과 침체 된 경제문제의 해결, 경직된 남북 관계의 돌파구 마련 등이 그것이다. 이로써 문재인이 당선된 것이다.

예비적 리더십에서 일단의 능력이 검증되어야 한다.

대통령이 된 후 어떠한 리더십 능력을 보여줄 것인가를 판단하기 위해서는 먼저 예비적 리더십에서 보여준 리더십 능력을 보아야 한다. 문제는 예비적 리더십에서 입증된 리더십 능력과 대통령이 된 후에 보여주는 리더십 능력이 반드시 일치하지 않는다는 점이다. 대체로 예비적 리더십에서 보여준 능력들이 대통령이 되어서 그대로 이어지는 경우가 그리 흔치 않기 때문에 성공한 대통령을 만나기가 쉽지 않은 것이다. 바웬사, 고르바초프, 페론 등이 여기에 속한다. 한국의 역대 대통령 가운데 성공한 대통령을 찾아보기 힘든 이유도 여기서 연유한다.

여기에는 두 가지 요인이 있기 때문이다. 첫째는 리더십의 핵심요소 중의 하나는 탄력성의 문제다. 끊임없이 변화하는 환경에 맞추어 리더십의 내용을 바꾸면서 적응해 나가야 하는데 극소수의 리더만이 이러한 탄력적 리더십을 보여줄 수 있을 뿐이다. 둘째는 리더십 대상의 규모와 내용이 달라졌기 때문이다. 상대적으로 작은 단위에서 가장 큰 국가적 단위를 대상으로 한 리더십에서는 발전적 리더십이 필요하다. 즉 리더십의 진화가 필요하다는 것이다. 예비적 리더십의 경우 규모도 작고 리더십을 증명하는 기간도 길기 때문에 발전적 리더십이 가능하였지만, 국가적 리더십의 경우 짧은 임기 내에 예비적 리더십 능력이 한순간에 폭발적으로 집약되어 꾸준하게 지속되면서 더욱 발전적으로 승화되어 간다는 것은 사실 어려운 일이다. 이를 보완해 주는 방법의 하나로서 국민에게 현실 가능한 비전을 끊임없이 제시하고 국민을 리더십으로 동원하는 것이다.

그런데도 성공한 대통령이 될 수 있는지를 판단할 별다른 기준이 없기 때문에 일단은 예비적 리더십을 눈여겨보아야 한다. 따라서 미국의 경우처럼 적어도 주지사 정도의 경험을 통해서 그 능력이 검증된 사람이 대통령이 되어야 한다. 노무현과 박근혜의 실패 요인 중의 하나는 진정한 예비적 리더십을 검증할 무대를 가지지 못했다는 점이다. 박근혜는 국회에서 입법 활동을 통한 정치적 경험을 쌓아왔기 때문에 각료로서 행정부에 대한 경험이 전무 하다. 퍼스트레이디 시절의 경험은 외교적이고 상징적인 역할이었지 행정부 내부를 깊숙하게 들여다볼 수 있는 경험은 아니었다. 노무현은 보궐선거를 포함해 2선의 국회의원과 8개월의 장관직을 경험한 것이 전부다. 따라서 박근혜는 리더십보다는 중앙의 정치권력에 의존하였고 노무현은 지지자들을 통한 부분적 민중 리더십에 의존한 결과였다고 하겠다. 따라서 입법과 행정을 대통령 리더십으로 통합시켜 내는 데 실패하였다.

외부 수혈로 대선주자를 초청해서는 안 된다.

여당에서는 유력한 대선 주자가 보이지 않으면 결국 외부 수혈에 무게를 두기 마련이다. 야당은 후보군이 난립하면서도 분열이 되어 있어 힘을 모아 여당에 대항하기가 쉽지 않다. 진보 진영이 권력을 획득한 과정은 모두 정치공학적 연대에 의해서 가능했다. 김대중의 DJP연합과 노무현의 호남 정권을 등에 업은 것이 대표적이다. 이제 보수 진영도 유사한 입장에 처하게 되었다. 지금껏 노태우의 3당 합당이 있었으나 그것은 단지 효율적인 정치를 위한 정치공학적 야합으로서 대선에서의 승리를 위하여 다른 지역이나 세력과의 합종연횡의 전례는 찾아볼 수 없다. 그 이유는 박근혜가 보여준 오만과 독선으로 인하여 조성된 여소야대의 정치적 환경과 후계자를 용인하지 않는 박근혜의 여왕적 통치스타일로 인하여 그의 후계자는 외부 수혈로 승리전략을 짤수밖에 없게 되었다. 이점 때문에 결국 돌고 돌아 윤석열이 등장할 수 있었다. 그것도 합종연횡을 고려한 외부 수혈이라는 점에서 기울어진 운동장의 유리한 국면을 활용하지 못하는 정치적 실패를 결과하게 된 것이다.

대선 승리를 위하여 각 진영이 전략을 짜고 추구하는 합종연횡의 내용과 형식이 다양한 조합으로 나타날 것이나 가장 이상적인 것은 이념과 정책적의 합종과 지역적 연횡이 동시에 이루어지는 것이다. 김대중과 노무현은 이를 실현시키려고 많은 노력을 기울였으나 실패했다. 그러나 이제 박근혜를 끝으로 3김시대의 지역정치와 노무현 - 박근혜의 이념적 대결정치는 모두 구시대의 유물이 되었다. 호남에서 보수진영의 국회의원이 선출되고, 정통 보수지역에서 진보정권의 국회의원이 배출되었다. 호남지역 출신이 여당 대표가 되고, 영남 출신이 야당의 대표가 되었다. 제3당의 존재는 이러한 정치변혁 과정을 상징적으로 나타내는 과도기를 상징하고 있다고 해야 할 것이다. 따라서 합종연횡을 지역과 이념에 이한 분열적 합종연횡이 아니라 지역과 이념을 최대한의 공약수로 묶어서 이를 국민통합으로 선거과정에서부터 묶어 낼 수 있는 후보를 지지해야 한다.

위에서 말한 바와 같이 이제 대한민국은 과거에 비하여 지역감정과 이념적 갈등이 완화되어가는 첫발을 떼었다고 할 수 있다. 그런데도 대선에 승리를 목적으로 이처럼 정착되기 시작한 긍정적인 정치적 지향과 환경을 다시 과거로 되돌리려는 후보는 민족의 앞날을 위해서도 당선 되어서는 안 된다. 이는 특히 보수적 정당이 쉽사리 빠질 수 있는 함정이다. 즉 수적으로 우세한 영남의 유권자를 지역감정으로 단결시켜 선거승리로 연결하려는 전략을 자제해야 한다. 국민도 이러한 후보와 그 정당을 경계해야 한다. 보수진영은 보수우파정당의 후보에 대하여 이념적 연대를 통하여 승리하려는 전략을 절제해야 한다. 결론은 지역과 이념을 최대한 통합시키는 공약과 전략으로 대선에 승리해야 한다. 그렇지 않고 지역과 이념을 편 가르기 하여 당선되는 경우 박근혜의 보수 정권과 노무현의 진보 정권 간의 제로섬적 투쟁과 갈등이 재연될 것이 분명하다. 그렇게 되면 대통령은 국정 동력을 잃어버리고 국회는 계속 진흙탕 싸움으로 날을 새우며 국민의 정치 불신은 더욱 깊어질 것이다. 따라서 뒤에서 언급할 돌파력을 지닌 자질과 능력을 지닌 리더에 의존할 수밖에 없다.

훌륭한 리더는 바람의 힘을 적절하게 이용하여 연을 날린다.

자질과 능력면에서 말하자면, 결론적으로 돌파력을 통한 추진력을 꼽을 수 있다. 추진력이란 반대세력의 저항과 반대를 극복하고 정치 리더가 설정한 목표 내지는 비전을 의도한 대로 이룩해 내는 돌파 능력이라고 할 수 있다. 노무현 정부와 박근혜 정부를 통해서 보면 다음의 능력이야말로 차기 한국 대통령의 능력을 결정짓는 가장 중요한 자질이자 능력이라고 할 수 있다. 위에서 보듯이 지역과 이념이 동종교배로 증식되어 온 한국의 정치적 구조에서는 누가 대통령이 되어도 반대당의 집요한 반대와 거부로 인하여 원활하고도 효율적인 국정을 수행할 수 없는 정치적 환경이 조성될 수밖에 없다. 따라서 일차적으로 대선 과정에서 지역과 이념을 최대한 통합시킴으로서 그러한 통합적 지지를 당선으로 연결하는 것이 중요하다. 그러한 바탕 위에 대통령으로서의 리더십을 발휘하는 경우 리더십 효율성을 높일 수 있다. 설사 그러한 환경이 주어지지 않더라도 돌파력을 발휘하여 반대당의 저항을 극복하고 정치력을 발휘하여 목적과 비전을 실천해 내는 강력한 리더십이 필요하다. 이를 위하여서는 상대 당을 설득하거나 이해시켜 대통령의 정책목표를 실천하는 것이다.

노무현과 박근혜 모두 실패한 대통령으로 남게 된 가장 큰 이유는 상대방에 대한 협조보다는 극렬한 반대를 통하여 대통령의 국정 수행을 방해한 투쟁과 반대에서 유독 심하게 반응했다는 사실이다. 노무현 대통령 자신도 지난 보수정권에 대하여 일선에서 투쟁하면 극렬하게 반대해 왔었다. 노무현 대통령 임기 동안 박근혜 야당 대표는 길거리 투쟁으로 노무현과 각을 세웠고, 노무현이 대통령 4년 중임제를 골자로 한 개헌을 제시하자 이를 거부하면서 "참 나쁜 대통령"이라고 까지 하며 노무현에 대하여 거부감을 노골적으로 표현하였다. 박근혜 대통령 임기 내내 노무현의 아바타라고 여겨지는 야당에 의해 '국회선진화법'을 앞세운 야당의 집요한 반대와 길거리 투쟁 및 단식투쟁으로 일관하여 각종 법안이 자동 폐기되거나 계속 계류되어 법안통과로 인한 법안의 효력을 발휘할 시점을 놓침으로써 법으로서의 가치와 효력이 무효가 되기 일쑤였다.

　야당에 의한 반대를 탁월한 리더십으로 극복한 예로서 영국의 대처와 미국의 오바마를 들 수 있다. 대처는 저돌적인 추진력과 반대당을 압도하는 출중한 전략으로 그의 목적을 관철해 나가 영국병을 치유할 수 있었다. 오바마는 상대 당이나 세력에 대해서 끈질기게 대화하고 설득하며 상대방이 동의할 수 있도록 그의 진정성과 필요성을 설득함으로써 중대한 법안을 통과시킬 수 있었다. 오바마 연구가 데이비드 멘텔에 의히면 "오바마는 공공연한 사회적·경제적 진보주의자였다. 그러나 그는 이성적인 말투와 경청하는 기술로 우익당파에 전혀 위협적이지 않게 호소했다."고 그를 평가했다. 훌륭한 리더는 연을 날리듯 불어오는 바람의 힘을 적절하게 이용하여 연을 띄우는 능력이 절대적으로 필요함은 두말할 나위가 없다. 반대파의 저항과 반대를 무릅쓰고 리더만의 돌파력으로 이를 극복하고 리더가 약속한 공약을 실천하고 더불어 리더의 비전을 이루어 내는 능력이 차기 대통령의 능력에서 가장 주요한 자질이라고 할 수 있다. 이러한 반대당의 저항과 반대프레임은 대한민국 정치에서 변경시킬 수 없는 구조적 프레임이다. 이를 어떻게 극복할 수 있는 가야말로 향후 한국대통령의 정치리더십을 결정하는 바로미터라고 할 수 있다.

　기울어진 운동장을 해소할 수 있는 제도가 필요하다.

　현재 논의되고 있는 개헌 문제에서 그 실마리를 풀 수 있다. 4년 중임제가 그러한 폐단을 막을 수 있는 유일하고도 효과적인 제도가 될 것이냐의 숙제가 남아 있다. 첫째는 개헌은 어떤 형태로든 기울어진 운동장을 해소할 수 있는 제도와 그러한 제도가 문화적으로도 정착될 수 있는 기초를 마련해야 한다. 노무현과 박근혜의 실패한 리더십의 근본은 기울어진 운동장에서 서로의 갈등적 이념과 정치 경제적 이익을 극대화하려는 경쟁적이고도 갈등적인 여야의 존재가 근본 원인이었다. 선거제도를 손질함으로써 어느 정도 기울어진 운동장 문제는 해소될 수 있을 것이다. 둘째, 4년제 중임제가 이러한 문제를 해결할 수 있는가는 여전히 숙제라고 할 수 있다. 왜냐하면 어떠한 권력구조이든 간에 여당과 야당이 존재하게 되며 이들 간에는 기본적으로 화합과 단결보다는 갈등과 투쟁적 요인이 더욱 크게 상존한다. 이론적으로는 여와 야의 갈등과 반목을 하나로 엮어내는 탁월한 통합적 리더십의 존재가 필요한 것이다. 이를 어떻게 제도화시켜 낼 수 있는가에 지혜를 모아야 한다. 셋째, 제왕적 대통령의 문제에서 정책과 당면한 국가적 과제에 따라 전략적 또는 정책적 대처로서 강력한 권한이 필요할 때도 있다. 문제는 역대 대통령들이 제왕적 대통령의 권력을 문제해결이나 보다 완성된 방향으로 리더십을 발휘하는 데 사용하지 않고, 비정치적 분야 특히 재벌과의 결탁이나 검찰을 동원한 상대 당 또는 반대세력에 대한 견제에 동원하였기 때문이다. 칼은 잘 사용하면 요리를 만들지만 잘못 사용하면 사람을 다치게 하는 흉기가 된다, 대통령의 제왕적 권력이 아니라 그것을 사용하는 대통령의 탁월한 비전적 리더십의 능력이 관건이다. 넷째, 국회 선진화법의 문제다. 이는 거대 여당이나 거대 야당의 횡포를 견제하기 위한 장치이지만 이것이 국정의 발목을 잡는 걸림돌로 작용해 왔다. 탁월한 리더십으로 이를 극복할 수 있는가 아니면 법을 보완함으로써 역기능적 문제를 어느 정도 순기능적인 제도로 정착시킬 수 있는가의 문제가 남아 있다.

오바마와 단합과 대처의 돌파력 리더십을 필요로 한다.

한국의 미래 대통령은 대처의 돌파력과 오바마의 단합과 이타주의가 긍정적으로 결합한 어떤 형태의 리더십이어야 한다. 즉 오바마적인 정신과 리더십을 가지고 대처적인 저돌적 리더십을 통하여 통합과 문제해결을 동시에 이루어 낼 수 있는 리더십이 필요하다. 이 둘 가운데 하나만이라도 지닐 수 있어도 무난하지만, 만약 둘 가운데 하나를 선택하라고 한다면 한국적 현실에서는 먼저 대처의 돌파력이 필요할 것이다. 그리고 어느 정도 기울어진 운동장의 균형이 평형으로 돌아왔다고 여겨지는 시점에서 오바마식의 단합과 포용의 리더십이 빛을 발할 수 있을 것이다. 이상적으로는 오바식 리더십으로 두 가지 난제를 동시에 해결할 수 있는 리더가 출현하기를 바랄 수밖에 없다. 한국적 상황에서는 그야말로 말 그대로 단지 꿈에 불과하다.

기층에서 정치적 훈련과 경험을 쌓아 올린 정치인이어야 한다.

향후 한국의 대통령은 어떤 한이 맺혀 있거나 극도의 이념적 편향을 가진 인물이 등장해서는 안 된다. 불행한 가정사와 배신자들에 대한 공포와 한을 지닌 자에 의해서 자행됨으로써 대통령의 리더십이 개인의 한풀이로 전락 되어서는 안 된다. 국민의 삶과 국가의 안위보다는 그 한을 배신자들에게 쏟아붓고, 그들을 배제하기 위하여 정당의 공천제도마저 무력화시킴으로써 자신을 지지해 준 보수세력의 위험에 빠트리는 인물이어서는 안 된다. 또한 상대적으로 자신의 정치적 리더십 보다는 그 아바타들을 동원해서 정치적 투쟁을 일삼고 갈등을 조장하면서 정치를 다듬어지지 않은 개인의 자의적 감정에 의지해서 체계

320

적이지 않은 정치 수단들을 동원함으로써 진정성이 훼손되고 국가를 혼란과 분열로 빠트리는 인물 역시 대통령에서 배제되어야 한다. 아울러 대처와 오바마에서 보듯이 체계적인 지적훈련을 받고, 기층에서 정치적 훈련과 경험을 쌓아 올린 정치인이어야 한다. 박근혜처럼 공주에서 정치를 시작함으로써 대통령이 마치 여왕적 권력이라고 착각하여 자신의 정치적 리더십을 능동적으로 발휘하기보다는 비선과 참모에게만 의존하는 타율적 리더십 행태를 경계해야 한다. 또한 일천한 국회의원 내지는 각료의 경험을 가지고 일부 층의 폭발적 지지를 통해 순식간에 대통령이 됨으로써 대통령 못 해 먹겠다고 푸념을 공개적으로 내뱉는 지도자도 삼가야 한다. 따라서 균형적인 생각과 감정을 가지고 전체를 통합시킴으로써 설득과 대화를 통해서 국가의 발전과 안보에 초점을 맞춘 통합적이고도 균형적인 리더십이 필요하다.

| 지은이 소개 |

강병환姜秉煥

경남 진주에서 태어났다. 국민대학교 정치외교학과를 졸업하고, 동대학원에서 정치
사상으로 정치학 석사, 대만국립중산대학교 중국 – 아태연구소Institute of China and
Asia-Pacific Studies에서 중국의 대對 대만정책China's Taiwan Policy under One China
Framework으로 박사학위를 받았다. 대만국립중산대학 통식교육중심사회과학조通識
敎育中心社會科學組(2006~2011)강사, 국립가오슝대학화어중심高雄大學華文中心, 시립삼
민고급중학市立三民高級中學(대만)에서 한국어 및 한국문화를 강의하였고(2005~2011),
중화민국문화자산발전협회 연구원, 국민대 국제학부, 정치외교학과 및 대학원, 우
송대 교양학부, 진주교육대학 도덕과교육 강사를 역임했다. 현재 부산 동서대학교
중국연구센터 연구교수, 『현대중국연구』 편집위원, 진주교육대학에서 한국사회와
통일을 강의하고 있다. 관심 분야로는 대만 문제, 양안 관계, 중국협상, 아·태 안보,
중국정치, 중·미 관계며, 특히 최근에는 양안 문제와 남북한 통일문제, 다문화 교육,
서발턴subaltern 연구에 깊은 관심을 두고 있다. 저서로는 『하나의 중국』(2021), 역서
로는 『중국을 다룬다: 대중국 협상과 전략』(2018년 대한민국학술원 우수학술도서 선정)
이, 공저로는 『중국지식의 대외확산과 역류: 소프트 파워와 지식 네트워크』(2015)가
있다. 이외 다수의 학술 논문이 있다.

공주와 건달

박근혜와 노무현의 실패한 리더십 비교
공주에서 여왕으로, 건달에서 협객으로

초판 1쇄 인쇄 2023년 9월 20일
초판 1쇄 발행 2023년 9월 27일

지 은 이 | 강병환
펴 낸 이 | 하운근
펴 낸 곳 | 學古房

주   소 | 경기도 고양시 덕양구 통일로 140 삼송테크노밸리 A동 B224
전   화 | (02)353-9908   편집부(02)356-9903
팩   스 | (02)6959-8234
홈페이지 | http://hakgobang.co.kr
전자우편 | hakgobang@naver.com, hakgobang@chol.com
등록번호 | 제311-1994-000001호

ISBN 979-11-6995-389-4 93300

값 : 20,000원